내가 가진 것을
세상이 원하게 하라

내가 가진 것을
세상이 원하게 하라

최인아 지음

최인아 대표가 축적한

일과 삶의 인사이트

한 사람을 떠올리며 썼습니다. 일을 열심히 잘하고 싶은데 주변의 공기는 그렇지 않아서 헷갈리고 자신 없는 사람. 그런 사람에게 당신 생각이 틀리지 않았다고, 열심을 내어 뭔가를 하는 것은 소용없는 게 아니라 축복 같은 거라 말해 주고 싶었습니다.

물론 압니다. '애쓰지 말고 열심히 하지 말자'라는 주장이 대세가 된 시대에 열심히 하자는 제 말이 얼마나 꼰대같이 들릴지. 하지만 이만큼 살아보니 시간이야말로 인생의 가장 희소하고도 귀한 자원이었고, 시간을 대하는 맞춤한 태도는 결국 '열심'이라고 생각하게 되었습니다.

이 책의 제목은 '내가 가진 것을 세상이 원하게 하라'입니다. 제목이 좀더 길어도 괜찮다면 지금의 제목 앞에 이 말이 더 있었을 겁니다. '무조건 세상에 맞추지 말고'.

네, 저는 책에서 이 말이 하고 싶었습니다. '무조건 세상에 맞추지 말고 당신이 가진 걸 세상이 원하게 하라.' 우리는 얼굴도, 성격도, 좋아하는 것도, 잘하는 것도 다 다른 고유한 존재들이니까요.

요즘은 다들 자기답게 살고자 합니다. 자신이 좋아하는 일을 자신이 잘하는 방식으로 하는 것은 자기답게 사는 일과 결코 다르지 않습니다. 저는 책에 그런 길을 여는 관점과 태도에 대해 적었고, 저 또한 그 관점과 태도에 의지해 지금에 다다랐습니다.

길을 찾는 분들께 조금이라도 도움이 된다면 책을 쓴 보람이 충분하겠습니다.

30여 년간 일하며 쌓아온 생각들 외에도 여러 일간지에 써온 칼럼 중 몇 편을 다듬어 책에 실었습니다. 칼럼으로 먼저 보신 분들이 계실 것 같아 밝혀둡니다. 또 그동안 일하며 만난 여러 인연들을 책에 담았습니다. 그분들이 나눠주신 지혜에 감사드립니다.

1992년 『프로의 남녀는 차별되지 않는다』 이후 31년 만에 책을 냅니다.

이 책이 인생에서 일을 중요하게 여기는 분들께 가 닿기를 바랍니다.

2023년 4월
최인아

차례

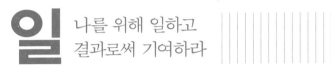

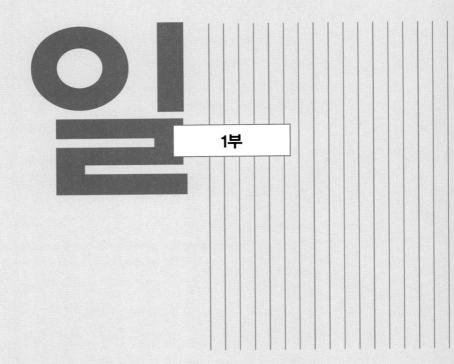

일 1부

나를 위해 일하고
결과로써 기여하라

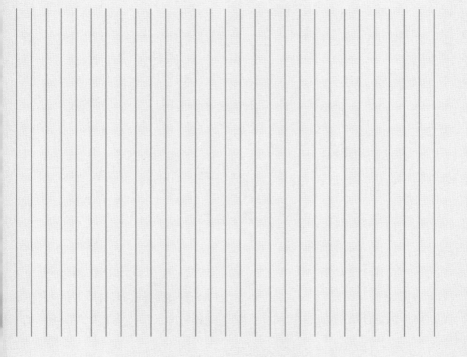

중요한 것은 여러분이 일에서 느끼는

기쁨과 즐거움이 무엇인지를 찾는 것이다.

그걸 알아차리고 나면

일을 놓고 고민할 때

퇴사나 이직에 대한 생각이 깊어질 때

중요한 선택의 기준을 갖게 된다.

1장

왜 일하는가

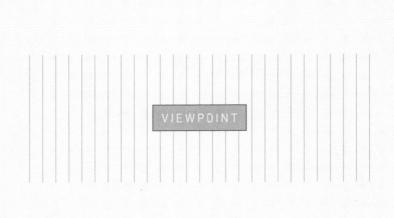

VIEWPOINT

수십 억을 벌면
일하지 않아도 되는 걸까

　　　　한동안 '파이어족' 얘기가 많이 들렸습니다. 아시다시피 '파이어FIRE'란 'Financial Independence, Retire Early', 즉 '경제적으로 빨리 자립하여 일찍 은퇴한다'는 말의 약자입니다. 《이코노믹리뷰》에 따르면 MZ세대는 은퇴 및 자산관리에 대한 가치관이 부모 세대와 다르다고 해요. 자산관리에 대한 인식이 낮았던 부모 세대는 최대한 은퇴 시점을 늦추고 저축을 통해 노후를 준비하려는 입장이었는데, 2030세대는 투자를 통해 모은 자산을 바탕으로 조기은퇴 후 인생을 즐기려 한다는 겁니다. 금융계에선 자산관리에 대한 인식이 이렇게 달라진 것을 반긴다고 하네요.

　　생계를 위해 밤낮없이, 주말도 휴식도 없이 일해야 했던 부모 세대를 생각하면 2030세대의 이런 생각은 일견 현명해 보입니다. 일만 하다 가는 게 인생은 아니니까요. 그런데 질문이 생기는군요. 《이코노믹리뷰》의 기사는 돈을 많이 벌어 일찍 은퇴하는 것을 자산 관리에 대한 긍정적인 인식 변화로 설명했지만, 저에게는 일에 대한 관점과 태도의 변화로도 읽힙니다. 빨리 돈 벌고 은퇴해서 인생을 즐기겠다는 사람에게 일은 과연 뭘까 궁금해지는 거죠.

저는 기업 강연을 종종 합니다. 강연 주제로는 몇 가지가 있는데 '일의 의미' 혹은 '자기 자신으로 성장하기' 등을 자주 다루지요. 강연에서 저는 이 질문을 던집니다.

"어느 날 수십억 원짜리 로또에 당첨됐다고 합시다. 더 이상 생계나 노후를 걱정하지 않아도 되는 거죠. 그렇다면 여러분은 일을 계속하실까요, 아님 그만두실까요?"

어떤 일을 하고 있고 어떤 회사에 다니며 어떤 상황에 있느냐에 따라 선택은 달라지겠지요. 다만 제 질문의 요지는 '평생 생계나 노후를 걱정하지 않아도 될 만큼 큰돈이 생긴다면 일을 그만둘 거냐'는 겁니다. 여러분은 어떠신가요? "당근이죠!"라고 하실까요?

이쯤에서 미국의 심리학자 에이브러햄 매슬로의 욕구단계설Maslow's Hierarchy of Needs을 살펴볼까요? 이 이론은 인간의 욕구가 중요도별로 단계를 형성한다는 동기 이론 중 하나입니다. 인간에겐 생리적 욕구, 안전의 욕구, 애정과 소속의 욕구, 존중의 욕구, 자아실현의 욕구 순으로 다섯 단계의 욕구가 있는데, 인간은 앞선 순서의 욕구가 어느 정도 충족되어야 그다음 욕구를 추구하려 한다는 이론입니다.

흔히 삼각형 형태의 그림으로 설명되는 이 이론에 의하면 가장

매슬로의 욕구단계

고차원적인 욕구는 자아실현의 욕구입니다. 이는 어쩌면 인간을 다른 동물들과 구분해 주는, 즉 인간을 인간답게 만드는 욕구죠. 그렇다면 우리는 무엇으로 자아실현을 할까요? 취미 활동을 하거나 남을 도와서 할 수도 있을 겁니다. 그러나 저는 '일'을 빼놓고 자아실현을 말할 수는 없다고 생각합니다.

일은 과연 무엇이고 우리는 왜 일을 하는 걸까요? 물론 먹고살기 위해서지요. 생계를 해결하려면 일을 해서 돈을 벌어야 합니다. 그런데 생계가 해결되고 경제적 여유가 있어도 여전히 열심히 뜨겁게 일하는 사람들이 있습니다. 또 사정이 넉넉지 않아도 생계만을 목적으로 일하지 않는 사람들이 많습니다. 제게도 이런 이들과 비슷한 면이 있는 것 같고요.

자발적 퇴직자를 거쳐 학생으로

저는 제일기획이라는 광고회사에서 일했습니다. 그런데 나이 마흔이 넘으면서부터 '나는 언제까지 이 일을 할까? 일을 그만두면 그 후의 시간은 어떻게 보내야 할까?' 하는 고민이 저를 덮치더군요. 그 고민을 끌어안고 제 생각을 뒤집고 또 뒤집으며 10년 가까이를 보낸 끝에 '퇴직'이라는 결론에 다다랐습니다.

사실 퇴직할 때는 '앞으로 내 인생에 일은 없다. 더는 일하지 않겠다'라고 단단히 결심했지요. 돈을 더 벌지 않아도 아껴 쓴다면 그간 저축해 둔 돈으로 웬만큼 살 수 있을 것 같았습니다. 다행히 저는 집은 어디에 있어야 하고 자동차는 뭘 타야 하고 가방은 뭘 들어야 한다는 등 '럭셔리'를 추구하는 사람이 아니므로 검소하게 살면 되었습니다.

그런데 퇴직 후 2년쯤 지나자 생각이 바뀌더군요. 일을 해야겠다는 욕구가 강하게 올라온 겁니다. 결국 저는 계획에 없던 책방을 창업해 지금까지 8년째 하고 있습니다. 하지만 돈이 창업의 이유는 아니었어요.

광고쟁이들은 주말에도 일하는 경우가 흔했습니다. 그런데 출근하지 않는 주말에 책을 읽고 있으면 그렇게나 좋더군요. 그러면서 알아차렸습니다. 내가 책을 아주 많이 읽는 사람은 아니지만 텍스트와 보내는 시간을 좋아하는구나, 뭔가를 새로 알게 되거나 희미하게 알던 것들이 책 속의 한 대목과 만나 머릿속에 반짝 불이 들어오는 순간을 즐거워하는구나, 지적 호기심이 아직 살아 있구나. 그래서 결심했습니다. 제일기획을 '졸업'한 후의 시간은 학생으로 공부하며 배우며 살겠다고요.

그 결심을 곧장 실행에 옮겼죠! 퇴직 후 백수의 자유를 즐긴 후 대학원에 진학했습니다. 광고 계통에서 일한 사람들은 대학원에 갈 때 대개 마케팅이나 브랜딩, 커뮤니케이션 같은 업무 관련 전공을 택합니다. 하지만 저는 역사를 공부하기로 했습니다. 서양사 전공을 택했어요. 업무에 도움을 얻고자 하는 공부가 아니었으므로 순수하게 저의 관심사를 따라 내린 결정이었습니다.

그렇게 공부하던 어느 날, TV에서 드라마 〈미생〉을 보고 있을 때였습니다. 주인공인 장그래가 속한 오 차장 팀이 예전에 중단됐던 요르단 사업을 재개해 보겠다며 대표이사와 전 임원들 앞에서의 프레젠테이션을 준비하는 대목이었습니다. 몇 차례나 방향을 바꾸고 콘셉트를 수정하고, 또 초조하게 시간에 쫓기며 그들이 준비하는 걸 보고 있노라니 제 맥박이 두근두근 크고 빠르게 뛰었습니다. 제가 프레젠테이션을 하는 것도 아니었는데 말입니다. 그러면서 제 마음 안쪽에서부터 이런 소리가 들리는 듯했습니다. '어? 나 저거 해야 되는데 지금 뭐 하고 있는 거지?'

광고쟁이 시절 저는 프레젠터 노릇을 많이 했습니다. 저희 회사의 대표 프리젠터였어요. 그래서였을까요? 드라마에서 누군가 프레젠테이션을 준비하고 자신의 생각을 발표하는 걸 보자 제 안의 뭔가가 건드려진 것 같았습니다. 거기서 게임 끝이었어요. 더 이상 일하지 않겠다는 저의 단단한 결심은 그 순간 무너졌습니다.

대기업 임원으로 일하던 이가 자발적 퇴직을 결심하기까지의 과정이 간단한 것은 아니었습니다. 학생으로서 공부하며 살겠다는 제법 확실한 결론은 저 스스로 묻고 답하고 뒤집기를 오랫동안 반복한 끝에 얻은 것인데, 그것이 〈미생〉으로 뒤집힌 거예요. 사실 전조는 있었습니다. 〈미생〉은 임계치를 넘어서는 티핑 포인트였을 뿐, 진작부터 다른 이유가 스멀스멀 다가오고 있었습니다.

사람들과 함께하고 싶다!

요즘 MBTI 검사가 유행입니다. 여러분은 어떤 형인가요? 저도 회사 다닐 때 받은 것 같은데 제가 어떤 유형인지 기억이 잘 나지 않네요. 하지만 하나는 확실합니다. I^{Introversion}형, 즉 내향형 타입이란 것 말입니다. 왜 안 그렇겠어요? 30년 넘게 사회생활을 했음에도 자주 참석하는 모임 하나가 없는걸요.

저는 많은 사람들이 모이는 것엔 관심이 없고 그런 자리를 힘들어했습니다. 모이는 사람이 서너 명을 넘기면 형식적인 얘기나 하다 돌아오기 마련인데, 그렇게 보내는 시간이 아까웠거든요. 또 네트워킹을 위한 모임에 가면 저도 모르게 꿔다 놓은 보릿자루처럼 몸이 굳었습니다. 편하지 않으니 자연히 그런 모임엔 잘 가지 않았고 무슨 이유든 대서 가급적 빠졌지요. 혼자 있는 게 편했고 가능한 한 그렇게 하려 했습니다. 영락없는 I형이죠. 그래서 제가 사람과 친분을 맺는 방식은 죄다 '점조직' 형태입니다. 일대일이거나 아주 소수라는 뜻입니다.

회사에 다닐 땐 깨어 있는 시간의 대부분을 회사에서 보냈습니다. 그 시절의 제게 공(公)은 회사 일이었기에 늘 회사를 앞세웠습니다. 누가 시켜서 그런 게 아니라 일을 하다 보니 자연스레 그렇게 됐어요. 제 책임의 일들을 잘 해내고 싶었거든요. 혼자 있을 수 있는 시간은 자연히 아주 희소해졌죠. 그랬으므로 틈만 나면 '혼자'를 찾았고 '혼자의 시간'을 구했습니다.

그러다 퇴직을 하고 나니 아침에 눈 떠서 밤에 자리에 누울 때까지 온통 제 시간이 되었습니다. 혼자 있는 시간이 차고 넘치니 좋았습니다. 그런데 '혼자'도 결국은 밸런스의 문제더군요. 혼자의 시간이 넘치도록 주어지자 다른 게 느껴지고 보였습니다. 나 또한 '사회적 존재'라는 점을 발견한 것이지요!

인간이 사회적 존재란 건 너무나 당연한 것인데, 게다가 아리스토텔레스는 2000년도 전에 인간은 사회적 동물이라고 갈파했는데, 저는 나이 50이 넘고 다니던 회사에서 퇴직해 긴 시간 혼자 있어 본 후에야 그걸 알게 되었습니다. 물론 이때의 앎은 그저 아는 것, 지식이라기보단 '알아차린' 것이었죠.

늘 혼자를 추구하던 제게 그런 알아차림은 미처 몰랐던 욕망이 제 안에 있음을 깨닫게 해주었습니다. 같이 놀 사람이 있으면 좋겠다는 욕망, 그리고 나는 아직 할 줄 아는 게 좀 있고 그걸로 돈이나 명예를 얻지 않아도 좋으니 어딘가에 쓰이고 싶다는 욕망!

누군가에게 폐를 끼치거나 세상에 해를 입히는 게 아니라면 저는 항상 제 욕망을 따랐고, 그런 욕망들은 저를 움직이고 열심히 애쓰게 한 동력이었습니다. 그러니 사람들과 다시 함께하고 싶고, 뭔가에 쓰이고 싶다는 욕망이 제 안에 가득 들어찼다면 이번에도 그걸 따르는 수밖에요.

결국 저의 은퇴 계획에 변화가 생겼습니다. 짧은 대학원 생활을 마감하고 다시 일을 하기로 마음을 바꿨죠. 그러니까 그때의 제게 있어 일이란 곧 세상 어딘가에 쓰이는 것이었습니다.

내 인생의 시간을 대하는 방식

물론 저는 첫 번째 커리어를 마치고 두 번째 단계에 들어선 사람이라 젊은 분들의 경우와 다를 수 있습니다. 하지만 저도 20대 시절엔 취업을 위해 수십 장의 이력서를 썼고 가슴을 졸이며 결과를 기다렸습니다. 마음은 유학을 떠나 계속 공부하고 싶었지만 상황이 여의치 않았지요. 돈을 벌기 위해 취업을 해야 했습니다. 하지만 그렇다 해서 일이 곧 돈이라고 생각하진 않았습니다.

일을 해서 돈을 벌어야 한다는 것과 일을 돈과 동일시하는 것은 다른 얘기입니다. 일이 곧 돈이 아니고 생계를 해결하는 것이 일의 전부가 아니라면 도대체 일은 무엇이며 우리는 왜 일을 하는 걸까요? 이번 장의 질문인 '생계를 걱정하지 않아도 될 만큼 큰돈이 있다면 일을 하지 않을 것인가?'에 대해 여러분도 생각해 보시겠어요? 여러분은 어떤 답을 하실지 궁금하네요.

물론 별 의미를 느끼지 못하고 생계 때문에 어쩔 수 없이 일하고 있는데 큰돈이 생긴다면 그만두고 다른 일을 찾을 수 있겠죠. 하지만 제 말은 '돈이 많으면 아예 일을 하지 않을까?'라는 것입니다.

얼마 전 『인생의 허무를 어떻게 할 것인가』를 출간한 서울대학교 김영민 교수를 저희 책방에 모시고 북토크 했던 날이 기억 납니다. 기온이 영하 10도를 밑도는 아주 추운 날이었음에도 그분의 글과 사유를 좋아하는 독자들이 책방을 가득 메웠지요. 그날 진행을 맡았던 저는 김 교수님께 이런 질문을 했습니다.

"교수님은 책에서 '고단한 노동과 삶으로부터 벗어나려면 어떻게 해야 하나, 혹시 일을 줄이고 긴 여가 시간을 가지면 되는가'라는 질문을 던졌습니다. 그런데 요즘 MZ세대들은 파이어족이 되고자 한다는데, 이에 대한 교수님의 견해가 궁금합니다."

그는 예상 밖의 답을 했습니다. 일하지 않는 시간, 그 긴 여가의 무료함과 권태로움을 견디기 어려울 거라는. 지금은 노동의 피로에 찌들어서 일하지 않는 여가를 갈망하지만, 막상 그렇게 살아보면 그 또한 만만치 않을 거라는.

그 답을 듣는 제 머릿속에 인생의 후반기를 어떻게 살아야 할지를 두고 고민하던 때가 떠올랐습니다. 학생으로 계속 공부하며 살겠다던 제 결심은 바로 시간에 관한 고민 끝에 나온 결론이었습니다. 많은 사람들이 은퇴 준비를 위해 '돈'을 바라보지만 제겐 다른 것, 즉 '시간'이 보였던 거지요. 늘어난 시간을 어떻게 보낼지에 대한 계획을 마련해야겠다는 생각도 그래서 든 것이고요.

그러니까 일을 한다는 것은 생계를 해결하는 방식뿐 아니라 내 인생의 시간을 잘 보내는 방식이기도 합니다. 김영민 교수도 '일하지 않는 시간이란 무료하기 짝이 없어 감당하기 쉽지 않다'고 하잖아요. 젊은 여러분께는 얼마나 공감이 가는 얘기일지 모르겠네요.

하지만 기억해 두세요. 시간은 오직 줄어들 뿐 늘어나는 법은 없다는 것, 아무리 보톡스 주사를 맞고 주름제거 수술을 해도 시간은 돌아오지 않는다는 것을.

돈 말고도
일이 주는 것들

연애를 하다 보면 옥신각신할 때가 있습니다. 상대가 나에 대해 소홀한 것 같고 애정도 전 같지 않다고 느끼면 이렇게 묻게 되죠.

"자기한테 나는 뭐야? 어떤 존재야? 어떤 의미냐고?"

사실 상대의 행동거지가 내 마음에 덜 찬다고 해서 아무한테나 이런 걸 묻지는 않습니다. 적어도 상대에게도 내가 중요한 사람이란 믿음이 있을 때, 하지만 좀 미심쩍을 때 하는 질문입니다.

저는 일에 대해서도 이와 같은 질문을 던져보라는 말을 하고 싶습니다. 중요한 관계에선 한 번씩 짚고 넘어가는 질문이니, 적어도 인생에서 일을 중요하게 여기는 분이라면 꼭 짚어보시길 바랍니다. '나에게 일이란 무엇일까?'라고요.

사실 이러한 질문에는 답하기가 쉽지 않습니다. 평소에 이런 생각을 잘 하지 않기 때문이기도 하지만 원래 의미를 묻는 질문은 답하기 어려워요. 우리는 근본을 묻는 일이 잘 없다는 것, 그리고 그런 질문에 대한 답이 쉽지 않습니다.

만약 '나에게 일이란 무엇일까?'라 질문해도 도통 답이 찾아지지 않거든 질문을 살짝 바꿔보시기 바랍니다. '나는 일에서 무엇을 얻고 있나?' '나는 일한 대가로 무얼 가져가고 있나?' '나는 일이 주는 무엇에 기뻐하는가?'라고요.

우리는 일한 대가로 돈을 받습니다. 그런데 돈만 받는다면 손해 보는 거예요. 무슨 소리일까요?

어른이 된 후엔 무엇으로 성장하는가

이야기를 좀 바꿔보겠습니다. 요즘 여기저기서 꼰대 이야기가 들립니다. 20~30대도 혹시 자신이 꼰대인가 싶어 걱정한다고 해요. 왜 꼰대가 되는 걸까요? 나이가 들면 다 꼰대가 되는 걸까요? 그럴 가능성이 높지만 반드시 그런 것 같진 않습니다. 멋지게 늙는 분도 가끔은 있으니까요.

누군가 꼰대가 되는 건 성장하지 않아서, 고여 있어서라고 생각합니다. 한참 전에 알았거나 들었던 것만을 옳다고 여기며 고집하기 때문에, 자신이 틀릴 수 있음을 인정하지 않고 무조건 자신의 방식이 맞다고 확신하고 강요하기 때문에 그렇게 되는 거라고요. 한마디로, 자신을 업그레이드하는 데 게으른 거죠. 이 문장을 쓰고 있는 저도 여기저기가 뜨끔뜨끔하군요.

초등학생이 중학생, 고등학생, 대학생이 되는 시기 동안에는 몸과 지식, 역량이 자라며 성장합니다. 체구가 커지고 배우는 지식도 깊고 다양해지는 과정이지요. 그런데 학교를 졸업하고 사회인이 된 후엔 무엇으로, 어떻게 성장할까요?

저는 일을 통해 성장한다고 생각합니다. 신입사원으로 회사에 들어가면 선배들의 업무보조나 심부름 같은 걸 합니다. 머리가 가장 빨리 돌아가고 의욕이 충만한 시기를 이렇게 보내는 게 최선인가도 싶지만 처음엔 이런 일을 주로 맡습니다. 사정이 이렇다 보니 하루 종일 업무보조만 하다 퇴근하면 짜증이 납니다. 하지만 처음부터 주역을 맡기는 어려워요.

제 후배의 얘기를 해드리겠습니다. 그는 신입사원, 저는 4년 차 사원일 때였습니다. 어느 날 그가 이렇게 말하더군요. 자기는 요즘 출근해서 제일 많이 하는 일이 복사라고요. 아이디어 회사에서 이게 뭐 하는 건가 싶어 처음엔 짜증이 났지만 마음을 고쳐먹었대요. 자기는 신입사원으로 올해 우리 회사에서 복사를 제일 깨끗이, 빨리 하는 사람이 되겠다고요. 그래서 회사의 모든 복사기를 다 조사했고 이젠 어느 층의 어느 복사기가 제일 복사가 잘되는지 알고 있다고.

그 말을 하는 그가 다시 보였습니다. 그런데 여러분, 그 후배가 1년 내내 복사만 했을까요? 아닙니다. 보통내기가 아닌 걸 선배들도 금방 알아봤고 그는 얼마 안 가 유능한 광고인으로 성장했습니다.

요즘은 마케팅을 비롯해 다양한 비즈니스에서도 경험을 중요하게 여깁니다. '고객에게 어떤 경험을 제공할 것인가'가 핵심이에요. 그렇게 중요한 경험을 여러분은 지금 자신의 일에서 충분히 하고 계신가요?

팀으로 함께 얻어내는 성과의 기쁨

규모가 작더라도 팀을 맡아 리더가 되면 일의 차원이 달라집니다. 자신만 일을 잘해내는 데 그치지 않고 남들도 잘하게 만드는 역할까지 해야 하죠. 저도 경험해 봤지만, 타인들을 움직여 함께 좋은 성과를 내는 것은 쉽지 않습니다.

하지만 해내고 나면 예전과는 차원이 다른 기쁨을 맛볼 수 있습니다. 꼭 리더가 아니어도 어떤 일을 다른 이들과 함께하다 보면 갈등과 스트레스가 적지 않은데, 그것들에 지지 않고 함께 뭔가를 해내면 혼자서 잘했을 땐 느끼지 못했던 기쁨을 만날 수 있습니다.

저는 운동치인데다 몸을 움직이는 걸 싫어하지만 운동경기 중계는 곧잘 봅니다. 특히 승리하는 장면을 유심히 보는데, 야구나 축구 같은 단체종목과 골프나 테니스 등 개인종목의 이 장면은 꽤 다릅니다.

단체종목의 경우엔 승리가 확정되는 순간이면 벤치에 있던 후보선수들까지 다 그라운드로 뛰쳐나와 한 덩어리가 됩니다. 그중엔 서로 갈등 관계에 있거나 심지어 미워하는 선수도 있을 수 있지만 그 때만큼은 하나가 되는 거죠. 바로 그 순간을 위해 운동을 하는 게 아닐까 싶을 정도로요.

2022년 카타르 월드컵에서도 우리는 그런 장면을 여러 번 목격했습니다. 대한민국 대표팀이 포르투갈을 제치고 16강에 진출했을 때에도, 아르헨티나가 프랑스를 꺾고 우승했을 때에도 선수들은 말 그대로 하나가 되더군요. 반면 테니스의 경우에는 우승의 순간 선수 혼자 코트에 벌렁 눕습니다. 물론 감독이나 코치와 부둥켜안기도 하지만 축구팀, 야구팀의 장면과는 사뭇 다릅니다.

회사에서, 또 조직에서 팀으로 일한다는 건 팀 스포츠 경기의 선수로 뛰는 것과 비슷합니다. 나와는 뜻과 스타일, 취향뿐 아니라 세대도, 성별도, 출신도, 능력도 다 다른 이들과 만나 때로 갈등하고 반목하면서도 공동의 목표를 향해 최선을 다해야 하죠.

때론 성공하고 때론 실패하는 그 과정에서의 경험과 배움은 그저 돈으로 환산할 수 없습니다. 무수한 사람들과 때로는 부딪히고 때로는 부둥켜안으면서 함께 나아가는 그 시간 동안 우리는 많이 성장합니다. 혼자 일할 땐 알기 어려운 배움과 기쁨입니다.

저는 2000년 1월에 임원이 되었습니다. 그때는 임원이 되면 손에서 실무를 놓고 조직관리를 하는 게 당연시되었습니다. 하지만 이후 7년 동안 저는 이전과 똑같이 아이디어를 내고 카피를 쓰고 캠페인을 만드는 크리에이티브 디렉터로 살았습니다. 저를 위해서뿐 아니라 그렇게 하는 편이 회사를 위해 제가 더 잘 쓰이는 길이라 생각했어요. 다행히 회사에서도 제 뜻을 받아주었습니다.

그런데 결국 조직관리를 맡아야 하는 때가 왔습니다. 크리에이티브 파트에 저보다 선배가 한 명도 없는 상황, 제가 제일 시니어가 된 거죠. 저는 회사가 준 미션을 받아들여 후배 200여 명을 이끄는 제작본부장이 되었습니다. 그때부터 부사장으로 국내 부문을 이끌다 퇴직하기까지 6년간, 저는 크리에이티브 일선에서 한걸음 물러나 후배를 챙기고 조직을 이끄는 일을 했습니다.

개성 강한 크리에이티브 피플을 관리하기란 생각보다 어려웠습니다. 우리 일은 정답을 찾는 게 아니라 늘 새롭고 다른 것을 만들어내는 것이었으므로 저마다 다른 의견과 생각을 독려해야 했습니다. 조직을 관리하는 리더에겐 매우 난이도가 높은 일이었어요. 생각해보세요. 본부장의 말에 "네!"라고 순순히 대답하는 사람이 거의 없는 조직을요.

속이 많이 상했던 저는 이런 생각을 했던 것 같습니다. 내가 낳은 아이들도 아닌데 왜 이렇게 속을 썩어야 하나……. 마음을 몰라주는 후배들 때문에 속을 썩다 문득 예전의 저를 돌아보게 됐습니다. 그랬더니 보이더군요. '나도 선배들 속을 무지 썩였구나. 선배들께 나는 참 싸가지 없는 애였겠구나.'

그러자 후배들이 이해되기 시작했습니다. 조직관리가 그나마 저를 좀 나은 인간으로 만들어준 계기가 된 것이죠.

사실, 계속 새로운 걸 만들어내던 '쟁이'가 조직관리를 한다는 건 별로 즐거운 상황이 아닙니다. 마음은 늘 크리에이티브, 만드는 작업으로 향하죠. 그래서 '손맛'을 잃지 않기 위해 한 달에 한두 프로젝트 정도는 후배들과 같이 아이디어 회의를 하고 카피를 쓰고 프레젠테이션을 했습니다.

하지만 시간이 흐르면서 새로운 걸 보게 됐습니다. '쟁이'로서 내내 새로운 콘텐츠를 만들며 필드에서 커리어를 마감하는 일에만 의미가 있는 건 아니라는 것을요. 저는 저 혼자 잘하는 것을 넘어 다른 이들도 잘하게 하는 것, 그들과 함께해서 성과를 내는 것의 기쁨을 새로 깨달았고, 그런 일에 제가 의미 있게 쓰였다고 생각합니다. 일하는 사람으로서 맛본 기쁨이자 결실이었죠.

일이 주는 선물을 충분히 누리고 있는가

어디선가 본 글인데, 인간이 죽을 때까지 가장 오래 하다가는 게 일이랍니다. 인간은 하루에 8시간씩 매일같이 먹을 수 없고 술 마시기 어려우며 사랑을 오래 나누기도 어렵습니다. 거의 매일같이 루틴으로 오래도록 할 수 있는 게 결국 일이라는 거예요. 그만큼 중요하단 얘기였습니다.

앞서 '나는 일한 대가로 무얼 가져가고 있나?'라는 질문을 해보시라고 얘기했는데, 저는 돈 말고도 여러 가지를 가져가야 한다고 생각해요. 재미, 의미, 성취, 도전, 성취감과 자신감, 갈등, 스트레스, 기쁨, 인정, 동료애, 팀워크, 극복, 성공……. 우리가 일에서 맛보고 누리며 가져가야 할 것은 돈 이외에도 아주 많습니다.

책방에서 알게 된 한 분이 이런 얘기를 들려주셨습니다. 그분은 지금 하는 일을 14년째 해오고 있는데, 한때는 그 일이 자신의 것인지 확신이 들지 않아 그만두고 다른 일을 찾으려 했답니다. 그런데 14년 만에 자신이 이 일을 재밌어한다는 걸 알게 됐다는 거예요. 그래서 지금은 열심히 잘해보고 싶은 마음이 들고 행복하기까지 하다고요! 이때의 행복은 흥미로운 콘텐츠를 볼 때의 재미와 비교할 수 없을 만큼 크고 본질적입니다.

이처럼 일엔 우리를 위한 선물이 여럿 들어 있습니다. 하지만 일을 하면서 얼마나 많은 선물을 가져갈 것인가는 각자의 몫입니다. 일을 하고서 돈만 받으시겠어요? 아님 성장도, 의미도, 재미도, 보람도, 성취도 가져가시겠어요? 일에 들어 있는 선물이 이렇게 다양한데 돈만 받는 데 그친다면 가성비가 너무 떨어지는 것 아닐까요?

일하는 사람의 행복

저는 말을 다루는 사람이라 그런지 세상의 변화를 말 속에서 많이 느낍니다. '크리에이터'라는 말이 대표적입니다. 제가 한창 일하던 시절엔 저처럼 광고회사의 제작 파트에서 일하는 사람을 '크리에이터'라 일컬었습니다. 그런데 요즘은 유튜브 제작자를 부르는 말이 되었더군요. 지난 세월 동안 있었던 미디어의 변화를 말해 주는 듯합니다.

사실 저는 크리에이터로 일하는 동안엔 크리에이터란 말을 입에 올린 적이 거의 없었습니다. 광고계 동료, 선후배들끼리 대화하다 보면 '크리에이터로서⋯⋯'라는 식의 말을 종종 하곤 했지만, 제가 저 자신을 그렇게 칭하진 않았습니다. 버거웠거든요. 크리에이터라고 하면 대단한 창의성과 상상력이 있는 사람이어야 할 것 같은데 저는 그에 미치지 못하는 것 같았어요. 제가 만든 캠페인이 성공을 거두고 많은 사람들에게 회자되었어도 그건 문제를 해결하고 목표를 달성하는 적정한 방법이라 생각했지, 대단한 걸 '크리에이트'했다고 여기진 않았습니다. 그건 저와는 아주 먼 세계 같았어요.

'행복'도 제게는 어색하고 편치 않은 말이었습니다. 저는 '나는 행복한가?' 대신 '나는 기쁜가?'라고 썼습니다. 다른 사람들이 행복하다고 이야기할 법한 상황에서도 좋다, 혹은 즐겁다고 말했습니다.

서은국 교수의 책 『행복의 기원』에 따르면, 행복이란 인간이 생존하는 데 유리한 행동을 했을 때 느껴지는 것이라고 합니다. 인간은 호랑이나 사자 같은 이빨도 없고 빨리 달리지도 못합니다. 혼자서는 맹수의 공격에 맞설 수 없죠. 인간은 먼 옛날부터 여럿이 모여 있어야 맹수로부터 목숨을 지킬 수 있었습니다. 또한 먹을 것이 있어야 배를 곯지 않을 수 있었으므로 사냥이나 채집, 농사 등 어떤 방법을 써서든 음식을 확보하려 했답니다. 그래서 행복을 사진 한 장으로 표현해 보자면 좋은 사람들과 함께 맛있는 음식을 먹는 모습이라는군요. 그때 우리 뇌는 행복하다고 느낀다 합니다. 다윈의 진화론적 관점에서 얘기하는 행복론입니다.

이 책을 읽고 깊이 공감했지만 저는 여전히 행복을 관념적인 것으로 느끼는 사람이라 '행복'보다는 '즐거움' '기쁨'이란 말을 씁니다. 예전에 '크리에이터'란 말을 멀리하고 '쟁이' 혹은 '광고쟁이'로 대신했던 것처럼요. 어쨌든 일의 행복, 아니 즐거움, 기쁨이란 무엇일까요? 아니, 그런 게 있긴 한 걸까요?

'일하지 않는' 즐거움의 유통기한

여러분은 일하면서 언제 즐겁고 기쁘신가요? 또 일하는 사람의 즐거움과 기쁨, 행복은 무엇이라 생각하시나요? 저는 '내가 잘 쓰이고 있구나' '내가 구상한 방법이 통하는구나' '내 생각대로 하니까 되네'라는 걸 확인하는 순간에 기쁨을 느낍니다. 앞서 이야기했듯, '은퇴 같은 퇴직'을 하고 평생 공부하며 학생으로 살겠다 결심하고 실행에 옮겼지만 결국 다시 일터로 나오게 된 것도 '누군가에게, 혹은 어딘가에 쓰여 보탬이 되고 싶다'는 욕망 때문이었고요.

여러분도 여행 좋아하시죠? 코로나로 한동안 발이 묶였다 이제야 자유로워졌으니 저부터도 여기저기 가고 싶은 곳이 많습니다. 한데 가만 보니 여행의 본질은 이곳에서 저곳으로 가는 게 아니라 '여기를 떠나는 것'이더군요. 자신이 일상을 보내던 곳을 떠나면 그곳에 두 발 담그고 있을 땐 보이지 않고 알기 어려웠던 것들이 드러납니다. '여기'에 없어봐야 비로소 '여기'에 존재하는 것을 제대로 알아차리게 되는 거죠. 어떤 것의 온전한 의미는 부재, 혹은 결핍을 통해 알게 되는 게 아닌가 합니다.

회사를 그만두고 백수로 지낸 2년여, 그 시간이 제겐 그동안의 삶의 방식으로부터 여행을 떠난 것과도 같았습니다. 아침 일찍부터 밤늦게 혹은 새벽까지, 그리고 주말도 없이 잔뜩 긴장한 채 일을 최우선으로 두고 살았던 시간에서 걸어 나왔던 거죠.

저혈압인 저는 아침 일찍 일어나는 것이 영 어려웠습니다. 아침

해가 뜨고 시간이 좀 지나야 머리도 몸도 돌아가기 시작했어요. 이런 상황인데 제가 일했던 마지막 해에는 '위기에 긴장해야 한다'며 임원들의 출근 시간이 아침 6시 30분으로 앞당겨졌습니다. 그 시간에 맞추려면 5시엔 일어나야 했으니 제가 얼마나 괴로웠을까요?

그렇게 지내다 퇴직을 하니 하루하루가 좋았습니다. 늦잠을 자도 되고, 대낮에 백화점에 가서 느긋하게 쇼핑하고 밥을 먹을 수도 있었어요. 직장인들에겐 로망인 일이었죠. 또 며칠간 똑같은 옷을 입어도 되었습니다. 회사에 다닐 땐 직원들과 매일 얼굴을 보니 이틀 연속 같은 옷을 입기 어렵잖아요? 퇴직 후엔 매일 다른 사람을 만나니 일주일 내내 같은 옷을 입은 적도 있었습니다. 몸도 마음도 편했습니다.

여행도 많이 했습니다. 특히 벼르고 별렀던 스웨덴과 노르웨이, 덴마크를 한 달간 다녔습니다. 회사에 다닐 때 두 번이나 항공편과 호텔을 예약했다가 못 간 적이 있었어요. 급한 프레젠테이션 때문에 어쩔 수 없이 취소했던 터라 그 여행이 더 좋더군요.

시간이 자유로워지니 여행을 떠나는 시기도 선택할 수 있었습니다. 이탈리아 토스카나는 제가 원했던 늦가을에 딱 맞춰, 프란체스코 성인의 고향인 아시시도 늦가을을 기다렸다 다녀왔습니다. 꼭 한 번 가보고 싶었던 중국 만리장성도 덥지 않은 계절에 여유롭게 걸어봤습니다.

하지만 이런 생활도 시간이 흐르자 더 이상 즐겁지 않더군요. 제 마음속에선 다른 것이 조금씩 올라왔습니다. '나는 즐겁지 않다.

나는 만족스럽지 않다…….' 의아했습니다. 우울증인가 싶었어요. 회사로부터 해고 통보를 받아 어느 날 갑자기 퇴직한 것도 아니고, 제 플랜에 따라 제가 원하는 시기에 제 발로 나와서 제가 원하는 삶을 시작했는데 우울하다니요. 퇴직하고 1년이 지났을 무렵 알아차렸습니다. 일이 너무 많고 바쁜 삶을 살다 일하지 않는 삶을 선택해 갈아탔는데 어쩐지 저는 그 삶이 행복하지 않았습니다. 더 이상 기쁘지도, 즐겁지도 않았어요.

주도적인 생산자로서의 삶

물론 일하는 삶이 기쁘고 즐겁기만 한 건 아니었습니다. 어떻게 그럴 수가 있겠어요? 에베레스트 등반대가 등정에 성공하는 경우에도 정작 산 정상에는 10분 정도만 짧게 서 있다가 다시 하산한다고 합니다. 프로야구 선수들도 1년 내내 애쓴 끝에 우승하면 그 순간엔 한데 뒤엉켜 기쁨에 취하지만 그것도 며칠이면 끝, 다시 훈련에 돌입하고요. 일하면서 맛보는 행복도 비슷한 게 아닌가 해요. 순간에 느끼는 희열 같은 것이죠.

함께 일하는 사람과 의견이 맞지 않고 그의 태도가 마음에 들지 않아 갈등을 겪은 적도 부지기수고, 한 달 이상 애써서 준비한 경쟁 프레젠테이션에서 패해 허탈한 때도 많았습니다. 문제투성이 보고 과정 때문에 쓸데없는 일을 해야 했던 때도 있었고, 조직 관리를 맡은 후론 후배들이 내 맘 같지 않아 속상했던 때도 있었지요.

그럼에도 일하는 동안 저는 올바른 방향으로 가고 있다는 느낌, 나의 에너지를 제대로 쏟아 넣고 있으며 뭔가에 보탬이 되고 있다는 느낌을 가질 수 있었습니다. 그 느낌이 좋았어요. 성취감 같은 것도 한몫 했고요.

제가 대리였던 때니까 한참 전의 일입니다. 모처럼 일찍 퇴근해 집에서 저녁을 먹고 제 방에 앉아 음악을 들었습니다. 가을날 저녁, 음악에 빠졌죠. 슈베르트의 곡이었던 것으로 기억합니다.

그러다 문득 이런 마음이 올라오는 겁니다. '내가 클래식 음악을 좋아하는 건 분명해. 그런데 내가 음악을 듣고 즐기려면 음악을 만드는 누군가가 있어야 하는 거네. 또 음악을 들으면 충만해져서 좋지만 거기엔 내가 뭔가를 해내는 건 없잖아. 그냥 듣는 거니까 말이야. 이건 너무 수동적인 게 아닐까?'

모든 사람이 음악을 들으며 이런 생각을 하지는 않습니다. 할 필요도 없고요. 한데 저는 그때 알았습니다. '나는 스스로 뭔가를 해야 하는, 내 생각과 에너지를 불어넣어 뭔가를 만들어내야 하는, 그래야 만족이 되는 인간'이란 걸요. 만약 제가 음악을 들으며 능동적으로 뭔가를 했다면 음악이 제 일이 되었을 지도 모릅니다.

그날 제 일기장에 이렇게 썼습니다. 나는 앞으로 쭉 '생산자'로 살아야 할 것 같다고. 제 팔자를 예감한, 혹은 제가 어떤 사람인지 알아차린 중요한 순간이라고도 할 수 있습니다.

저희 책방은 기업이나 지자체와 컬래버레이션을 종종 합니다.

2021년과 2022년엔 일하는 분들을 위한 프로그램을 고용노동부와 함께 진행한 적이 있습니다. 그때 '우아한형제들'의 한명수 CCO Chief Creative Officer를 강연자로 모셨는데 이런 얘기를 하시더군요.

"일이란 무엇일까요? 정의를 내리는 일은 어렵습니다. 이럴 때 좋은 방법은 반대말을 생각해 보는 겁니다. 그러면 의미가 명확해지거든요. 일의 반대말은 뭘까요? 많은 사람들이 여가, 놀이라고 생각합니다. 즉, 일을 자발적으로, 내 마음대로 하는 게 아니라 남이 시켜서 하는 행위로 여기는 거죠. 이렇게 생각하면 일은 참고 견뎌야 하는 대상이 됩니다. 일의 주인이 내가 아닌 거니까요. 그러니 자연히 주말을 기다립니다. 일은 재미없고 여가나 놀이만 재미있다고 생각하니까요. 하지만 자신이 원해서 일하는 사람들에게 일의 반대말은 여가나 놀이가 아닌 '나태'예요."

강연 전에는 유머가 많은 그분을 보며 저와 기질이 많이 다르다 여겼는데, 강연을 들어보니 의외로 비슷한 부분이 많더군요. 개념을 명확히 하는 방법으로 반대말을 생각해 보는 것부터가 그랬어요. 광고회사에 다니던 시절, 새로운 캠페인을 맡아 콘셉트를 잡을 때 저 역시 이 방식을 많이 썼습니다.

또 일을 바라보는 관점도 흡사했습니다. 그래서 한명수 CCO의 강연을 듣다 보니 '어떤 분야에서 일하든 오래 진지하게 고민하다 보면 비슷한 걸 보게 되는구나. 그렇게 핵심에 닿는구나'라는 생각이 들었습니다.

'생산자'라는 말이 직접 언급되진 않았지만 그분의 강연 내용은 생산자로 살며 일하고자 하는 제 뜻에 아주 부합했습니다. 누군가 이미 해놓은 것을 누리면서 재밌어하고 즐거워하는 걸로는 채워지지 않는 어떤 것이 제겐 있는데, 그것은 저의 생각과 에너지를 집어넣어 뭔가 새로운 걸 만들어낼 때 충족되었고, 저는 그때 비로소 충분히 기쁘고 충만해졌습니다.

핵심은 제가 주도적으로 뭔가를 하며 만들어내는 것이었고, 그것이 곧 생산자로 사는 것이었습니다. 그런 삶을 위한 제 노력의 결과는 주로 콘텐츠로 나타났지요. 하지만 다른 분들의 경우에 꼭 콘텐츠여야 할 필요는 없습니다. 제품이나 영업, 기술 개발 혹은 자기만의 고객 응대나 집안 살림일 수도 있어요. 중요한 것은 그것이 무엇이든 타인이 시켜서 수동적으로 하는 게 아니라, 자발적으로 주도하며 뭔가를 하고 만들어내는 생산자로 사는 것입니다.

이런 생각을 동력 삼아 30년을 살았는데 은퇴 후의 삶은 확실히 제가 생각하는 생산자의 삶과 거리가 멀었습니다. 거듭 말씀드리지만 이런 생각만이 옳다거나 누구나 이렇게 생각해야 한다는 뜻이 아닙니다. 그저 제가 그런 사람이라는 걸 말하는 거예요.

그런 삶을 살겠다고 강하게 마음먹었던 사실을 그만 은퇴 후엔 잊어버렸던 거였어요. 글쎄, 모르겠네요. 대학원 생활을 짧게 마치지 않고 더 오래 공부해 논문도 쓰고 더 깊은 연구를 했더라면 아마 다른 생각을 할 수도 있었겠죠. 하지만 2015년의 제 안쪽에선 어서 빨리 생산자로 돌아오라는 목소리가 강하게 올라왔습니다. 저는 그 목소리에 따랐고 그렇게 해서 '책방마님'이 되었습니다.

기쁨을 느끼는 순간을 찾아라

다시 일하는 사람의 행복, 일의 즐거움과 기쁨이 무엇인지에 관한 이야기로 돌아가 볼까요? 저는 '내가 잘 쓰이고 있구나' '내가 구상한 방법이 통하는구나' '내 생각대로 하니까 되네'라는 걸 확인하는 순간에 기쁨을 느낍니다. 또 '아' 하면 '어' 하며 서로 뜻과 배포가 맞는 이를 만나 좋은 걸 만들어낼 때도 기쁜 순간입니다.

제가 굳이 '순간'이라고 쓴 이유는 행복과 즐거움, 기쁨은 순간순간 느끼는 거라 생각해서입니다. 오래도록 지속되는 상태가 아니라 무언가가 진행되고 있는 가운데 '아!' 하고 알아차리는 바로 그 순간에 차오르는 느낌들인 것 같아서요.

일이 늘 즐거울 수는 없습니다. 아니, 즐거운 건 한순간이고 오히려 일의 태반은 갈등과 스트레스가 함께하지요. 하지만 일하는 사람의 행복, 기쁨, 즐거움도 분명히 존재합니다. 그렇지 않다면 인생에서 가장 오래 하는 게 일이라는데 그걸 무슨 힘으로 해나가겠어요?

중요한 것은 여러분이 일에서 느끼는 기쁨과 즐거움이 무엇인지를 찾는 겁니다. 그걸 알아차리고 나면 일을 놓고 고민할 때, 이를테면 퇴사나 이직에 대한 생각이 깊어질 때 중요한 선택의 기준을 갖게 됩니다. 지금 하고 계신 일에서 언제 어떨 때 기쁘고 즐거운지 찬찬히 적어보시죠.

내 일의 의미를 찾아서

저희 책방은 거의 매일 저녁 행사가 있습니다. 저자 북토크는 물론이고 일하는 분들 혹은 계속 공부하며 성장하고자 하는 분들을 위한 콘텐츠를 다양하게 진행해요.

몇 가지 예를 들면 이렇습니다. 기업의 중간관리자, 즉 임원과 MZ세대 사이에 낀 팀장들을 위한 프로그램 '팀장은 외롭다', 『논어』 강독, 원문으로 영어 소설 읽기, 자신이 저자가 되어 책을 만들어보는 북메이킹 클래스, 미술과 친구가 되도록 안내해 주는 미술 수업, 힘들고 답답한 분을 위한 마음상담 등입니다.

이런 프로그램들은 책방을 연 직후부터 기획해 진행하고 있습니다. 그런데 좀 이상한 말이지만, 저희 클래스에 참여하는 분들을 보면서 '와! 진짜로 오시는구나!'라고 생각한 적이 있습니다. 광고쟁이로 살면서 숱하게 많은 프로젝트를 기획하고 아이디어를 내봤음에도, 우리의 기획과 아이디어에 흥미를 느껴 신청자들이 찾아오는 걸 눈앞에서 확인하며 감격했던 것 같습니다.

그러면서 '책방 운영에도 기획이 중요하구나'라고 새삼 생각했습니다. 서울대학교 경영대 김병도 교수님이 북토크를 위해 책방에 오셨을 때 이 얘기를 꺼내니 그분이 그러시더군요. "세상 모든 일은 기획이 앙꼬"라고요.

책방을 하겠다며 나이 오십이 넘어 덜컥 자영업에 뛰어들었지만 사실 그다지 겁이 나진 않았습니다. 책방 일이 어떨지 자세히 알진 못했으나 어쨌든 할 수 있을 것 같았어요. 웬 자신감이었을까요? 저는 미리 자신감 같은 걸 갖는 사람이 아닌데 말입니다.

지금 나는 무엇을 하고 있나

매우 고전적인 이야기를 하나 하겠습니다. 존 F. 케네디 대통령이 미국 항공우주국NASA에 방문했을 때 어느 청소부를 보고 물었다고 합니다. "당신은 여기서 무슨 일을 하십니까?" 그러자 그 청소부는 다음과 같이 답했다는군요. "우주비행사를 달에 보내는 일을 하고 있습니다!" 케네디 대통령이 뭐라 답했는지는 듣지 못했지만 이 대화의 핵심은 청소부의 답변이니 이걸로 충분합니다.

또 이런 이야기도 있습니다. 교회를 짓는 건축 현장에서 일하는 석공 세 사람에게 누군가 질문을 던졌답니다. "지금 무엇을 하고 계십니까?" 첫 번째 석공의 답은 이랬습니다. "보시다시피 돌을 자르고 있소. 내내 이러고 있자니 지겨워 죽겠소." 두 번째 사람이 답했습니다. "돌을 열심히 자르고 있잖소. 덕분에 우리 가족이 먹고 살고 있지." 세 번째 석공은 다음과 같이 말했습니다. "저는 하느님의 성전을 짓고 있습니다."

이 두 일화는 일의 의미에 대해 이야기할 때 종종 인용되는 것들입니다. 여기에 조금 더 보태자면 저는 '같은 회사, 같은 사무실에서 같은 업무를 하더라도 일에 대한 정의는 사람 수만큼 다양할 수 있다'고 생각해요. 어쩌면 사람 수보다 더 다양할지도 모르겠습니다. 자신의 일을 어떤 시선으로 바라볼지 고민할 때마다 다른 정의가 생겨나니까요. 제가 그랬듯 말이죠.

30여 년 전으로 돌아가 볼까요? 지금도 저는 꽤 심각한 사람이지만 20대 청년 시절엔 훨씬 더했습니다. 어쩌다 카피라이터가 되긴 했는데 시간이 갈수록 점점 괴로워지더군요. 도무지 제가 하는 일의 의미를 찾을 수가 없었거든요. 제게 있어 일이란 생계수단일 뿐 아니라 의미 있는 무언가가 되기를 바랐는데, 카피라이터라는 일의 의미를 알 수 없었던 거예요.

처음 팀에 배치되어 여러 광고들을 만들었던 때가 기억납니다. 결코 적지 않은 돈을 들여 만든 촬영 세트를 한 번 쓴 뒤엔 부숴버리고 매번 새로 짓는 걸 보면서 '저게 웬 낭비인가' 싶어 혼자 속을 끓였던 적이 있습니다.

광고뿐 아니라 영화나 드라마, 게임 등 결과가 비주얼로 구현되는 콘텐츠 업에서는 사람들의 눈에 새롭고 신선해 보이게끔 하는 걸 중시합니다. 그렇기에 촬영할 때의 세트며 의상, 미술 등은 당연히 중요한 요소죠. 하지만 고작 몇 초 보여주고 끝나는 세트에 저렇게 돈을 들이는 게 맞나, 대체 이게 무슨 의미가 있나, 새롭다는 건 가치중립적인 개념인데 새로운 것을 왜 이리 우상처럼 떠받드나 하는 생각에 마음이 복잡해졌습니다.

아이디어를 내고 서로 의견을 맞춰 그럴듯한 광고가 만들어지는 과정은 재미있었지만, 마음 깊은 곳에선 '이 일이 과연 할 만한 일일까?'라는 고민이 나날이 깊어지고 커져갔습니다.

어느 날엔가는 이런 생각도 올라오더군요. 현실은 이상과 다소 다르긴 하지만 그래도 각각의 직업에는 애초에 추구하기로 되어 있는 의미가 있고, 그 분야에서 일하는 이들은 그 의미에 맞는 역할을 하기에 사람들의 존경을 받습니다. 변호사는 정의를 지키고, 선생님은 인재를 길러내며, 의사는 생명을 구하는 등 말이죠. '그렇다면 나의 일인 광고엔 어떤 의미가 있고, 나는 그 안에서 어떤 역할을 하고 있는 걸까?' 시간이 갈수록 질문이 깊어졌습니다.

일과 관련해 어떤 경우에 칭찬을 받는지 생각해 봤습니다. 우리가 만든 광고 덕분에 매출이 늘었을 때 광고주로부터 고맙단 소리를 듣더군요. 물론 크리에이터들은 새롭고 독창적인 크리에이티브를 만들어내기 위해 애쓰지만 애초에 우리가 존재하는 이유는 클라이언트의 문제를 해결하기 위해서이고, 그 결과는 매출 증대나 브랜드 인지도나 호감도 제고 등으로 나타납니다. 그러니 이 일을 잘했을 때 칭찬이 따랐습니다.

그런데 이건 마치 작가에게 어떨 때 글 쓰는 보람을 느끼느냐 물었을 때 "베스트셀러를 쓸 때지요"란 답을 듣는 것과 같아서 제 마음을 채워주지 못했습니다. 오히려 자괴감이 들었죠. 저는 방황했습니다. 안정적으로 월급이 나오는 데다 광고 만드는 일의 재미도 조금씩 커져가고 있었지만, 정작 제 일에 어떤 의미가 있는지 알지 못해 괴로움에 부대꼈습니다.

한 손에는 즐거움을, 한 손에는 물음표를

저는 계속 마음속으로 일의 의미를 찾았습니다. 일이 쏟아질 땐 그 안에 파묻혀 있느라 이런 생각에 빠질 겨를이 없었어요. 하지만 바쁜 시기가 지나 시간이 생기거나 좋지 않은 성과로 슬럼프가 찾아오면 제가 하는 일의 부족한 면, 채워지지 않는 면이 떠올라 지속적으로 괴로웠습니다.

그럼에도 저를 칭찬하고 싶은 점은 고민을 멈추지 않았다는 겁니다. 바쁠 때 후순위로 미뤄놓긴 했지만 저는 다시 그 자리로 돌아와 제 일의 의미를 묻고 또 물으며 파고들었습니다.

고민이 길어지면 아슴푸레 뭔가가 보이는 걸까요? 제게도 그런 일이 일어났습니다. 마치 어두운 곳에 들어가면 처음엔 아무것도 보이지 않다가도 차츰 눈앞의 광경이 드러나듯이 저도 한 가지 중요한 것을 알아차렸습니다. 제게 이 일이 요구하는 소양이 꽤 있고, 저와 꽤 잘 맞는 일이라는 것을!

'광고' 하면 사람들은 CF를 떠올리고, CF는 유명 모델을 써서 쌈박한 비주얼과 한마디 카피를 만들어내는 걸로 여깁니다. 여기서 다 설명할 순 없지만 사실 그 앞에는 길고 복잡한 과정이 있습니다.

큰 프로젝트의 경우는 광고비가 수백억 원이나 되는 만큼 광고를 통해 도달하고자 하는 목표가 분명합니다. 또 규모가 큰 프로젝트는 기회를 잡으려는 광고회사 간 경쟁도 치열해서 경쟁자의 전략을 고려해 가면서 콘셉트를 벼려야 합니다.

입사 후 몇 년간 이런 과정을 거치면서 저는 제가 이 일을 꽤 좋아한다는 걸 서서히 깨달았습니다. 프로젝트를 맡아 생각을 거듭하다 보면 처음엔 보이지 않았던 것이 보이고, 확신이 생기며, 마침내 이거다 싶은 솔루션이 나왔을 때의 재미! 설득력 있는 아이디어를 제시해 중구난방이던 여러 의견을 제압할 때의 즐거움! 무엇보다 처음엔 도저히 모를 것 같았던 해법을 생각의 힘으로 찾아내는 그 여정이 참으로 흥분되고 재밌었습니다. 이렇게 도달한 아이디어로 광고 캠페인을 전개해서 실제로 원하는 결과를 만들어냈을 때의 만족감도 물론 컸고요.

하지만 욕심이 많은 저는 한 손에 이런 즐거움을 쥐고 있으면서 다른 손이 허전해 제 일의 의미를 계속 좇았습니다.

업의 본질을 스스로 정의하다

일의 의미 찾기를 포기하지 않고 계속 해나가다 보니 몇 차례 '이건가?' 싶은 것을 발견하기도 했습니다. 그러나 그땐 어쩐지 정답이 아닌 것 같아 이내 부정해 버렸지요.

그중엔 '광고란 브랜드를 다루는 일'이라는 생각도 있었습니다. 장기적으로 클라이언트의 브랜드가 인지도를 얻고 지지를 얻으며 롱런하게 만드는 일이란 뜻이었죠. 이렇게 광고의 본질을 스스로 정의해 보니 '내 일은 그저 광고주의 매출을 올려주는 것'이라 여겼을 때보다 마음이 훨씬 나았습니다.

그게 끝이 아니었습니다. 제일기획 내에서 제작본부장과 국내부문장을 거치며 업무 경험이 쌓이자 제 일에 대한 정의도 달라졌습니다. '광고업이야말로 지식산업의 대표 업종'이라고요. 당시 사보에 실었던 글 중 일부를 옮겨봅니다.

우리 일, 광고업을 세상은 서비스업이라 분류하는 모양이지만 저는 썩 동의가 되지 않습니다. 서비스라 하면 손님의 요구에 거의 무조건 응해야 할 텐데 우리 일이 어디 그런가요? 클라이언트가 동의하지 않아도 우리가 치열하게 고민해 도달한 해법이 있다면 어떡하든 설득해 진짜로 작동하는 해법을 찾는 게 우리 일 아닌가요?

우리와 비슷한 일을 하는 업이 또 있죠. 비즈니스 컨설턴트들. 그들도 클라이언트의 과제에 대해 해법을 제시합니다. 하지만 컨설턴트들이 해법을 제시하면 집행은 기업 당사자의 책임입니다. 우리처럼 액션까지 하는지는 잘 모르겠습니다.

우리는 아이디어를 제시해 클라이언트의 동의를 얻으면 광고를 제작하고 집행해서 우리 아이디어가 옳음을 증명해야 합니다. 프레젠테이션 단계에선 훌륭했으나 실제로 온에어 후 기대한 결과를 만들어내지 못하는 광고는 설 자리가 없습니다.

기획과 아이디어로 결과를 만들어내고 또 바꾸기도 하는 일. 우리가 바로 그런 일을 하는 사람들입니다.

이 글은 제가 광고쟁이 선배로서 후배들에게 자긍심을 주고 싶어 쓴 것이었습니다. 당시는 광고업이 미디어의 변화로 어려움을 겪고 있었고, 그래서 똑똑한 후배들이 다른 분야로 많이 이직하던 시기였거든요. 자긍심이란 자신이 하는 일의 의미를 똑바로 보고 긍정할 때 생기는 것이잖아요? 저는 그 마음을 후배들이 가져주길 진심으로 바랐습니다.

아이디어로 해법을 만드는 사람

그러다 제 일이 갖는 또다른 의미를 찾아냈습니다. 광고는 '크리에이티브한 솔루션을 찾는 일', 즉 기업이나 공동체가 당면한 문제에 대한 새롭고도 창의적인 해법을 생각의 힘으로 발견하는 일이라는 것이었죠. 크리에이티브엔 상상력이 필요하고, 상상력이란 지금 여기에 없는 것을 생각하는 능력입니다. 기존 관념 밖으로 걸어 나와 문제를 다른 시각에서 살펴보고, 새로운 해법으로 결과를 확 바꿔놓는.

때론 광고주가 말하는 문제가 실제론 핵심 문제가 아님을 파악하고, 문제부터 새로이 정의내린 뒤 안갯속을 더듬어 길을 찾기도 합니다. 이런 과정은 굉장히 뜨겁고 다이내믹해요. 사람마다 의견이 다 다르니 여러 전략 중 어떤 것을 택하고 누구의 아이디어를 취할지 결정해야 하고, 팀 안의 갈등 수위가 높아지면 그걸 가라앉혀야 할 때도 많죠.

이런 관점으로 제 일을 바라보면 저는 '해결사'입니다. 생각의 힘을 재료로 쓰는 해결사죠. 목수가 나무를 재료로 근사한 집을 짓고 가구를 만든다면 저는 생각의 힘, 아이디어로 해법을 만들어 세상에 내놓으니까요.

이런 생각에 다다르자 오랫동안 이리저리 흔들리고 붕 떠 있던 제 마음도 차분해졌습니다. 내 일에 괜찮은 의미가 있다는 점에서 조금 안도하게 된 거죠. 그 이후론 비교적 흔들리지 않고 제 일을 계속할 수 있었습니다.

물론 어떤 일을 할 때 그것에서 재미를 느낀다면 그것만으로 충분한 사람도 있습니다. 저와 가까운 후배 한 명이 그래요. 그가 광고를 만드는 이유는 그 일이 오직 재미있어서, 그게 전부입니다.

우리는 얼굴이 제각기 다르듯 기질도, 좋아하는 것도, 중요하게 여기는 것도 다 다릅니다. 모두가 일의 의미를 놓고 저와 같아야 하는 건 아닙니다. 하지만 자신이 하는 일에서 확고한 의미를 찾을 수 있다면 든든한 '백'을 가진 거나 다름없습니다. 그러니 자신이 하는 일의 의미를 찾아내는 일은 아주 아주 중요합니다.

긴 시간 일하다 보면 때때로 흔들리는데, 내가 찾은 내 일의 의미는 그럴 때 뿌리까지 흔들리진 않도록 우리를 잡아줍니다. 의미를 찾는 사람은 그렇지 않은 사람보다 행복할 확률은 낮지만 파도가 덮쳐올 때 덜 흔들릴 수 있어요!

업의 본질을
꿰뚫는 관점을 지녔는가

"30년 가까이 광고 일을 하다가 전혀 다른 업종인 책방 일을 하는데 할 만하신가요?"는 책방을 열고 나서 가장 많이 받는 질문입니다. 이 질문의 요지는 이전과 전혀 다른 일을 하는데 괜찮은가, 어렵진 않은가, 혹은 나이 오십에 어떻게 전혀 새로운 일을 해볼 생각을 했는가일 겁니다.

그럴 때마다 저는 책방 일은 광고와 크게 다르지 않다, 매우 연속적인 시간을 보내고 있다고 답합니다. 그런데 광고와 책방을 하는 일이 크게 다르지 않다니 이건 무슨 소리일까요?

좀 과장하자면 같은 회사, 같은 부서에서 같은 업무를 해도 그 일의 의미와 본질에 대해선 사람 수만큼이나 다양한 정의가 있을 수 있다고 생각합니다. 저 역시 광고라는 일의 정의를 여러 차례 달리 내렸습니다. 그런데 이는 제 일이 달라져서가 아니라는 점에 주목해 주시기 바랍니다. 제 일 자체가 아니라 그것을 바라보는 관점, 시선을 달리한 거란 점이에요.

내 일의 핵심은

업의 본질을 말할 때 꼭 언급해야 하는 분이 있습니다. 이건희 회장이죠. 생전에 그분은 계열사 사장들에게 업의 본질에 대한 질문을 종종 했다고 합니다. 어느 날은 한 CEO에게 호텔업의 본질이 무엇이냐고 물었다죠. 그 CEO는 상식적인 답을 했습니다. "호텔업은 서비스업입니다"라고요.

이 회장의 관점은 달랐습니다. 장치 산업이라는 겁니다. "호텔 방 하나에는 1,300개 정도의 비품이 들어가고, 그 비품의 질에 따라 호텔의 성패가 좌우되니 호텔업은 장치 산업이에요."

이 회장의 얘기는 계속됩니다. "사업의 성패는 그 업의 개념 파악 여부에 달려 있어요. 백화점 운영은 부동산업입니다. 부동산업에서 중요한 것은 '위치'죠. 전자 산업은 누가 먼저 제품을 출시하느냐에 따라 성패가 갈리니 '타이밍 산업'입니다. 사업의 역사와 개념과 철학, 즉 그 사업의 본질을 철저히 이해하면 성공 요소를 발견할 수 있어요. 나는 일의 본질이 무엇인지를 먼저 파악합니다. 본질을 모르는 상태에선 어떤 결정도 내리지 않아요."

호텔업의 본질이 정말로 장치 산업인가는 부차적입니다. 업의 본질은 그것을 바라보는 사람과 시대마다 달라질 수 있습니다. 중요한 것은 그 업의 핵심을 꿰뚫는 관점을 갖고 있느냐입니다. 관점이 확실하고 올바르면 무엇이 중요한지를 파악할 수 있고, 의사결정의 선후를 정할 수 있으며, 지금 몰두해야 할 일이 무엇인지 명확히 알 수 있습니다.

어떤 일을 그르치는 경우를 보면 나중에 해야 할 것을 먼저 하거나 먼저 해야 할 것을 후로 미루어서일 때가 많습니다. 무엇이 중요한지 미처 간파하지 못해 덜 중요한 걸 붙들고 있을 때도 적지 않고요. 이는 일의 본질을 헷갈려서 생긴 결과입니다. 그러므로 무슨 일을 하든 시대에 맞게 업의 본질을 파악하고 적확한 시선을 갖는 것이 매우 중요합니다.

이건희 회장이 한 얘기를 우리 개인들에게도 적용해 보죠. 여러분은 지금 하고 있는 일의 본질을 알고 계신가요? 혹은 자신이 하는 일의 본질에 대해 자주 생각하시나요? 여러분이 제 앞에 계시다면 얼굴을 보며 길게 얘기를 나누고 싶네요.

자기만의 언어로 정의할 때 힘이 생긴다

앞에서 저는 제 일의 의미를 오랫동안 찾아 헤맸고, 광고업의 본질을 스스로 정의한 뒤 마음의 평화를 찾아 덜 흔들릴 수 있었다고 이야기했습니다. 그런데 책방은 어떻게 시작하게 된 걸까요?

제가 만약 광고 일을 'CF 만드는 것' 혹은 '쌈박한 카피를 쓰는 것'으로 한정했다면 책방을 하기는 어려웠을 겁니다. 책방뿐 아니라 다른 업을 시작할 엄두를 내기 어려웠을 거예요.

하지만 광고업의 본질을 저의 관점으로 정의한 덕분에 책방으로 건너올 수 있었고, 그 과정에서 저는 중요한 것을 깨달았습니다. 자신이 하고 있는 일의 본질을 찾아내려 애쓰고 마침내 찾아낸다면 다른 일도 얼마든지 새로 시도할 수 있다는 것을. 또 그 분야에서 일한 경험이 없다 해서 그 일에 필요한 역량까지 없는 건 아니라는 것을.

광고쟁이로서 제 일의 본질을 '생각의 힘으로 크리에이티브한 해법을 찾아내는 것'이라 정의한 데는 이점이 있었습니다. 일의 결과가 아니라 일이 발생시키는 가치에 초점을 맞추고, 그 일을 할 때 어떤 역량이 중요하며 또 저의 어떤 역량이 쓰이는지를 핵심으로 파악하게 해줬다는 것이죠.

그러니 설사 다른 업종의 일을 하게 되더라도 어떤 역량이 발휘되고 쓰여야 하는가를 기준으로 파악해 보면 이전 일과 아주 다른 일이 아닐 수 있어요. 광고와 책방은 세상이 분류하는 업의 기준으로 보자면 전혀 다른 업입니다. 하지만 그 일을 하는 동안 제가 어떤 역할을 하고 어떤 역량을 발휘하며 어떤 가치를 발생시키는가의 관점으로 보면 저는 광고쟁이 시절이나 책방 주인인 지금이나 매우 연속적인 일을 하고 있는 겁니다. 생각하는 힘으로 창의적인 해법을 내놓는.

광고회사 시절에 그랬던 것처럼 저는 지금도 여전히 책방의 콘셉트와 성격을 만들고, 타깃 고객층에게 도움이 될 프로그램을 기획하며, 그것이 많은 이들에게 어필되게끔 커뮤니케이션을 합니다. 이 모든 과정이 요구하는 역량은 바로 '생각의 힘'이고 저는 이 힘을 재료 삼아 계속해서 새로운 콘텐츠를 생산하죠. 예전엔 그 결과를 광고로 내놓았지만 지금은 책방의 큐레이션이나 프로그램이라는 점이 다를 뿐입니다.

'생각의 힘'으로 새로운 해법을 찾는 능력, 30년 가까이 광고를 하면서 배우고 체득한 그 역량이야말로 책방 운영에 가장 큰 원동력이 되었습니다. 세상에 해법을 요구하지 않는 일이란 없고, 세상의 모든 해법은 '생각의 힘'을 기반으로 하죠. 그래서 광고 외에 다른 경력이라곤 없던 저였지만 책방에 뛰어들었고 그 일을 계속 해나갈 수 있었다고 생각합니다. 가끔은 농담처럼 말하곤 해요. 제일기획 시절에 연봉을 받으며 훈련받고 경험했던 모든 걸 책방에 쏟아내고 있다고요.

자신의 일을 붙들고 조금이라도 더 잘하고 나아지기 위해 어제의 자신을 부정하며 고민을 거듭하다 보면 겉에선 잘 보이지 않던 것들이 서서히 보이기 시작합니다. 자기만의 관점, 시선이 생기는 겁니다. 이건 고민을 하는 사람들에게만 주어지는 귀한 선물이에요. 그렇게 얻은 시선과 관점은 오래도록 자신의 일을 잘하게 하는 에너지원일 뿐 아니라 당장은 알 수 없는 미래의 일에도 지지대가 되어줍니다.

그러니 자기가 하고 있는 일의 의미와 본질에 대해 아직 명확한 관점이 생기지 않았다 해도 포기하지 말고 계속 고민해 보세요. 이건가 저건가 엎치락뒤치락하다 보면 머잖아 '아, 내 일의 가치는 이것이구나' 하는 순간이 찾아올 겁니다.

나는 어떤 일을 누구와 어떤 방식으로 할 때

내가 가진 역량을 제대로 발휘할 수 있는지

내겐 무엇이 그런 동력인지를

면밀히 살피고 알아내

그런 방식으로 일해야 한다.

2장

일은 성장의 기회다

GROWTH

문제는 회사가 아니야!

1992년 미국 대통령 선거전에서 민주당 빌 클린턴 측은 '바보야, 문제는 경제야!It's the economy, stupid!'란 캐치프레이즈를 앞세워 성공을 거뒀습니다. 당시 현직 대통령이었던 조지 H. W. 부시, 즉 아버지 부시는 걸프전의 승리로 높은 인기를 누리고 있었습니다. 당연히 재선이 기대되는 상황이었죠.

하지만 걸프전 승리의 영광은 곧 잊혔고 전쟁의 여파 때문인지 불경기가 발목을 잡았습니다. 클린턴은 바로 이 점을 파고들었습니다. 중요한 건 지나간 전쟁에서 거둔 승리가 아니라 지금 내려앉고 있는 경제라고. 이 전략이 주효해 46세의 클린턴은 대선에서 승리해 미국 역사상 세 번째로 젊은 대통령이 되었습니다.

클린턴의 핵심 전략은 '프레임 새로 짜기', 즉 사람들이 사고하는 틀을 새로 짜서 제시한 것이었습니다. 위키백과에서 '프레임'을 찾아보면 '뼈대, 구조, 인식의 방법'이라고 나옵니다. '사물이나 사안을 바라보는 틀'이라고 할 수 있어요. 그러니까 같은 사물, 같은 사안이라도 바라보는 틀이 달라지면 다른 게 보이고 다르게 인식하게 됩니다.

쉽게 휴대전화 카메라를 예로 들어볼까요? 저는 집 근처 한강을 종종 걷는데 같은 곳에 서서 사진을 찍어도 프레임을 어떻게 잡는가에 따라 사진 속 풍경도 달라집니다. 다른 걸 보게 되는 거죠.

앞에서 예로 든 1992년 미국 대선에서도 클린턴 측이 '경제'라는 프레임을 제시하고 설득하지 않았더라면 사람들은 걸프전 승리로 인기 있었던 부시를 다시 차기 대통령으로 뽑았을 겁니다. 프레임은 이처럼 향후의 결과에 강력한 영향을 미치고, 그래서 종종 결과를 바꿔놓기도 합니다.

이번 장에서 저는 이직이나 퇴직, 창업에 대한 생각을 이런 '프레임 새로 짜기'의 관점에서 들여다보려 합니다.

"인간은 고민하는 한 방황한다"

"회사를 언제까지 다녀야 할까? 이직하는 편이 나을까? 아님 창업을 해볼까?" 일하는 사람이라면 다들 이 질문을 마음 한편에 두고 삽니다. 한 번 거쳤다고 해서 끝이 아니라 시간이 흐르고 상황이 바뀌면 또다시 이 질문과 맞닥뜨립니다. 마치 파도가 치는 것처럼 물러갔다가도 다시 찾아오죠. 저도 그랬던 것 같아요.

사실 자신이 어떤 사람이고 어떤 인생을 살고 싶으며 정말 하고 싶은 일이 무엇인지에 대한 고민은 사회인이 되기 전 학생 시절에 했어야 합니다. 고등학생 때, 늦어도 대학생 때 충분히 고민하고 방황하는 시간을 가져야 해요. 하지만 고등학생 땐 대학 입시가 발등에 떨어진 불이고, 대학에 들어가선 취업 준비에 매달려야 하니 그런 고민에 시간을 내기가 쉽지 않습니다.

방황이란 앞으로의 인생에 꼭 필요한 귀중한 시간이지만 단기적으론 지극히 비생산적으로 보이죠. 학교도, 부모님도 학생들이 방황하며 자신을 탐색하도록 내버려두지 않아요. 다들 마음이 급하고 불안하니까요.

사정이 이러니 대부분의 청년들이 이런 시간을 갖지 못한 채 사회인이 됩니다. 직장인이 되어서야 비로소 자기 자신에 대해, 일에 대해 고민해요. 취업난을 뚫고 합격해 한숨 돌리고 업무에 적응하며 상황 파악을 하고 나면 그때 비로소 자신의 욕망과 바람을 놓고 본격적으로 고민하죠. 작게는 이 팀에서 계속 일할지, 팀을 옮길지, 좀더 크게는 아예 회사를 옮길지, 혹은 그만두고 공부나 창업을 할지, 고민은 계속 이어집니다. 격렬하게 고민하는 친구들은 입사 첫해에 퇴사해 버리기도 하고요.

게다가 요즘은 창업 열풍이 거셉니다. 옆자리의 동료가 창업을 한다며 퇴사하면 남은 사람들에게도 영향이 와요. 나도 뭔가 해야 하지 않을까, 이대로 계속 다니는 게 과연 잘하는 걸까. 평안하던 마음에 고민이 일고 파도가 치는 거죠.

좋아 보이는 회사에 다니는 청년들도 속으론 이직을 고민합니다. 여러 이유가 있겠지만 저는 이렇게 생각합니다. 드디어 회사원들이 회사의 불합리한 관행이나 뒤떨어진 조직문화에 질문을 던지기 시작했다고. 물론 선배 세대들도 직장생활을 하며 그런 것들이 잘못됐다고 생각은 했지만 행동으로 옮기진 않았습니다. '으레 그렇지 뭐' '남의 돈 버는 게 어디 쉬운가' '회사가 놀이터는 아니잖아' 하면서 그냥 고개를 숙이며 참고 넘겼죠.

그런데 MZ세대로 통칭되는 요즘 젊은이들은 "왜 꼭 이렇게 해야 하나요?" 혹은 "이건 불합리하지 않나요?"라며 이의를 제기합니다. 저는 여기에도 여러 이유가 있다고 봐요. 우선은 어릴 때부터 자기 방을 갖고 자란 독립적인 세대라서 자신의 목소리를 내는 데 거침이 없다는 것이 한 가지입니다.

또한 선배들의 모습도 그들 눈엔 좋아 보이지 않습니다. 무조건 회사의 지시에 순응하는 선배들이 전혀 멋있지 않은 거죠. 그들의 모습이 곧 10년 후, 20년 후 자신들의 미래일 텐데 그렇게 되고 싶지 않은 겁니다.

그 여파일까요? 예전에 임원은 직장인의 꿈이요, 비전이었지만 요즘 젊은 회사원들에겐 다릅니다. 그들은 임원을 별로 부러워하지 않으며 진급에 더 이상 목을 매지도 않죠. 오히려 진급하지 않고 조직의 보직을 맡지 않고 자신의 일만 하겠다는 젊은이들도 많습니다. 직장인의 가치관이 확 바뀐 거예요.

많은 청년들이 오늘도 '나는 앞으로 어떻게 해야 할까?'를 묻습니다. 회사를 옮길지, 공부를 더 할지, 창업을 할지 등을 고민하면서요.

올바른 답은 올바른 질문에서 나온다

고민을 한다는 건 고여 있지 않고 나아지고자 함이므로 나무랄 일이 아닙니다. 문제는 이런 고민이 한두 번으로 끝나는 게 아니라 일하는 내내 주기적으로 찾아온다는 겁니다. 괴테도 일찍이 이렇게 일갈했잖아요. '인간은 고민하는 한 방황하기 마련'이라고.

진로에 대한 고민은 사는 내내 계속되고, 특히 일이 잘 풀리지 않거나 슬럼프에 빠지면 더 심각해집니다. 그 안에 매몰되지 않으려면 어떤 결정이든 내려야 합니다. 그때 여러분은 무엇을 기준으로 선택하나요? 게다가 그런 상황은 한두 번이 아니라 여러 번 찾아옵니다. 그때 마냥 흔들리지 않으려면 기준이 있어야 하지 않을까요?

나홍진 감독의 영화 〈곡성〉에서 어린 딸이 이런 말을 합니다. "뭣이 중헌디? 뭣이 중헌지도 모름서……." 여러분은 아세요? 여러분에겐 무엇이 중요한지? 그것은 사람마다 달라서 높은 연봉일 수도, 성장의 기회일 수도, 저녁이 있는 삶일 수도 있습니다.

중요한 것은 여러분의 기준이 무엇인가입니다. 흔히 사람들은 현재 있는 곳을 떠나 다른 회사로 가거나 새롭게 창업을 하는 것만 선택으로 여기지만 그렇지 않아요. 다른 곳으로 가지 않고 남는 것,

지금 하고 있는 일을 계속하는 것도 중요한 선택이고 결정입니다. 다만 무엇을 기준으로 그렇게 하느냐, 그것이 중요하다는 거예요.

저는 이 문제를 곰곰이 생각하다 재밌는 점을 발견했습니다. 신문이나 SNS에는 어느 스타트업이 유명 투자자로부터 거금의 투자를 유치했다는 기사가 종종 올라옵니다. 창업자들은 자랑스러워하고, 사람들은 부러워하는 뉴스죠.

그런데 스타트업을 창업한 분들도 대개는 회사에서 일하다 이런 저런 이유로 퇴사한 후 자기 회사를 차린 경우가 많습니다. 그러다 투자를 받아 비즈니스가 본격적인 궤도에 오르고 종래는 큰 회사로 자리잡는 거죠. 결국은 기존의 회사에서 나와 새 회사를 차리는 것인데 사람들은 여기에 열광합니다. 이직을 하든 창업을 하든 종착지는 회사니, 말하자면 회사를 나와서 또 회사를 시작하고 회사에서 일하는 셈입니다.

제가 드리고 싶은 얘기는 이겁니다. '회사를 계속 다닐까, 그만둘까?'는 핵심이 아니라는 것. '이직이냐, 창업이냐?'도 부차적입니다. 그럼 무엇이 핵심일까요?

문제에 대한 해법을 구할 때 가장 중요한 것은 '질문이 올바른가'입니다. 현재 다니는 회사를 그냥 계속 다닐지 이직할지를 두고 고민한다고 해봅시다. 그렇다면 이때의 질문은 '이 회사를 계속 다닐까? 아니면 이직을 해야 할까?'가 되겠지요. 그런데 이 질문은 올바를까요?

질문이 올바르지 않으면 답도 그 주변을 벗어나기 어렵습니다. '일이 잘 풀리고 회사에서도 칭찬을 받으면 계속 다니자' 하는 마음이 올라오다가도, 이직해서 잘나가는 동기를 보면 '내가 이럴 때가 아니지. 얼른 다른 회사를 알아봐야겠어' 하며 계속 헷갈릴 뿐이죠. 이런 상태에선 길이 잘 보이지 않아요.

내 문제의 프레임을 다시 짜보자

문제는 회사가 아닙니다. 올바른 질문은 '이곳에서 내가 원하는 일을 내가 원하는 방식으로 할 수 있는가?'입니다. 이에 대한 생각을 먼저 정리해야 해요. 여러분의 기준으로 문제를 바라보는 '프레임'을 새로 짜보는 거예요.

사실 문제의 핵심을 찾아 고민하고 답을 찾는 건 굉장히 어려운 일이며 또한 용기를 필요로 합니다. 자신과 정면으로 마주해야 하니까요. 왕왕 자신의 문제를 환경 탓으로 치워버리는 경우가 있습니다. 그렇게 하는 편이 편하고 쉽거든요. 하지만 이는 실제 문제는 그대로 둔 채 고개만 돌리는 거죠. 고민을 회피하는 것이나 마찬가지입니다. 문제가 해결되지 않습니다.

살아가는 동안 우리는 아주 여러 번 고민과 선택의 시간과 마주합니다. 그럴 때 올바른 선택, 올바른 결정을 하려면 회사 등 주변의 상황이나 환경이 문제라고 생각할 게 아니라 자신의 중심을 먼저 들여다봐야 해요. 프레임을 새로 짜서 자신에게 중요한 것, 자신이 절대로 양보할 수 없는 것은 무엇인지 파악해야 합니다.

회사 일을 해주는 게 아니라
내 일을 하는 것

　　주말을 보내고 나면 SNS엔 종종 아빠들의 포스팅이
올라옵니다. '주말은 아이와 놀아줘야 해서 바쁘다' '아이와 놀아주
려니 체력이 달린다' 등. 아빠들은 아이와 '논다'고 말하는 대신 아
이와 '놀아준다'고 하더군요. 아내를 대신해서, 혹은 바쁘고 힘든 아
내를 도와준다는 생각으로 그렇게 말하는 걸까요?

　　요즘은 엄마 이상으로 자상하게 아이를 돌보는 아빠, 또 육아를
자신의 일로 여기는 아빠도 많습니다. 그럼에도 많은 아빠들이 여
전히 아이와 '놀아준다'고 합니다.

　　회사에서도, 일터에서도 이런 장면이 종종 보입니다. 회사의 일을
해준다는 생각, 응당 해야 할 일을 하면서도 도와준다고 혹은 해준
다고 생각하는 사람들이 적지 않은 것 같습니다.

광고회사 시절의 경험입니다. 여러 부서가 모여 회의를 하면 끝엔 일정 얘기를 하게 됩니다. 의뢰한 광고와 관련해 클라이언트의 요구나 상황은 이러저러하다고 AE Account Executive (광고회사에서 영업 혹은 기획을 맡은 직군)들이 이야기하고 나면 제작 스태프들은 으레 물었습니다. "언제까지 해주면 돼요?"라고. 그때부터 저는 이 말이 거슬렸습니다.

그러다 제가 제작본부장이 되었습니다. 당시 우리 본부는 분위기가 좀 처져 있던 터라 본부원들의 사기를 끌어올리기 위해 여러 노력을 해야 했습니다.

저는 무엇보다 일을 대하는 우리의 자세부터 바꾸고 싶었습니다. 그 시절에도 이미 시선과 태도가 행동과 퍼포먼스에 중요한 영향을 미친다고 생각했나 봅니다. 그래서 제작본부원들에게 이런 주문을 했습니다.

"앞으론 AE와 업무 이야기를 할 때 '해준다'는 표현은 쓰지 맙시다. AE는 AE의 일을, 제작은 제작의 일을 합니다. 우리는 AE의 일을 해주는 게 아니라 우리 일을 하는 거예요. 그러니 '언제까지 해주면 돼요?'가 아니라 '언제까지 하면 돼요?'라고 합시다!"

그 시절 후배들은 과연 이 말을 이해했을까요? 그리고 공감했을까요?

돈으로 살 수 없는 기회

요즘 가성비 얘기를 많이 하죠? 같은 물건이라면 값이 쌀 때 가성비가 높다고들 합니다. 이 가성비 개념을 일터에 적용하면 어떻게 될까요? 어차피 같은 월급 받을 거, 노력과 수고를 적게 들이는 게 될 겁니다. 회사 일은 월급이 나오는 대가로 '해주는 것'이니, 품을 적게 들이는 쪽이 남는 장사가 되고 가성비가 높아지는 거죠.

그런데 정말 그럴까요? 만약 그 생각이 옳다면 그렇게 보내는 회사에서의 하루하루는 대체 무엇인가요? 이런 마음으로 일을 대하는 사람은 월요일부터 금요일까지는 회사 일을 해주고 자아실현은 주말에 하는 걸로 생각하기 쉽습니다. 그럼 주중의 닷새는 자신의 인생이 아닌 걸까요? 월급이 필요하니 자신의 생각은 속에 묻어두고 몸만 가서 회사가 하라는 것을 하면 되는 걸까요? 인생의 하루하루를 그렇게 보내도 되는 걸까요?

우리에게 가장 희소한 자원은 시간입니다. 돈은 없다가도 생길 수 있지만 시간은 결코 새로 생겨나지 않아요. 많은 사람들이 미래가 아닌 지금 행복해야겠다고 생각하는 것도 매 순간이 다시는 돌아오지 않을 귀한 시간이기 때문입니다.

그러니 마음에 들지 않는 요인들은 잠시 제쳐놓고 시간에 집중해서 생각해 보죠. 당신은 하나밖에 없는 인생을, 다시 오지 않을 시간을 지금 여기 이 회사에서 보냅니다. 만약 지금 다니고 있는 회사가 경직된 조직문화 탓에 구성원들의 의견은 잘 받아주지 않고 시키는 거나 잘하라는, 또 좋은 아이디어를 내도 윗사람들이 고리타분한 이유를 내세워 다시 하라고 윽박지르기 일쑤라면 이직을 고려하는 게 맞습니다.

하지만 당장 뾰족한 대안이 없다면 일단은 지금의 회사에 다녀야 합니다. 어떻게 하는 게 좋을까요? 노력을 해도 알아주지 않을 테니 최소한으로만 해야 할까요? 물론 신이 나야 새로운 생각도 하고 더 나은 걸 만들어보려 애쓸 텐데 조직이 꽉 막혔으니 저라도 하기 싫을 것 같아요.

그러나 이런 식의 결론은 자신에게 결코 도움이 되는 생각이 아닙니다. 흔히 '꽃길만 걸으세요'라는 덕담을 건네지만 누구도 계속해서 꽃길 위에만 있을 순 없습니다. 꽃길인 시기가 있는가 하면 진흙탕 길인 시기도 있기 마련이잖아요. 그러니 지금이 어떤 시기이든, 중요한 것은 현재 일하는 곳에서 매일을 충실하게 잘 보내는 겁니다. 결국은 그 시간들이 쌓여 자기 인생을 만드는 거니까요.

우선 일에 대한 관점을 달리해 일을 기회라 여겨보세요. 개인이라면 아무리 돈이 많아도 얻기 어려운 기회를 회사 덕분에 가진다고 생각하는 거죠.

광고업계엔 칸 라이온스Canne Lions라는 세계적인 페스티벌이 있습니다. 칸 영화제가 그렇듯 전 세계 광고 분야에서 가장 권위 있는 크리에이티브 페스티벌이죠. 그런 만큼 여기서 상을 받는 것은 광고 크리에이터들에게 굉장한 영예이고 기쁨입니다. 20여 년 전부터 우리나라 광고인들이 거의 매년 이 페스티벌의 심사위원으로 위촉되고 있는데, 이런 세계적인 크리에이티브 페스티벌의 심사위원 경험은 개인에게 큰 영광이자 배움의 시간이 됩니다.

제게도 1998년에 기회가 찾아왔습니다. 세계적인 휴양지, 프랑스 칸의 5성 호텔에 머물며 전 세계 광고회사가 출품한 TV 광고 작품 중 우수한 것을 가려내고 평가해 수상작을 결정하는 일이었습니다. 그 과정에서 자연스레 전 세계 크리에이티브의 백미를 매일 접하며 자극받고 영감을 얻을 수 있었습니다.

그런데 제가 아무리 돈이 많아도 제일기획에서 일하지 않았다면 그런 기회는 갖지 못했을 겁니다. 회사에서 일한 덕분에 누릴 수 있었던 기회죠. 이런 기회가 한두 가지일까요?

같은 시간, 다른 밀도

경력이 좀 있는 사람이 일을 꽤 할 때 우리는 이렇게 말하곤 합니다. "그 사람, ○○ 기업의 10년 차예요." 그 회사에서 10년간 일했으니 일도 웬만큼 할 거라는 뜻입니다. 정말 그런가요?

여러 경력사원을 뽑으면서 저는 '○○ 회사의 몇 년 차'가 말해 주는 바가 매우 제한적임을 알게 되었습니다. 같은 회사에서 똑같이 10년을 일했다 해도 사람마다 시간의 밀도는 다를 수 있어요. 어떤 사람은 회사에 몸만 가서 그저 주어진 일만 하겠죠. 하지만 어떤 사람은 누가 시키지 않아도 자신이 맡은 일을 열심히 고민하고 해법을 찾으려 애쓸 겁니다.

그런 밀도의 차이는 결국 10년 뒤 능력과 퍼포먼스의 차이로 드러나기 마련입니다. 처음부터 능력이 달랐던 게 아니라 일을 바라보는 시선, 일을 대하는 태도가 달랐기 때문일 거라고 저는 생각합니다. 그 시선과 태도가 있었으므로 경험과 인사이트도 축적되며 눈에 띄는 격차를 만들어냈을 겁니다.

책방을 열고 나니 많은 분들이 묻습니다. "역시 '내 것'을 차리니 월급쟁이 시절과 많이 다르지 않아요?"라고. "맞아, 월급쟁이 시절에도 열심히 일했지만 역시 '내 걸' 열고 보니 많이 다르네"라는 답을 기대하시겠지만 사실 별반 다르지 않습니다. 제 책방을 운영하는 지금도 그렇지만 저는 월급쟁이를 할 때에도 회사 일이 아닌 제 일을 한다고 생각했습니다.

'주인의식을 가져라'라는 말은 회사의 주인이 되라는 게 아니라 자신이 맡고 있는 일의 주인이 되라는 뜻입니다. 아무리 하잘것없는 일이라도 내가 맡아 하고 있다면 나의 일입니다. 그저 회사 일을 해주는 게 아니라 내가 나의 일을 하는 겁니다.

한참 전, 'U'라는 여성 패션브랜드의 프레젠테이션을 준비할 때입니다. 우리는 잡지 시안을 일일이 촬영해 필름 슬라이드로 만들었고 프레젠테이션에선 그걸 영사기처럼 스크린에 쏘기로 했습니다. 논의 과정에서 '비주얼만 보여주지 말고 영화처럼 음악을 입히자'는 의견이 나와 시안에 어울리는 음악도 골랐죠. 프레젠테이션은 팀장님이 맡았어요. 그리고 저는 팀장님이 광고주 앞에서 콘셉트와 시안을 설명하면 그에 맞춰서 슬라이드를 넘기며 보여줬습니다.

당시는 1990년대 초반. 지금처럼 누구나 동영상을 뚝딱 만드는 시대가 아니어서 필름 슬라이드는 스크린에 쏘고 음악은 카세트테이프에 담아서 틀었어요. 슬라이드와 음악의 타이밍이 딱딱 맞아야 했습니다. 프레젠테이션 현장에서 슬라이드를 넘기고 카세트테이프를 트는 건 그리 어렵지 않았지만 전체 흐름을 알아야 할 수 있는 일이었습니다.

그때 저는 카피라이터였으므로 아이디어를 내고 카피를 잘 쓰면 되었습니다. 슬라이드가 순서대로 잘 들어가 있는지 살피고 현장에서 그것들을 틀며 그에 맞춰 음악을 연결하는 건 제 일이 아니었을 뿐 아니라 허드렛일에 가까웠습니다.

하지만 저는 그 일을 열심히 했습니다. 작은 일이었지만 제가 맡은 것이니 잘 해내고 싶었고 팀에 도움이 되고 싶었어요. 저는 실수하지 않으려고, 또 우리가 열심히 준비한 것이 혹시 저 때문에 잘못되지 않도록 혼자서도 몇 번씩 연습했습니다. 그런 저의 자세가 팀장님의 눈에 들었던 것 같더군요. '저 친구에게 일을 시키면 마음을 놓아도 된다'는 생각을 한 것 같았습니다. 그다음부터 팀장님은 종종 저를 불러 자신의 아이디어에 대한 의견을 물었고, 제 생각을 말하면 수긍하며 받아주었습니다. 그렇게 차츰 회사 내에서 제 자리가 생겼고요.

처음부터 큰일이 오진 않습니다. 프로야구에서도 거물급 신인을 제외하면 누구나 처음 얼마간은 주전으로 뛰기 어렵습니다. 우선은 후보 선수로 이름을 올리고 벤치를 지키죠. 그러다 대타로 타석에 서거나 패전처리 투수로 마운드에 올라 제 역할을 다하면서 조금씩 기회를 얻습니다. 선수들은 주전 자리를 꿰차기 위해 칼을 갈며 연습하죠.

만약 그들이 '나는 주전도 아니고, 어차피 연봉은 나오게 되어 있으니 몸을 혹사할 거 있겠어? 받은 만큼만 하자'라고 생각한다면 과연 주전의 기회가 생길까요?

팀이 승리할 때 개인기도 빛난다

우리도 프로 선수들을 레퍼런스로 삼으면 좋을 것 같습니다. 어떡하든 열심히 해서 몸값을 올리는 겁니다. 하지만 몸값을 올린다는 것이 회사 일과 상관없이 자기 일만 한다는 뜻은 아닙니다. 회사에 도움이 돼야죠.

회사에서 일한다는 것은 스포츠로 치면 야구나 축구처럼 팀 스포츠에 참여하는 것입니다. 프로 선수의 최고 역할은 자기 게임을 하는 게 아니라 소속 팀의 승리에 기여하는 겁니다. 뛰어난 개인기도 팀의 승리에 기여할 때 빛을 발합니다.

축구 선수라면 골을 넣든 어시스트를 하든 팀이 이기게끔 만드는 게 중요합니다. 2021년 토트넘의 손흥민 선수가 해트트릭을 기록한 적이 있어요. 그때 세 골은 모두 팀 동료인 해리 케인Harry Kane이

넘겨준 패스에서 시작됐죠.

케인은 왜 자신이 직접 차지 않고 손흥민에게 넘겼을까요? 그렇게 하는 게 득점할 확률, 즉 팀이 이길 확률을 더 높여준다고 판단했던 겁니다. 또 케인은 오로지 팀을 위해 손흥민 선수에게 패스했을까요? 아마 아닐 겁니다. 팀을 이기게 하는 것이 곧 자신을 위한 것이라 여겼으므로 그렇게 했을 겁니다.

그날 경기가 끝난 후 손흥민 선수가 인터뷰를 하던 도중 조제 무리뉴 감독이 카메라에 얼굴을 쓱 들이밀었습니다. 기자가 그에게 누가 오늘의 수훈갑이냐고 물으니 감독은 케인이라고 답하더군요. 골은 손흥민이 넣었는데 말이죠. 무리뉴 감독은 '케인은 직접 골을 넣진 않았으나 승리에 크게 기여한 선수'라고, 또 '팀 경기에선 빛이 나는 역할만큼이나 승리에 기여하는 역할도 중요하다'고 생각했던 것 같습니다.

프로가 되고 싶고 프로로 인정받고 싶다면 프로처럼 생각하고 행동해야 합니다. 이때 중요한 것은 '나는 나를 위해 일하고 결과로써 기여하겠다'라는 생각입니다. 조직이나 세상이 우리의 노력을 즉각 알아주지 않더라도 실망하지 말기 바랍니다. 오히려 마음속에 이런 오기, 배짱 하나쯤 품으면 좋겠어요. '당신들은 나를 알아주지 않는군. 하지만 좋아. 언젠가는 나를 인정하게 해주지!'라는.

회사나 상사가 인정하지 않는다고 해서 귀하디귀한 세월을 그들의 수준에 맞춰 흘려보내는 건 바보 같은 일입니다. 그러니 꼭, 자기 자신을 위해 일하라는 말씀을 다시 한 번 드리고 싶네요.

일하는 시간은
자산을 쌓는 시간

가만 보면 입사 당시엔 뭐든 열심히 하겠다고 투지를 불태우던 사람들이 조직에 적응하고 상황 파악이 끝나면 노선을 정하더군요. 그중 빠지지 않는 관점이 있습니다. 일을 열심히 한다고 꼭 인정받는 건 아니고 오히려 잘하면 잘할수록 일이 계속 몰리니, 나는 인심을 잃지 않고 문제가 없을 정도로만 적당히 일하며 재테크나 자기계발에 신경쓰겠다는 것입니다. '슬기로운 조직생활'로 접어드는 겁니다.

규모가 큰 조직에선 인성이 웬만하다면 일을 아주 잘하거나 열심히 하지 않아도 그럭저럭 괜찮게 직장생활을 할 수 있습니다. 큰 회사는 '숨어 있기 좋은 방'일 때가 많습니다.

물론 일을 잘하고 열심히 해서 좋은 성과를 내려는 사람들도 있습니다. 그런데 조직에선 그런 이들을 용케도 알아보고, 그 결과 그들에겐 일이 몰립니다. 과부하가 걸리죠.

게다가 그들의 고달픔은 일이 몰려 바쁜 걸로 끝나지 않습니다. 교육 기회에서도 열외가 되기 쉽거든요. 인사팀에선 핵심인재를 교육시키고 싶어 하지만 그들이 속한 부서의 상사들은 '그 친구가 빠지면 일에 차질이 생긴다'면서 곤란해합니다. 그래서 좋은 교육 기회는 일을 아주 잘하지는 않으나 못하지도 않는 사람들에게 돌아가곤 해요. 패러독스라 할 만합니다.

일 잘하는 이들의 딜레마

사실 일은 잘하는 사람에게 몰리기 마련입니다. 중요한 일일수록 그렇습니다. 수백 명 규모의 조직을 이끌 때 저도 그랬던 것 같아요. 리더의 입장에선 성공해야 하는 중요한 프로젝트일수록 잘하는 사람, 믿을 만한 사람에게 맡깁니다. 물론 많은 사람에게 기회를 주어 구성원의 능력을 골고루 끌어올리는 것도 필요하지만, 중요한 실전을 앞두고 있을 땐 아무래도 잘하는 사람을 먼저 떠올리게 됩니다.

하지만 잘하는 사람은 언제나 부족한 법입니다. 그러니 어쩔 수 없이 일부 사람들에게 일이 몰리는데 당사자 입장에선 고달프죠. 스트레스가 심한데 계속 일에 내몰리다 보면 이런 마음이 올라옵

니다. '내가 너무 바보같이 사는 건 아닌가? 이게 맞나?'

자, 여기서 질문 나갑니다. 바보처럼 너무 열심히 일하지 말고 '슬기로운 회사생활'에 동참해야 할까요?

답변을 하기 전에 일에 대한 다른 관점 하나를 말씀드리겠습니다. 신입사원으로 입사한 회사에서 29년 일하다 퇴직한 후 2년쯤 자유인으로 놀아도 보고, 그 후엔 책방을 열어 소상공인으로 살고 있는 저는 이런 생각을 갖고 있습니다. 조직에서 일하는 것은 겉으로는 회사 업무를 하는 것 같지만 실은 자신의 자산을 쌓는 시간이라고. 제 이야기가 의아하게 들리실까요? 하지만 사실입니다.

내 안에 쌓은 것은 나와 함께한다

지금 다니고 있는 회사를 그만둔다고 생각해 봅시다. 그간 맡아서 했던 일은 후임자에게 인수인계를 하겠죠. 하지만 일을 하며 얻은 여러분의 인사이트와 노하우, 경험도 모두 회사에 놔두고 빈 머리, 빈 마음으로 나갈까요?

그렇지 않습니다. 그것들은 차곡차곡 여러분 안에 쌓여 있습니다. 여러분의 것이죠. 일하면서 알게 된 인맥, 네트워크는 또 어떤가요? 마찬가지로 여러분 것입니다. 소속이 바뀔 뿐 일을 하며 쌓은 것들은 고스란히 여러분과 함께해요.

물론 조직에서 일하다 보면 불합리하고 불공정한 경우가 적잖이 있습니다. 그럴 땐 물론 목소리를 내야 하지만 당장 개선되진 않을 때가 많죠. 그때 개인에겐 어떤 선택지가 있을까요?

여전히 최선을 다해 일하되 조직에 남아 개선 방법을 찾아볼 수도 있고, 이직이나 창업 등 다른 길을 찾을 수도 있습니다. 또하나, 조직에 남기는 하되 일에 투입하는 에너지는 최소한으로 유지하며 슬기로운 조직 생활을 할 수도 있겠죠.

여러분의 선택은 뭘까요? 선택하기 전에 이 점을 상기하면 좋겠습니다. 회사, 조직에서 일하는 동안에도 우리의 소중한 인생은 계속되며, 일하는 한순간 한순간 모두가 내 안에 자산으로 쌓인다는 것.

그렇다면 다른 사람들보다 일이 많다고 비교하며 괴로워만 할 게 아니라 일을 통해 가급적 많은 것을 다양하고 깊게 경험하며 배우는 것이 이롭지 않을까요? 시시한 이유로 일에 대한 열정을 꺼트리지 말라는 말씀을 드립니다.

어디서 누구와
어떻게 일할 것인가

저는 퇴직 후 코칭을 종종 했습니다. 기업에 가서 강연을 하고 나면 추가로 장기적인 직원 교육이나 코칭 의뢰가 왔습니다. 비록 코칭과 관련한 체계적 훈련을 받거나 경험을 쌓은 적은 없었지만 그런 의뢰가 들어오면 대체로 응했습니다. 임원으로 일한 꽤 긴 경험, 또 오랜 광고 커뮤니케이션 경력을 밑천 삼아 용기를 낸 거죠. 그렇게 일대일 임원 코칭을 시작했습니다.

코칭을 하면서 중요하게 생각한 질문이 있습니다. '어떻게 하면 이분이 자기 안에 있는 힘을 알아차리게 할 수 있을까?'였습니다. 저는 자기 문제의 해법은 자신이 찾아야 하고, 그 시작은 '자각'이라고 생각합니다. 스스로 알아차려야 능동적으로 행동의 변화를 꾀할 수 있으니까요.

때문에 코칭을 시작할 때부터 상대에게 제가 해법을 제시하는 것이 아님을 밝히고, 새로운 것을 알려주려 하기보다는 맞춤한 질문을 던져서 자신이 알아차리게 하는 데 주력했습니다. 제가 저 자신에게 했듯, 상대에게도 일상적 생각을 넘어 그전까진 해보지 않았던 생각을 스스로 하게끔 질문을 던진 거죠. 매일 같은 길만 다니던 사람에게 다른 길도 있음을 보여주려 했달까요.

회사에서 업무에 집중하다 보면 시야가 좁아지기 쉽습니다. 오늘은 뭘 할까 생각할 겨를도 없이 해야 할 일이 늘 기다리고 있죠. 하루하루 주어진 일을 쳐내다 보면 정작 중요한 것, 자신의 고민에 대해서는 깊이 있게 생각하기 어렵습니다. 임원이든 일반 사원이든 직장인이면 누구든 비슷할 것 같아 코칭 받는 분들의 시야를 제 질문으로 넓혀드리고 싶었습니다.

좋을 때도 힘들 때도 내 길을 가려면

어떤 일을 하든 힘든 때는 찾아오기 마련입니다. 그때 무엇으로 그 시간을 견딜 수 있을까요?

일이 잘 풀리지 않거나 결과가 안 좋게 나오면 이런 마음이 올라옵니다. '내가 도대체 이걸 왜 하고 있지? 어쩌자고 이 힘든 걸 하고 있지?' 이럴 때 뚜렷한 동기와 이유가 없으면 일을 지속하기 어렵고 그만두기 십상입니다. 이렇게 그만두는 경우가 잦으면 경험이 축적되기 어려워요. 하나의 큰 덩어리로 꿰어지지 않고 그저 찔끔찔끔 흩어져 남을 뿐입니다.

2022 베이징 동계올림픽 쇼트트랙 남자 1,000미터 준결승에서 편파 판정으로 실격당한, 그러나 1,500미터에선 누구도 이의를 달 수 없는 깔끔한 경기운영으로 금메달을 딴 황대헌 선수가 말했습니다. 어이없는 실격을 당하고 너무나 힘들었을 때 농구 황제, 마이클 조던이 했던 이 말을 떠올렸다고요.

"장애물을 마주했다고 반드시 멈춰 서야 하는 건 아니다. 벽에 부딪힌다고 돌아서거나 포기하지 마라. 어떻게 벽을 오를지, 뚫고 나갈지 또는 돌아갈지를 생각해라."

NBA 농구 역사상 최고의 선수로 평가받는 마이클 조던은 계약서에 다음과 같은 조항을 넣었다고 합니다. "나는 그저 농구가 좋으니, 상기에 명시된 경기 이외의 몇 경기는 돈을 받지 않고 뛰어줄 수도 있다."

어째서였을까요? 그는 농구에 미쳤다고 할 만큼 농구를 대단히 사랑했기 때문입니다. 힘들 때도 여전히 농구를 해야 할 이유를 분명히 알고 있는 선수였죠.

또 2022 카타르 월드컵에 출전한 우리 축구 대표팀은 '중요한 것은 꺾이지 않는 마음'이라며 투지를 불태웠습니다. 그들의 전진은 16강에서 멈췄지만 우리는 한마음이 되어 응원했어요. 국가대표인 그들은 자신들이 누구인지, 그곳에서 무엇을 해야 하는지 잘 알았으며 마지막 순간까지 그걸 위해 최선을 다했습니다. 국민들은 16강

진출이라는 결실보다도 그들의 그런 모습을 더 크게 응원했던 게 아닌가 합니다.

여기까지 쓰고 보니 제가 좋아하는 광고 한 편을 소개하고 싶습니다. 2000년대 초반에 만들어진 닥스DAKS의 골프 광고인데 미국의 유명 골프선수인 커티스 스트레인지Curtis Strange가 모델로 나옵니다.

골프는 자기와의 싸움이라고도 하고,
골프에서 이기고 지는 것은
마음가짐의 몫이라고도 합니다.

수많은 경기를 하면서
저는 필드에서 그 말들을 경험하고
새롭게 배웁니다.

승리했을 때 저는 필드에 있었고,
패배했을 때,
그때도 저는 필드에 있었습니다.
저는 저의 삶을 필드에서 시작했고
필드에서 완성하며 살아갈 것입니다.
저는 골퍼니까요.

골프를 잘 모를 때인데도 이 광고는 처음 본 순간부터 제 마음에 들어와 오래 남았습니다. 자신의 길을 가는 사람의 심지 같은 걸 느꼈던 것 같아요.

분명한 것은, 이런 분들은 모두 자신이 왜 여기에 있는지, 왜 이런 시간을 보내는지를 분명하게 알고 있다는 점입니다. 그걸 알기 때문에 기쁘거나 슬프거나, 일이 잘 풀리거나 그렇지 않거나 떠나지 않고 묵묵히 자기 길을 갈 수 있는 거죠.

우리는 모두 자기 인생의 리더

저는 자신의 일에 빠져 사는 분을 코칭에서 만났습니다. 일주일에 한 번씩 12회를 코칭하는 동안 그분도, 저도 의미 있는 시간을 보냈으므로 우리는 코칭이 끝난 후에도 종종 만나 식사를 하고 고민을 나눴습니다.

이분은 일을 정말 열심히 하는 분이셨어요. 얼마나 일에 빠져 사는지, 사장님이 나서서 "일 그만하고 얼른 퇴근해 아이들과 시간을 보내세요. 당신이야말로 워라밸이 필요합니다"라고 말할 정도였습니다. 그런 분인데도 하루는 이런 고민을 털어놓으시더군요.

"저는 왜 이렇게 일에 빠져 사는 걸까요? 제가 깨어 있는 모든 시간의 1순위는 오직 일이에요. 아마 회사에 대한 제 애정이 너무 깊어서 그런 것 같아요."

그분의 얘기가 어떤 뜻인지 저는 알 것 같았습니다. 제게도 비슷한 경험이 있었거든요. 저는 다른 회사가 아무리 연봉을 많이 준다고 해도 제일기획에서처럼 일할 수는 없을 것 같다는 생각을 종종 했습니다. 제게 그곳은 일터 이상이었어요. 첫 직장인 데다 신입사원으로 시작해 배움도, 인연도, 성장도 다 그곳에서 이뤘으니까요. 회사에 대한 불만도, 애증의 갈림길에 섰던 적도 많았지만 애틋한 마음 또한 컸어요. 그건 아마도 그곳에서 함께 시간을 보낸 사람들에 대한 애정이었을 겁니다.

한데 저와 달리 그분은 그 회사에 신입이 아닌 경력사원으로 입사했습니다. 그래서 다시 물었어요. 당신에겐 그곳이 첫 회사도 아니고, 또 거기서 아주 오래 일한 것도 아니지 않느냐고.

그러자 그녀는 리더의 영향 덕에 그렇게 된 것 같다고 답했습니다. 이전 회사에선 지시대로만 일해야 했는데 지금의 회사에서 만난 리더들은 자신을 믿어주고, 무슨 의견이든 편하게 얘기하고 시도할 수 있게 해주었답니다. 그러자 일에 대한 생각도 한 번 더 해보게 되고, 누가 시키지 않은 일도 알아서 하게 되었다고 하더군요. 그러면서 자신이 남편에게 했다는 말을 제게도 해주었습니다.

"전 코칭을 받으면서 두 가지를 알아차리게 됐어요. 하나는 일을 함에 있어 저는 주도권을 갖는 걸 중요시하는 사람이고, 다른 하나는 제가 예민한 사람이라는 거였죠. 이걸 알고 나니 어떤 일을 하거나 하지 않을 때 선택과 결정의 기준이 명확해졌어요."

이분의 사례는 중요한 것을 말해 줍니다. 바로 자신을 움직이는 주요 동력이 무엇인지 아는 것, 일을 할 때 언제 기쁘고 슬픈지, 언제 신나고 언제 힘이 빠지는지, 언제 좋은 성과를 내는지 아는 것의 중요성입니다. 그걸 알아야 자신이 어디서 누구와 어떻게 어떤 일을 해야 하는지가 선명하게 정리됩니다. 이분은 자신이 주도권을 갖고 일의 중심에 설 때 신나게 일할 수 있고, 그래서 지금의 회사에서 일하는 게 자신에게 좋다는 걸 명확히 알게 되었어요. 그래서 현재의 업무에 열심이죠.

자, 여러분의 동력은 무엇인가요? 자신을 더 열심히 일하게 하는, 혹은 어려움 속에서도 꺾이지 않고 의지를 불태우게 하는 게 무언지 알고 계세요?

제가 처음 제일기획의 제작본부장을 맡았을 때 저희 본부는 크리에이티브도, 사기도 많이 떨어진 상태였습니다. 그걸 다시 일으켜 세워 1등 회사의 위엄을 되찾는 게 제게 주어진 미션이었습니다. 그때 저는 제게 이렇게 물었습니다.

'우리의 퍼포먼스가 안 좋아진 이유가 뭘까? 우리가 가진 잠재력을 다 발휘하고도 이것밖에 안 된 걸까, 아님 우리가 가진 에너지를 다 발휘하지 못했기 때문일까?'

이 질문을 스스로에게 던지고 답을 궁리해 보니 다음과 같은 결론이 나오더군요.

'전자가 이유라면 좋은 사람들을 충원하는 데 주력해야 한다. 하지만 후자라면 방법이 달라야겠지. 만약 우리 조직의 상태가 마치 아무리 난방을 해도 창이나 벽을 통해 열이 다 새어나가 춥고 웃풍이 심한 옛날 집과 같다면 어떻게 해야 할까? 시스템을 바꾸고 혁신

해 우리 본부원들이 갖고 있는 역량을 다 끌어내고 발휘할 수 있게 해야 한다.'

그 시절 저희 조직의 문제를 말하려는 게 아닙니다. 조직의 구성원들이 각자의 역량을 다 발휘하게 만드는 게 리더의 일인 것처럼, 개인들도 자신의 인생에 대해 그래야 합니다. 우리는 모두 자기 인생의 리더니까요!

그러니 나는 어디서 누구와 어떤 조건으로 일할 때 신나고 잘하며 열심히 하고 싶어지는지 질문을 던지고 관찰해 마침내 찾아내시기 바랍니다. 여러분 모두 자신을 움직이고 제대로 실력 발휘를 하게 하는 동력을 찾아 충분히 활용하시기 바랍니다.

어떻게 쓰이고 싶은가

지금까지 살면서 운동을 하지 않은 것과 글을 많이 쓰지 않은 것을 후회합니다. 하지만 모든 글을 쓰지 않은 것은 아닙니다. 저도 늘 뭔가를 쓰기는 했습니다. 회사에서 일할 땐 카피를 썼고 기획서를 썼으며 프레젠테이션 스크립트를 썼어요. 책방을 연 후엔 콘텐츠 기획서를 쓰고 SNS 피드 글을 쓰고 또 몇 군데에 칼럼을 썼습니다. 그러니까 저는 자발적으로 마음이 움직여서 쓴 글이 적어서 후회하는 것입니다.

그런데 글을 쓰는 제 모습에서 한 가지 발견한 게 있습니다. 생각보다 수동태 문장을 많이 쓰고 있더군요. 예를 들어 '이 프로그램은 10월 1일부터 진행됩니다'라는 문장을 볼까요? '10월 1일부터 진행합니다'라고 해도 되잖아요? 그런데 '진행됩니다'로 쓰는 거예요.

저만 그런 게 아닙니다. 미디어에 실린 기사에서도 수동태 문장이 자주 보였습니다. 다음 예를 볼까요?

"이에 따라 고객들이 직원을 통해 직접 먹고 싶은 초밥을 주문하거나 터치스크린 모니터를 통해 초밥을 선택하면 이를 테이블로 가져다주는 방식으로 식당이 운영될 예정이다." "숙의 끝에 주 52시간 근무제 개편에 대한 협의회 입장은 정해졌다." 앞 문장은 '운영할 예정이다'로 쓸 수 있고 뒤 문장은 '협의회는 입장을 정했다'로 쓸 수 있죠. 그런데 다 수동태로 썼더군요.

수동태를 쓰면 주체가 잘 보이지 않습니다. 주체가 드러나지 않으니 책임도 모호해지죠. 아마도 이런 이유로 수동태를 쓰는 게 아닌가 짐작합니다. 저 역시 제가 언제 수동태로 쓰는가를 보니 행위의 당사자로 드러나고 싶지 않을 때, 더 솔직하게 말하면 익명의 뒤로 숨고 싶을 때인 것 같아요. 당당함은 문장 하나에서부터 시작하는 게 아닌가 다시 생각해 보게 되네요.

'쓰인다'라는 말을 좋아하는 이유

그런데 수동태 표현 중엔 앞으로도 고치고 싶지 않고 심지어 좋아하기까지 하는 표현이 있습니다. '쓰인다'라는 말이에요. 저는 이 말을 종종 이렇게 씁니다. '나는 잘 쓰이고 있나?' '나는 어떻게 쓰이고 싶은가?'

가급적 수동태 문장을 쓰지 않으려 하지만 가끔은 수동태야말로 훨씬 적극적인 능동의 의미를 담아낸다고 생각하는데 '어디 어디에 쓰인다'라는 말이 그런 것 같습니다. 저는 제가 어떻게 쓰이고 싶은지, 지금 쓰이는 방식에 동의하는지, 어떻게 쓰이고 싶은지를 자주 생각합니다. 지금 쓰이는 방식이 만족스럽지 않다면 다른 걸 모색해 보고요.

제가 '쓰인다'는 말을 좋아하고 고집하는 건 이 말이 어떤 가치와 연결되는 것 같다는 느낌 때문입니다. 단순히 자신이 좋아하는 일을 하고 성취감을 맛보는 것을 넘어선 지점에 다다르는 것 같은 거예요. 제 노력의 결과로 저의 즐거움만 올라가는 게 아니라 크든 작든 제가 몸담은 곳을 조금은 나아지게 하는 느낌, 저와 함께하는 사람들에게 도움이 되는 느낌 말입니다. 여러분도 이런 느낌이 드신 적 있으시죠?

조직에서 원하지 않은 방식으로 쓰이게 될 때

후배 중에 프레젠테이션을 잘하는 친구가 있었습니다. 프로젝트에 따라서는 아이디어만큼이나 프레젠테이션이 중요한 경우가 있는데 동료들은 그럴 때마다 그를 찾았고, 후배 역시 너무 바쁘지만 않으면 자신에게 오는 일들을 다 맡아서 했습니다.

어느 해인가 그 친구에게 고과를 피드백하면서 제가 물었습니다.

너는 네가 쓰이는 방식에 동의하느냐고. 답이 금방 나오지 않기에 질문을 바꿨습니다. 함께 일하는 파트너들은 어떤 때 너를 찾는 것 같냐고. 그 후배가 뭐라 답했는지는 잘 기억나지 않습니다. 그때의 대화에서 중요했던 것은, 돌직구 같은 제 질문을 받아들고 스스로를 돌아보는 계기가 되었을 거라는 점입니다.

당시 제가 그런 질문을 했던 데는 이유가 있습니다. 강점 덕에 얻는 게 있으면 또한 그것 때문에 감당할 무언가가 생기는 게 세상사더군요. 크리에이티브를 하는 사람에게 있어 프레젠테이션을 잘한다는 건 중요한 강점이자 경쟁력이기도 합니다. 하지만 어떤 맥락에서 그 능력이 호출되는가에 따라 크리에이티브라는 핵심 가치와 멀어지는 계기가 될 수도 있습니다.

새로운 것을 만들어내야 하는 '쟁이'가 콘텐츠를 만드는 본질보다 프레젠테이션을 위해 찾아진다면 그 친구를 위해서도 좋기만 한 게 아니니까요. 그래서 본인은 이런 걸 알고 있는지, 괜찮은지를 물었던 겁니다.

당시 저는 본부장으로서 지난 일에 대한 고과를 통보하는 걸로 그치지 않고 우리 구성원 한 사람 한 사람이 자신에 대해 새로 생각해 보고 그 끝에서 보다 큰 성장을 맛보게 해주고 싶었습니다. 그 시작은 언제나 질문이었어요.

여러분도 앞의 사례와 비슷한 고민을 하실 수 있습니다. 자신은 A 업무를 하고 싶은데 회사는 자꾸 B 업무를 시킨다면 어떻게 해야 할까요? 여러분은 자신에게 어떤 재능이 있고 그걸 어떻게 쓰고 싶은지 잘 알고 계신가요?

원하는 일을 하면서 살고 싶은데 그게 뭔지 알 수 없다며 괴로워하는 분들이 많은 걸 보면 자신이 좋아하는 게 무언지 그때그때 다 알기가 어려운 것 같습니다. 능력도 마찬가지예요. 자신의 능력이 뭔지 알지 못하다가 닥친 일을 해나가는 과정에서 '아, 나한테 이런 능력이 있었네, 나도 이런 일을 꽤 좋아했네'라는 걸 깨닫는 경우가 왕왕 있습니다.

인간은 무의식이 90퍼센트라고 하죠? 저는 이 말을 이렇게 이해합니다. 자기 안에서 무슨 일인가 일어나고 있는데 정작 자신은 의식하지 못할 때가 많다는 뜻으로요. 어릴 적의 상처가 무의식에 남아 있다가 나중에서야 알게 되는 경우가 대표적인 예죠.

그러니 하고 싶지 않은 업무를 회사가 시키더라도, 저는 다른 이에게 해를 입히거나 자신의 가치관에 정면으로 위배되는 게 아니라면 가급적 해보라고 말하고 싶습니다. 자신은 그동안 모르고 있었지만 사실 그 일은 자기가 좋아하는, 잘할 수 있는 일일 수도 있으니까요.

'나에게 이런 면이 있었나?'

그 전에 스스로에게 던져야 할 보다 본질적인 질문이 있어요. '나는 어떻게 쓰이고 싶은가? 나는 이렇게 쓰이는 것에 만족하는가?'입니다.

지금 하고 있는 일은 처음부터 원했던 게 아니었지만 계속 해도 괜찮겠다는 답이 나오면 그렇게 해나가면 됩니다. 그러나 '나는 회사에 이렇게 쓰이고 싶진 않다'는 생각이 명확하다면 다르게 쓰일 길을 찾아야죠. 중요한 것은, 어떻게 쓰이고 싶은가에 대한 질문에 자신만의 답을 찾아나가는 겁니다.

이 질문은 '당장 내 눈앞에 떨어진 업무를 할 것인가, 말 것인가?' 보다 좀더 상위의 질문이라는 점에서도 의미가 있습니다. 그 일을 하기 위해 발휘해야 할 역량, 감당해야 할 것들을 찬찬히 돌아보면 자신이 일을 어떻게 생각하고 어떻게 하고 싶은지를 좀더 깊은 곳에서 이야기해 주는 마음과 만나게 됩니다. 그러니 꼭 이 질문을 던져보세요.

우리는 누군가에게 도움이 될 때도 즐거움을 느끼는 존재들입니다. 당장 이익이 생기지 않는다 해도 내가 맡아서 한 업무를 통해 누군가 도움을 받고 기뻐하는 걸 보면 기분이 좋아지고 심지어 행복해질 때까지 있죠. '나에게 이런 면이 있었나?' 하고 돌아보게 되기도 하고요.

나의 의도와 기호, 취향만이 나를 성장시키는 건 아닌 것 같습니다. 때론 내가 싫어했던 일, 혹은 당장의 이익을 가져다주진 않는 일이 나를 키우죠. 그것을 해나가다 보면 그 길 어딘가에서 자신을 다시금 돌아보고 새로 발견하는 지점을 만나게 됩니다. 나도 모르고 있던 내 안의 어떤 것을 끄집어내는 역할을 일이 해주는 겁니다.

물론 그보다 큰 질문, 즉 어떻게 쓰이고 싶은지, 내가 아는 나의 재능과 취향, 선호를 어떻게 썼을 때 자신의 성장과 더불어 내가 속한 곳에 대한 기여도 커질 수 있을지에 대해선 계속 생각해 봐야 합니다.

이 질문은 평생 가까이 해야 합니다. 인생의 어느 시점에서 답을 찾았다 하더라도 시간이 흐르고 경험이 쌓이며 상황이 변하면 답은 또 달라질 수 있으니까요. 그 답들을 이어가다 보면 커리어가 되지 않을까요?

'They say'에 무조건 맞춰야 하는 건 아니다.

어차피 내가 하는 거라면

내가 잘할 수 있고 좋아하는 방식으로 해도 된다.

그래야 승산이 높고 세상에 통한다.

그러기 위해선 내 안에 무엇이 있고

내가 어떤 사람인지를 깊이 살펴야 한다.

3장

내 이름 석 자가 브랜드

BRANDING

자신을 브랜드로
바라본다는 것

어느 강연에서 "최인아책방의 경쟁자는 어딘가요?"라는 질문을 받았습니다. 저는 그때 이렇게 답했습니다. "아주 많아요. 우리 책방은 책 판매, 강연 기획과 진행, 도서 정기 배송 서비스, 라이브러리 자문 및 큐레이션, 그리고 마음 상담 등 하는 일이 꽤 많은데 분야마다 경쟁자가 다 다르죠. 그 모두를 아우르는 경쟁자는 딱히 떠오르지 않네요. 우리 책방 같은 데가 기존에 없어서 그런 것 같아요."

책방을 시작할 때부터 저는 책만 팔 생각이 아니었습니다. 뭔가를 다양하게 많이 하고 싶었고, 그중에서도 '생각이 오가는 곳'으로 우리 책방을 만들고 싶었어요.

생각은 저의 오랜 화두입니다. 예전부터 저는 새롭고 놀라운 걸 만나면 곧장 그 뒤에 있는 생각이 궁금했어요. 도대체 어떤 생각을 했길래 이런 걸 만들 수 있었는지로 시선이 향했죠. 정치학도였던 저는 여러 전공과목 중 서양 정치사상을 특히 흥미로워했습니다. 그들에겐 대체 어떤 생각이 있었길래 '민주주의'라는 시스템을 만들어낼 수 있었는지 궁금해서 파고들었어요.

광고쟁이로 살며 제가 한 일도 실은 생각을 다루는 일이었습니다. 콘셉트, 아이디어, 관점, 시선. 여러 이름으로 불리는 이것들을 새로이 하고 만들어내는 게 제가 한 일이었으니 저의 관심과 퍼포먼스는 내내 '생각' 중심이었습니다.

그래서였을 겁니다. 책방을 연 후 가장 먼저 진행했던 강연 시리즈가 바로 '쟁이의 생각법'이었던 것도요. 내로라하는 카피라이터 여섯 분을 모셔서 그토록 좋은 아이디어의 씨앗은 어디서 얻어 어떻게 갈무리한 것인지 생각법을 공유하는 시리즈였습니다. 이름과 얼굴이 널리 알려지진 않았지만 그분들이 만든 카피를 보면 누구든 "아, 그 광고!"라 할 만큼 유명하고도 인기 있는 카피라이터들이었어요.

저도 여섯 명 중 한 사람으로 강의를 하기로 했는데, 무슨 내용으로 꾸릴지 고민이 길었습니다. 저희 책방에서 하는 강연인 데다 제가 제일 연장자였으니 신경이 많이 쓰였습니다. 그에 더해 청중이 돈을 내고 와서 듣는 강연이었으니 값어치를 해야 했죠.

어느 날 출근을 하는데 그날따라 책방 간판이 눈에 들어왔습니다. 최인아책방. 떡하니 제 이름이 붙어 있었죠. '나는 무슨 생각으

로 저기다 내 이름을 붙였을까?'

이 생각과 동시에 며칠 후에 할 강연 내용이 획 떠오르더군요. 사람들이 내게 궁금해할 것, 이를테면 "당신은 30년이나 일을 했는데 그 긴 시간을 어떻게 버틸 수 있었나?" "그 시간 동안 당신을 지탱해 준 건 무엇인가?" 같은. 이런 얘기야말로 선배된 자로서 제가 가장 잘할 수 있는 이야기라고 제 마음대로 결론을 내렸습니다. 네, 브랜드 이야기였습니다. 제가 저 자신을 브랜드로 바라보고 정진했던 이야기.

우리 각자는 저마다 하나의 브랜드

'내 이름 석 자가 브랜드다'는 2007년에 제가 《조선일보》에 썼던 칼럼 제목입니다. 소비자로서 구입하는 제품이나 서비스뿐 아니라 우리 자신이야말로 하나의 브랜드라는 생각은 그전부터 했었는데 미디어에 쓴 것은 이때가 처음이었습니다.

아시다시피 책방을 열기 전 제 업은 광고였습니다. CF나 신문광고 혹은 유튜브 등 디지털미디어에 실리는 콘텐츠를 만드는 일이었죠. 그런데 광고에 발을 들이고 10년쯤 지났을 때 저는 제 일, 광고를 바라보는 좀 다른 관점을 갖게 됐습니다. '내가 하는 일은 브랜드를 다루는 일이구나. 그런데 애니콜뿐 아니라 내 이름 석 자도 브랜드구나'라고. 새로운 아이디어를 내고 카피를 잘 쓴다는 식과는 사뭇 다른 관점이었는데 결과적으로 이 시선이 오래도록 저를 붙들어주었고 또 키웠던 것 같습니다.

네, 그렇습니다. 나이키, 갤럭시, 아이폰, 테슬라, 스타벅스같이 소비자가 구입하는 제품이나 서비스만 브랜드가 아니라 우리 자신도 하나의 브랜드입니다. 막 일을 시작한 사람은 신규 브랜드, 대리나 과장 정도의 커리어를 가졌다면 성장기 브랜드, 그 시기를 넘어가면 성숙기 브랜드라 할 수 있습니다.

신규 브랜드는 신규 브랜드대로, 성장기 브랜드는 성장기 브랜드대로, 성숙기 브랜드는 성숙기 브랜드대로 마땅히 해야 할 중요한 일들이 있듯 우리도 신입사원 시절에, 중견사원 시절에, 팀장이나 임원이 되었을 때 해야 할 일들이 각각 있습니다.

요즘은 브랜딩이나 마케팅, 광고를 업으로 하지 않는 사람들도 브랜드에 대해 관심이 많고 퍼스널 브랜딩Personal Branding을 위해 애를 씁니다. 한데 잘못 이해하고 있는 경우를 종종 봅니다.

어떤 분야에서 성공을 거두려면 퍼포먼스가 좋아야 하지만 그것이 필요충분조건은 아닙니다. 존재와 매력이 세상에 알려져 고객에게 기꺼이 선택받을 수 있어야 하죠. 즉, 브랜딩이 성공에 중요한 변수가 된 겁니다. 사정이 이렇다 보니 원하는 성과나 평판을 얻지 못한 경우 사람들은 이제 브랜딩에서 이유를 찾아요. 자신은 열심히 노력했고 잘했는데 브랜딩이 약해서 성과가 적은 거라고. 일리가 없는 건 아니지만 정말 그럴까요?

실체와 인식 사이

그렇다면 브랜딩이란 뭘까요? 세상엔 브랜딩에 대한 여러 정의가 있지만 저는 심플하게 R과 P의 관계를 원하는 대로 만들어가는 작업이라고 이해합니다. 여기서 R은 Reality로 실체, P는 Perception, 즉 인식입니다. 말하자면 브랜딩이란 실체를 바탕으로 그에 대한 사람들의 인식을 만드는 작업입니다.

가령 일을 잘하는 사람이라면 자신의 동료, 선후배, 고객 들로 하여금 자기가 그런 사람임을 인식하게 하는 게 브랜딩입니다. 이런 브랜딩이 중요한 이유가 있어요. 사람들이 그 사실을 모르는 경우, 다시 말해 일 잘하는 사람의 '실체'와 그 사람에 대한 타인들의 '인식'이 괴리되어 있는 경우엔 억울할 수도 있으니까요.

그런데 R과 P의 관계는 세 가지뿐입니다. 부등호를 써서 각각을 표현해 보자면 R 〈 P, R = P, R〉P가 되겠네요. R이 P보다 작다는 건 인식이 실체를 능가하는 경우를, R과 P가 같다는 건 인식과 실체가 같은 경우를, 그리고 R이 P보다 크다는 건 인식이 실체보다 못한 경우를 뜻합니다. 결국 브랜딩이란 실체를 바탕으로 최소한 실체와 같거나 실체보다 나은 인식을 만드는 작업입니다.

한데 이 지점에서 종종 사람들의 오해가 생깁니다. 브랜딩이 최소한 R보다 나은 P, 즉 실체보다 나은 인식을 만드는 작업이다 보니 70점 정도의 실체로 90점의 평판을 얻는 것을 브랜딩이라 여기는 겁니다. 이렇게 오해하면 실체보다 인식, 평판을 만드는 일에 열심이게 됩니다. 실체를 등한시하는 경우가 생기죠. 이런 상태가 계속되다 보면 어느 날엔가는 실체와 인식의 괴리가 커지고 이러한 인식은 오래가지 않습니다.

그런데 이런 경향이 특히 퍼스널 브랜딩에서 많이 보입니다. 퍼스널 브랜딩은 한 개인에 대해 그저 좋은 이미지만 만들어내는 게 아닙니다. 어떤 브랜드가 되어야 하는지, 그 이유는 무엇인지, 또 어떻게 무엇이 될 것인가에 대한 고민이 먼저 이뤄져야 해요.

선거 때가 되어 보여주기식의 이미지 메이킹에 몰두하는 정치인이 아닌 이상, 일하는 사람들의 퍼스널 브랜딩은 이런 출발이라야 합니다. 나는 어떤 가치를 생산하고 인정받을 것인가? 그러니까 내가 만들어낼 가치, 즉 실체에 대한 고민이 먼저인 겁니다.

그렇다면 자신을 브랜드로 여긴다는 건 무얼 뜻하며 어떤 점에서 유익할까요? 지금부터 차례차례 이야기해 보겠습니다.

나는 어떤 가치를
내놓고 있나

자신이 곧 브랜드라는 관점을 갖게 되면 이전과 비교해 무엇이 달라지고 어떤 걸 얻게 될까요? 우선 자신을 객관적으로 바라보고 평가하는 게 가능해집니다. 그에 따라 자신이 무엇을 지금 해야 하는지가 명확해지죠. 무얼 해야 하는지 명확해진다면, 여러분은 이미 가야 할 길의 절반을 걸은 겁니다.

나와 거리를 둬야 내 모습이 보인다

직장인들은 매년 고과를 받습니다. 상사뿐 아니라 함께 일하는 팀 동료나 선후배, 협업하는 다른 부서원 등 여러 사람들의 평가를 종합하는 다면평가가 이뤄지죠. 뿐만 아니라 스스로 자신을 평가하게도 합니다.

그런데 그 결과들을 비교해 보면 유독 타인의 평가와 자신의 평가가 크게 차이 나는 사람들이 있습니다. 자신에 대해 스스로 내린 평가 점수가 타인들이 부여한 점수보다 압도적으로 높아요. '내가 보는 나'와 '남들이 보는 나'의 차이가 큰 경우입니다. 이런 사람들은 고과 피드백을 했을 때 잘 받아들이지 않으려 해요. 본인은 열심히 잘했는데 뭔가 잘못된 것 같다며, 또 사람들이 본인을 알아주지 않는다며 억울해하고 원망하죠. 심지어 배신감을 토로하는 사람도 있습니다.

그런데 여러분, 거울 앞으로 가서 서보실래요? 여러분의 얼굴이 보이죠? 그럼 이번엔 아주 가까이 가서 거울에 얼굴을 딱 붙여보세요. 얼굴이 보이나요? 그렇습니다. 내 모습을 보려면 거울에서 좀 떨어져 서야 하죠. 이와 마찬가지로 자신을 제대로 보려면 스스로와 거리를 둬야 합니다. 타인의 시선으로 나를 보라는 뜻입니다.

타인은 나에게 그다지 관대하지 않죠. 나도 나를 그렇게 냉정하게 봐야 합니다. 그래야 자신의 현재가 명확하게 보여요. 이 세상의 모든 과제 해결은 상황을 명확히 하는 것에서부터 시작합니다. 병원에서 수많은 검사를 하는 이유가 뭘까요? 환자의 상태를 정확히 진단하기 위해서죠. 진단이 제대로 되어야 수술을 할지 약물만 처방해도 될지 제대로 판단할 수 있습니다.

자신의 브랜딩도 마찬가지입니다. 내가 어떤 브랜드가 될지, 그를 위해 어떤 노력과 준비가 필요한지 아는 것의 시작은 지금 현재의 나를 객관적이고도 냉정하게 인식하는 거예요.

내가 브랜드라면 고객은 나를 선택할까?

우리는 하루에도 시시때때로 소비자가 됩니다. 저만 해도 오늘 카페에서 커피를 사 마셨고, 편의점에서 물티슈를 샀고, 마켓컬리에서 치즈와 두부, 연어 등 여러 식료품을 구입했습니다. 그런데 저는 왜 마켓컬리를 이용했을까요? 포장이 다소 과해 부담을 느끼면서도 말이죠. 요즘은 '노브랜드'를 내세우는 경우들도 있지만, 따지고 보면 그 또한 콘셉트를 달리한 브랜드일 때가 많습니다.

여러분은 무언가를 살 때 어떤 기준으로 브랜드를 선택하시나요? 여러분이 어떤 브랜드의 상품을 좋아하거나 자주 구입하는 덴 이유가 있지요? 값이 싸다든가, 쓰기 편하다든가, 디자인이 예쁘던가 아님 아무리 비싸도 꼭 갖고 싶다든가.

자, 이번엔 방향을 바꿔 '내가 브랜드라면 고객은 나를 선택할까?'라는 질문을 자신에게 던져보세요. 물건이나 서비스를 구매할 때 요모조모 따져본 후 결정을 내리는 고객의 입장이 되어 나를 점검해 보는 거예요. 고객이 브랜드를 선택하는 이유는 바로 그 브랜드가 제공하는 가치인데, 여러분이라는 브랜드는 어떤 가치를 통해 고객의 선택을 받을 수 있을까요?

광고쟁이였던 시절에 저는 '르베이지LEBEIGE'라는 브랜드를 좋아했습니다. 40대 이상의 여성을 타깃으로 해서 2009년에 론칭한 국내 패션 브랜드예요. 저는 이 브랜드의 존재를 알고 얼마나 반가웠는지 모릅니다. 그때까지만 해도 중년 여성 대상의 브랜드 옷들은 꽃무늬나 알록달록한 색상이 주류였습니다. 몸집이 있는 분들의 사이즈를 기본으로 하는 옷들이라 제가 입으면 꽤나 벙벙했죠. 물론 저도 통통한 편이었지만 그럼에도 제게 잘 맞거나 태가 나지 않아 옷을 사고서도 만족스럽지 않았습니다.

클라이언트 회사의 고위직을 만나거나 프레젠테이션을 해야 하는 등 여러 사람 앞에 나설 일이 점차 늘어 괜찮은 옷이 필요했던 터에 르베이지는 제게 구세주 같았습니다. 이 브랜드의 옷들은 대개 지나치게 무거운 정장은 아니지만 공적인 자리에서 입어도 될 만했고, 또 색상도 너무 튀지 않고 차분해 많이 좋아했어요. 가격은 꽤 비쌌으나 십수 년이 지난 지금까지도 말짱하게 잘 입고 있으니 값어치를 하는 것 같습니다. 이 브랜드는 제게 분명한 가치를 제공한 겁니다.

광고쟁이 시절 새로운 프로젝트를 맡으면 저는 이런 질문에서부터 시작했습니다. 이미 세상엔 수많은 제품과 브랜드가 있는데 고객은 왜 그중에서도 우리 걸 선택해야 할까? 경쟁 제품과 브랜드가 아닌 우리 것을 고객이 택해야 하는 이유는 뭐지? 이 질문을 들고 여러 고민 끝에 어떤 생각에 도달하고 나면 저는 그것으로 캠페인의 핵심을 삼았더랬습니다.

자신을 브랜드로 바라보는 것도 다르지 않습니다. 일을 잘하고 좋은 성과를 내며 롱런하고 싶은 분이라면 자신을 향해 이 질문을 던져보세요. 팀장과 본부장, 함께 일하는 동료, 선후배 그리고 고객은 중요한 일이 생길 때 과연 나에게 그걸 맡기고 싶어 할까? 또 나와 함께하면 좋은 결과가 나올 거라고 기대할까?

그다음엔 어떤 점에서 내가 선택될 만한지 그 이유를 생각해 적어보세요. 바로 그것이 여러분이 하나의 브랜드로서 고객에게 제공하는 가치가 될 겁니다. 가치가 선명하고 경쟁력이 충분하면 그 길에서 계속 정진하면 됩니다. 그러나 그렇지 않다는, 본인이 생각해도 자신에게 뚜렷한 가치가 있는 것 같지 않다면 그걸 지금부터 만들어야겠죠.

단단한 실체 위에 단단한 브랜드가 만들어진다

브랜딩이란 인식을 만드는 작업입니다. 아, 아닙니다. 이 말엔 핵심이 빠져 있군요. 브랜딩은 '실체를 바탕으로' 인식을 만드는 작업이에요. 실체가 허약한 이미지는 일부 사람들이 얼마간 좋아해 줄 수 있지만 오래가진 않습니다. 막상 쓰거나 경험해 봤을 때 불만족스러운 상품은 반복구매로 이어지기 어렵잖아요. 그러니 자신을 하나의 매력적인 브랜드로 만들어가려면 마땅히 실체에 관심을 두어야 합니다. 이 실체는 고객에게 가치로 드러나죠. 그 브랜드를 반복적으로 선택할 이유로서.

내가 생각하는 나와 세상이 인정하는 나 사이에 차이가 있을 때, 열심히 하는데도 성과가 나지 않거나 인정받지 못해 속상할 때, 화가 나는 게 인지상정이지만 화는 잠깐만 내세요. 그리고 자신을 인정해 주지 않아 야속한 사람들의 얼굴은 잊으시고 '내가 고객이라면 기꺼이 나라는 브랜드를 선택할까?'라는 질문 앞에 서세요. 그것이 두고두고 자신에게 유익합니다.

자신에게 질문을 던진 사람은 그 답을 찾으려 애쓰기 시작하기 마련이죠. 자신을 브랜드로 여기는 일의 유익함이 바로 이것입니다. 나는 어떤 가치를 갖는지, 어떤 가치를 생산해 제공할지를 따져 묻고 좀더 나은 것을 만들어내기 위해 노력하게 된다는 점 말입니다. 그런 노력은 장기적인 성장을 가져다줄 테니 누군가를 원망하고 화내는 것보다 스스로에게 훨씬 도움이 되지 않을까요?

잘해야 오래하고
오래해야 잘한다

브랜딩에 관한 여러 정의 중에서 저는 이 정의를 좋아합니다. 브랜딩이란 '시간과 함께 가치를 축적해 나가는 작업'이라는.

간단한 그래프로 이야기해 볼까요? 가로축을 시간, 세로축을 가치라고 할 때 브랜딩이란 장기적으로 우상향을 그리기 위한 작업입니다. 당장 열매를 얻기는 어렵고 또 단기적으론 오히려 이전보다 못할 수도 있지만 차근차근 가치를 축적해 종래는 큰 가치를 이룬다는 것이 브랜딩 작업의 전제입니다. 즉, 축적의 힘을 전제로 하는 겁니다.

그러니 어떤 일이든 1~2년 바짝 해서 빨리 돈 벌고 그만두겠다는 사람은 브랜딩 작업에 관심을 가질 필요가 없습니다. 브랜드를 만들고 인정받는 건 장기 작업이니까요.

자신을 하나의 브랜드로 만들어가는 것은 지금의 시대적 변화를 고려했을 때에도 좋은 전략이 될 겁니다. 이른바 '100세 시대'잖아요. 이제 우리는 그 어떤 세대보다 오래 살게 됐는데, 이 말은 일하는 시간이 그만큼 길어졌다는 뜻도 됩니다.

파워 브랜드가 되고 싶었다

여러분은 카페 하면 어떤 브랜드를 가장 먼저 떠올리세요? 스타벅스 아닐까요? 또 스포츠 브랜드로는 어떤 게 생각나시나요? 나이키일 가능성이 높습니다. 아파트는요? 래미안, 자이, e-편한세상 등이겠죠.

방금 여러분이 떠올리신 대표적인 브랜드들은 '파워 브랜드'에 해당합니다. 즉, 한 분야의 강력한 브랜드로 고객이 기꺼이 찾고 사랑하며 가치를 인정하는 브랜드죠. 그리고 모든 파워 브랜드에는 '최초상기율 Top of Mind 1위'라는 공통점이 있습니다. 최초상기율이란 한 분야에서 고객들이 가장 먼저 떠올리는 브랜드의 비중을 말합니다.

광고쟁이로 일한 지 10년쯤 되었을 때 저는 저 자신이야말로 하나의 브랜드라는 걸 자각했고 그 이후론 광고업계의 파워 브랜드가 되기 위해 애썼습니다. '카피라이터' 하면 사람들이 제 이름을 먼저 떠올리는 그런 브랜드가 되고 싶었어요. 물론 좋은 카피를 쓰고 좋은 아이디어를 내며 좋은 광고 캠페인을 계속 만들어야 도달할 수 있는 목표였습니다.

그렇다면 저는 그 목표를 이루었을까요? 결과와 상관없이, 이런 관점과 목표를 가졌던 것이 저를 지탱해 준 것은 분명합니다. 제가 무엇을 하고 하지 말아야 할지, 혹은 무엇을 우선해야 할지 기준을 명확히 할 수 있었습니다.

파워 브랜드가 되겠다는 결심은 저의 북극성이 되었습니다. 옛 사람들은 북극성을 보며 길을 잡았다죠. 특히 날이 저물어 칠흑 같은 밤, 그들에겐 북극성이 나침반과 같았을 겁니다. 저 또한 그랬어요. 지치거나 슬럼프에 빠져 어찌해야 할지 모를 때, 또 길을 잃고 헤맬 때면 그 목표를 북극성 삼아 바라보며 제가 나아가야 할 길을 찾았습니다.

100세 시대, 오래 일해야 한다는 생각에 심란해질 수도 있지만 장기간 일하는 것과 관련해선 다른 면도 생각해 봐야 합니다. 일하며 살아야 하는 시기가 길어질 현실에 대비해야 한다는 거죠.

지금껏 여러 경험을 하고 여러 사람들을 봐온 결과 저는 이런 생각에 도달했습니다. 잘해야 오래할 수 있다! 환경과 여건의 변화 때문에 앞으론 오래도록 일해야 하는데 누구나 가능한 건 아니란 뜻입니다. 일이란 곧 기회이기도 한데, 그 기회는 그 일에 쓰일 만한 이유가 자신에게 있을 때 유지되니까요.

오래도록 현역에서 활동한 사람들

야구 좋아하시는 분들을 위해 퀴즈 하나를 내보겠습니다. 이종범, 양준혁, 이승엽. 이 세 명의 야구선수가 갖는 두 가지 공통점은 무엇일까요? 먼저 '우리나라 프로야구의 한 시대를 휘어잡은 대선수들'이란 공통점은 쉽게 떠올리실 수 있으실 겁니다.

다른 하나는 무엇일까요? 바로 '오래도록 현역에서 활약한 선수들'이란 점입니다. 이종범 선수는 1993년부터 2012년까지, 양준혁 선수는 1993년부터 2010년까지, 이승엽 선수는 1995년부터 2017년까지 긴 세월 동안 자기 소속팀의 에이스로 뛰었죠.

하루하루 피 말리는 프로들의 전장에서 성적이 저조하고 팀에 보탬이 되지 않았다면 그렇게 오래 선수로 뛸 수 있었을까요? 또 이들은 언제나 잘하고 잘나갔을까요? 그렇지 않습니다. 모두 슬럼프를 겪고 고전하는 시기가 있었습니다.

한 예를 들어보겠습니다. 우리나라 야구 국가대표팀은 2008년 베이징 올림픽에서 우승을 했죠. 그런데 국민타자 이승엽 선수는 예선 일곱 경기에서 1할대의 타율로 부진했습니다. 준결승전이었던 일본과의 경기에서도 계속 병살타와 삼진을 당하며 전혀 제 역할을 하지 못했고요. TV로 경기를 시청하던 국민들 속은 바싹 타 들어 갔습니다.

그러다 8회 말이 되었습니다. 양팀의 스코어는 2대2, 동점 상황이었죠. 또다시 이승엽 선수의 타순이 돌아왔습니다. 그리고 결국 그는 해냅니다. 베이징 우커송 야구장의 담장을 훌쩍 넘는 투런 홈런을 친 거예요. 우리가 일본을 잡고 결승전으로 향할 수 있게 해준 결정적 홈런이었습니다. 이어 이승엽 선수는 이튿날 쿠바와의 결승전에서도 투런포를 때려 3대2 승리를 이끌며 제 몫을 했습니다.

후에 이승엽 선수는 이렇게 말하더군요.

> 타석 쪽으로 걸어가는데 관중석에서 '이승엽 좀 빼라'는 말이 들렸어요. (중략) 그런데 그 홈런 한 방이 딱 터지면서 모든 고통과 걱정이 씻은 듯 사라졌습니다. 그 홈런은 제가 이후에도 야구 인생을 유지할 수 있었던 원천이기도 했습니다. (중략) 어떻게 보면 울분을 토로한 거죠. '이승엽 좀 빼라'는 말에 대한. 사실 그 말을 듣고 속으로는 '그 말 후회하게 만들어주겠다'는 생각을 했어요.
>
> ─《중앙일보》, 〈'이승엽 좀 빼라' … 아직도 잊지 못하는 한 마디〉 중에서

이렇듯 스타 플레이어라 해서 내내 승승장구한 것은 아닙니다. 어디 스포츠 선수들뿐일까요. 어떤 분야의 대표격인 이들도 마찬가지일 거예요. 중요한 것은 그들이 여러 어려움 속에서도 자신의 일을 '오래했다'는 겁니다. 그 끝에서 누구도 넘보기 어려운 뛰어난 퍼포먼스를 낸 것이고요.

야구 얘기를 한 김에 책 한 권을 추천합니다. 야구를 좋아하는 심리학자 김수안 교수가 쓴 『레전드는 슬럼프로 만들어진다』입니다.

'전설은 역경을 어떻게 극복하는가'라는 부제에서 알 수 있듯, 우리나라 프로야구의 전설급 선수들이 어떻게 최고가 될 수 있었는지 분석한 책이에요.

꼭 야구를 좋아하지 않더라도 일을 하는 사람, 특히 자신의 분야에서 잘하며 롱런하고 싶은 사람이라면 한번 읽어볼 만합니다. 역시 한국 야구의 레전드인 '헐크' 이만수 선수는 이 책에 이런 추천글을 썼더군요.

> 사람들은 레전드들을 '최고의 선수'로 기억하지만 나는 늘 사람들이 이들을 '사력을 다해 최선을 다한 선수'로 기억하길 바라왔다. 레전드는 태어나는 것이 아니라 만들어지는 것이다. 아주 처절하게 그리고 꾸준하게 슬럼프 속에서 만들어진다.

자신만의 북극성을 가슴속에

오래 일하다 보면 찾아오기 마련인 슬럼프 혹은 고비. 무엇으로 이겨낼 수 있을까요? 어디를 보며 다시 길을 찾아야 할까요? 또 앞으로 도움은 될 것 같은데 당장은 힘들거나 빛이 나지 않는 일들이 있습니다. 많은 사람들은 이런 일들을 외면하거나 포기하죠.

하지만 자신을 브랜드로 인식하는 사람이라면 기꺼이 시도하고 도전할 수 있습니다. 매일 하는 행동이나 선택이 장기적으로 자신의 가치를 높여주는가를 기준으로 삼으니까요. 저 역시 어려운 프로젝트를 피하지 않았습니다. 힘들지만 그 일을 하고 나면 성공하든 실패하든 제가 많이 배우고 성장할 거라 믿었기 때문입니다.

장기전엔 자기만의 북극성이 꼭 필요합니다. 자신을 브랜드로 여기는 관점을 갖는다는 건, 어렵고 헷갈릴 때 고개를 들어 올려다보고 다시 방향을 잡을 자신만의 북극성을 하나 갖는 일입니다. 여러분도 여러분만의 북극성을 가슴에 품어보시죠.

평균은 안전하지 않다

브랜드란 본래 특정 생산자나 판매자의 제품과 서비스를 구분하는 데 쓰이는 명칭입니다. 목장주를 구분하기 위해 가축에게 찍는 낙인에서 유래했죠. 애초부터 브랜드의 본질은 '구별짓기'인 것입니다.

그런데 지금은 너무 많은 제품과 브랜드가 쏟아져 나오다 보니 고객 입장에선 각각이 어떻게 다른지 잘 구분하지 못하는 경우가 생깁니다. 또 소비자에게 자기 존재를 인정받지 못하고 스러지는 브랜드도 숱합니다. 한쪽에선 새로운 브랜드가 매일같이 속속 등장하지만 다른 한쪽에선 그만큼의 브랜드가 시장에서 밀려나고 퇴출되는 거죠. 경쟁자에게 밀려서 그렇게 되는 것일 테지만, 근본은 고객으로부터 선택받을 만한 가치가 충분하지 않아서일 겁니다.

시장에 남아 있다 해도 존재감이 충분하지 않은 브랜드는 쉽게 대체됩니다. 브랜드 A와 B 사이에 별 차이가 없으면 고객은 큰 고민 없이 구매를 결정해요. A가 있으면 A를 사고, A가 없으면 B를 사죠. 혹은 원 플러스 원 행사로 B가 더 싸면 B를 삽니다. 타자와의 구별을 위해 만들어진 브랜드가 코모디티commodity로 전락한 경우죠. 코모디티란 꼭 그것이라야 할 이유가 없어 고객이 다른 것으로 바꿔 사도 될 만한 브랜드를 말합니다.

일하는 사람이 코모디티가 된다는 것은

거칠게 말해 브랜딩의 중요한 목표는 그 브랜드가 코모디티가 되지 않게 하는 겁니다. 때문에 브랜딩 전문가들은 그 브랜드만이 제공하는 고유의 가치를 개발해 제공하고 경쟁 브랜드와 명확히 구별되게끔 만들기 위해 노력합니다. 그렇지 않으면 쉬이 가격경쟁에 내몰리고 대체되니까요.

여타의 것들과 구분되며 고유의 의미 있는 가치를 제공하는 브랜드는 가격경쟁에서 자유롭죠. 예를 들어 제겐 즐겨 신는 운동화 브랜드가 있습니다. 오니츠카 타이거Onitsuka Tiger라는 브랜드인데, 제일기획 시절 광고주의 제품으로 처음 알게 된 후 이 브랜드의 운동화를 계속 구입하고 있어요. 발이 무척 편하며 쿠션감도 좋고, 디자인도 너무 튀진 않지만 그렇다고 아주 평범하진 않아서 제 취향에 잘 맞습니다. 다른 브랜드에 비해 가격대가 있는 편이지만 운동화에 까다로운 저는 이 브랜드의 제품을 선택합니다. 다른 걸로 바꿀 생각도 당분간 없고요. 적어도 제겐 쉽게 대체되지 않는 브랜드인 거죠.

명품 브랜드들 또한 같은 예에 해당합니다. 품질이든 감수성이든 이미지든 각각의 명품 브랜드는 다른 브랜드가 대체하기 어려운 가치를 갖습니다. 그래서 고객들은 비싼 돈을 내고서라도 그 브랜드를 고집하는 거고요.

그런데 코모디티는 브랜드의 세계에서뿐 아니라 일하는 우리에게도 발생하는 문제입니다. 자기만의 뚜렷한 가치를 갖지 못하면 상품이든 사람이든 코모디티가 되니까요. 일하는 사람이 코모디티가 된다는 건 퍼포먼스 면에서 다른 사람과 구별되지 않으니 이왕이면 연봉 낮은 사람으로 대체되는 대상이 된다는 뜻입니다. '이 일을 꼭 맡아야 하는' 혹은 '우리 회사엔 꼭 필요한' 사람이 아닌 뜻이기도 하고요. 무서운 얘기입니다.

뒤의 4장에서 좀더 자세히 이야기하겠지만, 여기엔 시간이라는 변수도 작용합니다. 제 경험상 입사 3~5년쯤까지는 연차와 퍼포먼스가 비례하는 듯해요. 신입사원보다는 대리가 일을 잘하고 대리보다는 과장의 성과가 낫습니다. 하지만 그 후로도 계속 그렇진 않더군요. 부장보다 나은 과장, 과장보다 일 잘하는 대리가 나오기 시작합니다.

퍼포먼스가 연차에 비례하지 않는 겁니다. 그런데 연봉은 대개 부장이 과장보다, 과장이 대리보다 높죠. 이런 경우 경영자라면 어떤 생각을 할까요? 그분들도 가성비란 걸 고려하지 않을까요?

이쯤에서 자신에게 질문을 던져봅시다. 혹시 나는 코모디티인가? 나는 쉽게 대체될 수 없는 나만의 가치를 내놓고 있는가? 만약 그렇다는 답을 확실히 할 수 없다면 진지하게 고민해 해법을 찾아야 합니다. 다른 이들과 명확히 구분되며 나를 쓸 이유가 확실한 브랜드가 되고 론칭하기 위해서는.

'중간만 하면 되지'

우리가 평소에 취하는 태도 중엔 자신을 브랜드로 여기고 만들어가는 데 방해가 되는 게 있습니다. '중간' 혹은 '평균'에 숨는 태도입니다.

우리나라 사람들에겐 전통적으로 '중간만 하면 되지'라는 생각이 많습니다. 뭔가를 사거나 식당에서 음식을 주문할 때는 비싼 것, 중간 가격의 것, 싼 것 중 중간 것을 선택할 때가 많습니다. 중간이 안전하다고 느끼는 거죠. 튀지 않으니까요. 또, 중간과 사촌쯤 되는 개념으론 평균이 있습니다. 중간을 편히 여기는 사람은 '평균만 하자'라고 생각하기 쉽죠.

하지만 여러분, 중간과 평균은 위험해요. 성큼 다가온 AI 시대, AI는 평균부터 대체합니다. 정규분포 곡선에서 중간이 아닌 양쪽 끝에 위치할수록 희소하고 고유하며 특별한 성질을 띠기 때문에 AI로 자동화하기까진 시간이 걸립니다. 그러나 곡선의 중간, 평균의 존재들은 먼저 자동화되기 시작합니다. 평균은 안전하지 않습니다.

AI 얘기가 나오니 챗GPT 얘기를 안 할 수가 없네요. 오픈AI에서 챗GPT의 개발을 주도한 이는 최고기술책임자CTO, 미라 무라티Mira Murati라고 합니다. 알바니아 출신의 여성 천재 공학자인데, 그녀는 특정한 일을 잘하는 AI가 아닌 모든 일을 해내는 AI, 이른바 '범용 인공지능AGI, artificial general intelligence'의 비전을 제시해요. 그러니까 구글 알파고처럼 바둑에 특화된 AI나 네이버 클로바노트처럼 음성인식과 문자변환에 특화된 AI를 넘어 인간의 일을 일반적으로 맡아서 하는 수준을 향해 나아가고 있는 겁니다.

그녀의 이야기를 듣고 있자니 중요한 질문이 올라옵니다. 언젠가 내가 하는 모든 일을 AI가 알아서 할 수 있게 된다면 그때 나는 무얼 해야 할까? 또 나는 무엇으로 나다워야 할까?

다시 '코모디티'로 돌아올까요? 제가 코모디티를 언급한 것은, 쉽게 대체하기 어려운 자신만의 고유 가치를 가져야 한다는 이야기를 하기 위해서인데, 챗GPT 등 하루가 다르게 일상에 침투하는 AI를 보고 있자니 더더욱 그래야 하고 그것이야말로 승부처라는 생각이 드네요. 만약 자신에게 고유한 뭔가가 발견되지 않는다면 어서 찾아내고 만들어보기를 바랍니다.

"부캐 말고 본캐로 승부를"

저희 책방에서 하는 프로그램은 다양하지만 가장 많은 건 아무래도 저자 북토크입니다. 신간을 낸 저자를 책방에 모셔서 직접 이야기를 듣는 시간인데 선릉점과 GFC점 두 군데에서 매달 평균 열 번 가까이 하는 것 같아요. 코로나 시국에도 행사를 취소한 적이 별로 없습니다. 그중 전우성 님의 『그래서 브랜딩이 필요합니다』 북토크가 기억에 남습니다.

사실 브랜딩이나 크리에이티브 동네에는 거품이 많습니다. 이 분야는 B2B인 데다 여럿이 하는 팀플레이라 우리가 아는 유명 캠페인이나 성공 사례에 누가 정말 핵심적 기여를 했는지 일반 사람들은 내막을 알기 어렵습니다. 사정이 이렇다 보니 어떤 이들은 그저 일의 한구석을 거들었을 뿐인데도 그 사실을 세상에 적극적으로 알린 덕에 실제와 달리 부풀려진 명성을 얻기도 합니다.

또 이 분야에선 이론에 앞서 실제로 어떤 아이디어를 내고 실행해 성과를 냈느냐가 핵심이므로 이 분야에서 일하는 사람이 책을 쓴다면 마땅히 자신의 실제 경험이 내용의 주를 이뤄야 합니다. 하지만 뜻밖에도 자기가 직접 해낸 일에 대한 이야기는 거의 없이 그저 업계의 잘된 사례들을 편집, 인용한 책들이 넘쳐납니다. 그러니 이런 분야에 몸담은 저자의 책을 구입하실 때는 저자의 직접적인 경험을 주 내용으로 하는 책인가를 살피시기 바랍니다.

'They say'가 아닌

다시 북토크 이야기로 돌아갈게요. 브랜딩 관련 책을 집필한 수많은 분들 가운데 전우성 디렉터를 저희 북토크 행사에 모신 이유가 바로 이것입니다.

삼성전자와 네이버, 29cm에서 마케팅 디렉터로 일하며 본인이 실제로 거둔 성과를 중심으로 책을 쓰셨거든요. 『그래서 브랜딩이 필요합니다』는 여기저기서 읽고 들은 'They say'로 채운 게 아니라 자신의 실제 시도와 경험, 고민 끝에 도달한 생각을 풀어놓은 책이었습니다. 두껍지는 않지만 브랜딩의 핵심이 꽉 들어차 있죠.

북토크에서 한 시간 동안 저자가 이야기를 풀어놓은 뒤에 질의응답 시간이 이어졌습니다. 저는 이 시간이야말로 북토크의 '앙꼬'라고 생각합니다. 저자가 준비한 내용은 누구나 똑같이 듣지만 이 시간은 자신이 궁금해하는 것에 대한 맞춤 답변을 듣는 시간이니까요. 맞춤옷처럼 말이죠.

그날의 질의응답 시간에도 다양한 질문이 나왔는데 한 분이 퍼스널 브랜딩에 대한 저자의 생각을 물었습니다. 전우성 디렉터는 이렇게 답했죠. "요즘 부캐 이야기가 많은데 퍼스널 브랜딩은 절대적으로 부캐가 아니라 본캐를 중심으로 해야 합니다."

제 생각이야말로 그렇습니다. 일하는 사람이 자기 자신을 브랜딩하고자 한다면 마땅히 일로써 승부를 봐야 합니다. 브랜딩의 목표가 그저 재미로 끝나지 않고 본인의 영역에서 입지를 단단히 하고 돈을 더 많이 벌며 기회 또한 더 많이 얻는 거라면 지금 하고 있는 일, 본캐로 경쟁해야 한다는 뜻입니다. 글 쓰는 사람은 글로, 마케터는 마케팅으로 말이죠.

물론 취미를 중심으로 할 수도 있겠으나 만약 잘되어 그것으로 성공을 거두면, 취미가 아닌 업이 될 가능성이 높고, 결국은 본캐가 될 겁니다.

'자기답게 산다'라는 말 앞에 넣어야 할 단어

요즘 시대를 표현하는 말은 많지만 그중 빠지지 않는 것이 '개인의 시대'입니다. 각자 다 얼굴이 다른 것처럼 자신의 가치관대로 자기답게 살고자 하죠.

언어에 예민한 저는 사람들이 많이 쓰는 말에서 우리 시대의 욕망이나 고민거리를 읽어내는데, 몇 년 전부터 '자존감'이란 말이 여기저기서 들립니다. 『자존감 수업』이 베스트셀러가 된 게 그 방증으로, 스스로를 존중하자는 메시지에 수많은 사람들이 뜨겁게 호응했죠. 100만 부가 넘게 팔린 김수현의 책 『나는 나로 살기로 했다』도 이런 트렌드를 잘 반영합니다. 돈이 많거나 적거나, 능력이 뛰어나거나 아니거나 자신을 긍정하고 자신의 방식대로, 즉 자기답게 살아가자는 생각에 저도 큰 응원을 보냅니다.

저성장 시대로 접어든 지 오래, 노력해도 기회가 잘 생기지 않고 이미 거절과 실패의 경험이 누적되어서일까요? 자기답게 살자는 메시지는 참 많은 데 반해 '잘해보자'라든가 '의욕을 내보자'라는 얘기는 잘 들리지 않습니다. 직장인들도 예전과 달리 이제는 오히려 승진을 거부하며 가늘고 길게 가겠다는 사람이 늘고 있죠. 저도 웬만큼은 동의합니다. 번듯한 성과가 있든 없든, 사회적 지위가 어떻든 자신을 긍정할 수 있어야 합니다.

그런데 우리는 지금 일과 관련된 얘기를 하고 있고, 적어도 이 책을 읽는 여러분은 일을 잘하고 싶고 인생에서 일을 중요하게 여기는 분들일 겁니다. 그런 분들이라면 자신을 존중하는 방법에서 일이 빠질 수 없고, 일을 잘하지 않거나 최선을 다하지 않는다면 자신을 긍정하거나 당당하게 여기기가 쉽지 않겠죠.

맡은 일은 크든 작든 틀림없이 해내는 것. 여럿이 모여야 일이 돌아가는 세상에서 '저 사람하고 하면 일이 된다'는 신뢰를 얻는 것. '이 일엔 당신이 꼭 필요하다'고 존재를 요청받는 것. 같이 하는 사람들에게서 믿음의 눈빛을 보는 것. 본캐로서의 브랜딩은 이런 것들을 전제로 해야 하지 않을까요?

아, '그런 건 타인의 인정에 목매는 것'이라고 쉽사리 단정 짓지 마시기 바랍니다. 최선을 다하지 않고서, 혹은 제대로 일하지 않아 일을 삐걱거리게 만들어놓고서 자존감을 갖기란 어렵지 않겠어요? 누군가로부터 지적을 당하거나 비난을 받지 않더라도 말예요.

개인이 의미 있는 브랜드가 되는 일은 자신이 맡고 있는 일을 잘해보려 애쓰는 것, 거기서 작더라도 성과를 거두는 것을 시작으로 합니다. 브랜딩이란 어찌 보면 스스로를 존중하는 것, 그리고 다른 사람의 존중을 얻어내는 것입니다. 일을 잘하지 않고선 일터에서 존중받는 것은 물론 인정받는 브랜드가 되는 것도 어렵습니다. 그러니 일로써 승부를 보시고 그것으로 브랜드가 되십시오. 자신의 본캐에 최선을 다할 것을 제안합니다.

안테나를 안으로도
향하게 하라

해마다 연말이 되면 이듬해의 트렌드를 예측하고 진단하는 책이 쏟아져 나옵니다. 가장 유명한 것은 서울대학교 김난도 교수의 『트렌드 코리아』시리즈지만 이 외에도 여러 종류의 책이 트렌드를 말하고 해설하죠. 미래를 알지 못해 불안한 개인들과 다가올 해의 비즈니스 계획을 짜야 하는 기업들로선 관심을 가질 수밖에 없습니다. 하지만 우리가 트렌드를 알아야 하는 이유는 따라 하기 위해서가 아니라 준비하고 계획하기 위해서임을 잊지 말았으면 좋겠습니다.

『트렌드 코리아 2023』에서 2023년의 트렌드 중 하나로 꼽은 '평균의 실종 Redistribution of the Average'을 살펴볼까요? 이는 이제까지 평균적으로 표현할 수 있었던 무난한 상품, 보통의 의견, 정상의 기준이 흔들리고 더없이 독특한 상품들이 선택받는다는 개념입니다. 다양성의 가치가 제각각 인정받으면서 평균은 점차 설 자리를 잃고 있다는 거죠. 저도 앞에서 비슷한 이야기를 했습니다. '평균은 위험하다'고요.

기업에서 일하는 분들은 다음 연도의 비즈니스 전략을 수립할 때 이런 트렌드를 언급하고 반영하려 할 겁니다. 부장님이나 상무님은 그런 트렌드를 적극 활용하자할 테고요. 물론 개인들도 사회가 어디로 가고 사람들은 무얼 원하며 앞으로 어떤 것이 유망한지 끊임없이 살핍니다.

'조곤조곤' 스타일의 시작

문제는 각자의 기질이나 취향 혹은 역량은 뒷전인 채 무조건 트렌드에 맞추려 하는 경우입니다. 이러다 보면 안테나를 바깥으로 뻗을 뿐 자기 자신은 잘 들여다보지 않게 되죠. 트렌드를 그저 좇습니다. 나답게 살겠다는 결심과는 영 멀어지는 겁니다.

바깥세상에서 무슨 일이 일어나는지 아는 것 못지않게 내 안에서 어떤 일이 일어나고 있으며 나는 어떤 것을 욕망하는지 알아야 합니다. 그래야 자기다운 방식으로 준비하고 계획을 세울 수 있어요. 자신에게 관심을 두지 않고 자신을 알지 못하면 자기와 맞지 않거나 잘하기 어려운 것도 그저 따라 하게 됩니다.

그런데 여러분, 잘하지 않으면 재미를 느끼기 어렵고, 재미있지 않으면 좋은 결과를 내기 어렵습니다. 이와 관련하여 제가 대학생 때 경험했던 일을 들려드릴게요.

모 대학이 가을축제 프로그램으로 모의국회를 열겠다며 각 대학 정외과에 공문을 보냈습니다. 학교별로 한 사람씩 모의국회의원을 보내달라 청하는 내용이었죠. 여러 대학의 정외과 학생들이 자기 학교의 대표로 참여해 국회의원이 되어 대정부 질문을 하는 프로그램이었습니다. 저희 과에선 제가 가게 됐고요.

우리는 여러 차례 리허설을 했는데, 다른 학생들의 리허설을 보자 큰일났다 싶었습니다. 하나같이 큰 목소리로 연설했고 또 책상을 내려치는 등 제스처도 컸어요. 때는 1980년대, 그럴 만도 했습니다. 반면에 저는 목소리도 작은 데다 쇼맨십이라곤 없어서 도무지 상대가 되질 않았습니다.

어떻게 해야 하나 고민하다 우선 제가 어떻게 하는지부터 알아야 방법이 찾아질 것 같아 제 리허설을 녹음했습니다. 집에 와 들어보니 가관이더군요. 목소리가 작은 건 둘째 치고 내용이 제대로 정리되지 않아 공감이 가지 않았고, 발음은 부정확했으며 인토네이션과 강세도 자연스럽지 않았습니다. 전달력이 떨어졌죠. 작은 목소리와 제스처의 문제가 아니었습니다.

다 뜯어고쳤습니다. 듣는 사람이 쉽게 이해하고 공감할 수 있도록 구성을 완전히 바꿨고 그런 후엔 몇 번이고 연습했습니다. 물론 그때마다 녹음해서 들어보곤 부족한 점들을 계속 바꿔나갔습니다.

그래서 어떻게 됐느냐고요? '잘'했습니다. 목소리는 크지 않았지만 청중이 관심 가질 내용으로 분명하고 간결하게 말했으므로 사람들은 제 이야기에 귀를 기울여주었습니다. 박수도 꽤 받은 것 같아요. 일명 '조곤조곤' 스타일의 시작이었고, 이 '조곤조곤'은 훗날 제일기획에서 프레젠테이션을 할 때의 제 스타일이 되었습니다.

내가 가진 걸 원하게 하는 방법도 있다

그 모의국회 때 제가 만약 다른 학생들처럼, 그러니까 마치 연설은 웅변처럼 하는 거라는 세상의 방식대로 핏대를 세우며 크게 소리쳤다면 저는 못한다 소리를 들으며 좌절했을 겁니다. 한데 저는 제가 잘할 수 있는 방식을 찾았어요.

우선 제가 어떻게 하고 있는지를 정확하게 파악한 후 다른 사람들처럼 해서는 승산이 없다는 것, 그렇게 하고 싶지 않다는 것을 분명히 파악했습니다. 그다음엔 저라는 사람에게 어떤 강점과 개성이 있는지, 저는 무얼 잘하는 사람인지를 살폈습니다. 제 안을 깊이 들여다본 거죠.

그러자 보였어요. 사안의 핵심을 파악할 줄 안다는 것, 그것들을 글로 쓰고 말할 수 있다는 것, 듣기에 괜찮은 목소리를 가졌고 말이 너무 느리거나 빠르지 않아 전달력이 괜찮다는 것, 또 목소리가 크지 않으니 수백 명의 청중이 아니라 마치 내 옆의 한 사람에게 말해 주는 것처럼 들린다는 것. 그리고 대세와는 달라도 내가 잘할 수 있는 방식으로 해내겠다는 의지와 용기가 제게 있다는 것을 알 수 있었습니다. 저는 좀 당돌했는데 그 당돌함 덕에 실제 모의국회 프로그램에서도 주눅 들지 않고 제법 해냈습니다.

그 일을 겪으며 중요한 걸 깨달았습니다. 'They say'에 무조건 맞춰야 하는 건 아니라는 것. 어차피 내가 하는 거라면 내가 잘할 수 있고 좋아하는 방식으로 해도 된다는 것. 아니, 그래야 승산이 높고 세상에 통한다는 것. 그러기 위해선 내 안에 무엇이 있고 내가 어떤 사람인지를 깊이 살펴야 한다는 것. 즉, 안테나를 바깥으로만 뻗지 말고 내 안으로도 향하게 해서 내가 가진 걸 알아야 한다는 것. 무조건 세상에 맞출 게 아니라 내가 가진 걸 그들이 원하게 하는 방법도 있다는 것. 오히려 그래야 내가 선택될 가능성이 높아진다는 것!

저는 그 후로 이런 캐치프레이즈를 쓰고 말했습니다. '무조건 세상에 맞추지 말고 내가 가진 걸 세상이 원하게 하라!' 그 모의국회가 스물두 살 때의 일인데 제일기획에 입사해 카피라이터로, 크리에이티브 디렉터로 일할 때도 이 생각을 끄집어내 자주 저를 살폈고 전략을 짰습니다.

예를 들어 저는 '그녀는 프로다. 프로는 아름답다' '당신의 능력을 보여주세요' '피부 필수품, 식물나라' '20대여 영원하라, 엔프라니' '운전은 한다, 차는 모른다' 같은 카피를 쓰고 아이디어를 냈으며 캠페인을 만들었습니다.

제가 봐도 대단히 새롭지는 않습니다. 하지만 공감 가고 설득력 있는 캠페인이었고, 시장에서 실제로 작동한 카피였으며 아이디어였습니다. 화려하거나 톡톡 튀지는 않았지만 그 브랜드에 필요한 적확한 개념을 찾아내 캠페인으로 만들고 기업과 브랜드가 당면한 문제를 해결하는 데 강점이 있었던 셈입니다.

그랬으므로 표현의 참신함이 중요한 프로젝트는 별로 저를 찾지 않았지만 도대체 문제가 무엇이고 방향을 어떻게 잡아야 할지 고민되는 프로젝트, 솔루션이 중요한 프로젝트일수록 제게 왔습니다.

저는 콘셉추얼리스트conceptualist로 통했는데 이는 제가 원했던 바입니다. 저는 차츰 적확한 콘셉트로 문제를 해결하는 광고쟁이로 자리를 잡았고 그런 일을 할 수 있는 기회를 가졌습니다. 사람들이 인정하는 제 브랜드 콘셉트가 만들어진 거죠. 그 시작은 제 안에 있는 것을 깊이 들여다본 후 제가 잘하는 것을 찾아낸 것이었습니다. 그러곤 제가 가진 걸 다른 사람들이, 세상이 원하게 한 거죠.

세월도 어쩌지 못할
자기 세계를 가졌는가

저는 종종 세상의 여러 개념에 대해 저만의 정의를
내리곤 합니다. 언젠가 이 내용으로 책을 쓰고 싶은 마음도 있어요.
저는 관점과 시선과 태도를 중히 여기는 사람인 만큼, 제 방식으로
정의한 개념이야말로 제가 세상을 바라보는 저의 시선이니까요.

저는 브랜드 콘셉트를 이렇게 정의합니다. 자신의 강점이자 다른 사
람과 구분되는 고유의 가치이며, 어떤 일을 해야 할지 말아야 할지, 혹
은 언제 할지 잘 모르겠거나 헷갈릴 때 돌아볼 기준 같은 거라고.

브랜드 콘셉트를 이런 식으로 정의한 것은 실제로 도움이 되고
현장에서 작동하기를 바라서입니다. 우리는 매일 매시간 얼마나 많
이 고민하나요? 해야 할지 말아야 할지, 계속해야 할지 중단해야 할
지, 무엇을 하는 것이 자신에게 도움이 되고 어울릴지 고민이 끊이

지 않죠. 이때 고민하는 당사자의 입장에서 기준으로 삼을 만한 것이 바로 '콘셉트'라고 생각합니다.

자신의 콘셉트가 분명해야 하는 이유

분명한 콘셉트를 가진 사람은 자신의 강점을 발휘할 수 있는 기회를 더 많이 가질 수 있습니다. 그러면 강점을 계속 유지하고 강화할 수 있죠. 앞서 저는 제 콘셉트가 콘셉추얼리스트였고 실제로 그런 강점이 요구되는 프로젝트를 할 기회가 우선적으로 제게 왔다고 말씀드렸는데, 그와 같은 뜻입니다.

그렇다고 해서 플랫폼의 알고리즘처럼 지금 하는 것과 비슷한 일들만 계속해야 하는 건 아닙니다. 현재의 강점을 발판으로 확장할 수도 있고 변화를 가질 수도 있죠. 중요한 것은 자신에게 분명한 콘셉트가 있는가, 다른 이들도 그걸 인정하는가, 자신이 콘셉트로 내세운 것을 실제로 제공해 퍼포먼스로 만들 수 있는가일 겁니다.

여기서 잠깐 머리도 식힐 겸 다른 얘기를 해보겠습니다. 콘셉트를 이런 식으로 바라보시면 어떨까 합니다.

대한민국엔 연기 잘하는 배우들이 많습니다. 여배우로는 김혜자, 윤여정, 김희애, 김혜수, 전도연, 송혜교, 손예진, 공효진, 이정은, 염혜란, 김고은, 김태리……. 남자 배우는 또 어떤가요? 최민식, 송강호, 한석규, 설경구, 이병헌, 이성민, 조승우, 현빈, 황정민, 조정석, 송중기, 박서준, 유연석, 이도현⋯⋯. 뛰어난 연기를 하는 배우들은 지금도 속속 등장하고 있습니다.

그런데 말이에요, 만약 드라마 〈태양의 후예〉 남자 주인공을 송중기 아닌 다른 배우가 맡았더라면 어땠을까요? 또 〈비밀의 숲〉의 황시목 검사 역을 조승우가 아닌 다른 사람이 했더라면요? 〈미스터 션샤인〉의 유진초이나 고애신 역은 또 어땠을까요?

굉장히 다른 드라마, 아님 지금에 못 미치는 드라마가 됐을지도 모릅니다. 그만큼 그 역할에 캐스팅된 배우들은 완전히 빙의해서 더할 나위 없이 잘했습니다. 어떤 배우가 연기를 더 잘하니 못하니를 떠나, 배우마다 자기만의 강점과 캐릭터가 다 다르다는 뜻입니다. 그것이 각 배우의 콘셉트라고 할 수 있죠.

그러니 여러분도 영화나 드라마를 보실 때 이 관점에서도 살펴보시기 바랍니다. 콘셉트의 의미가 훨씬 실감나실 겁니다. 흥미롭게도, 몇몇 후배들에게 이 이야기를 해주고 좋아하는 배우를 꼽아보라고 하니 저마다 자신과 캐릭터가 비슷한 이를 얘기하더군요. 사람은 비슷한 존재에 끌린다고 하는데 그래서가 아닐까 생각해 봅니다.

저는 저희 업계의 파워 브랜드, 배우로 말하자면 김혜자 님 같은 존재가 되고 싶었습니다. 오래전의 〈전원일기〉부터 〈엄마가 뿔났다〉 〈눈이 부시게〉 그리고 최근의 〈우리들의 블루스〉까지 각 캐릭터를 완벽하게 살려내는 대표 배우잖아요? 제가 만약 배우라면 이런 배우가 되고 싶어 오래전부터 저의 북극성으로 삼았습니다.

그런데 너무 힘들더군요. 한 번 잘하기도 어려운데 어떻게 매번 잘할 수 있겠어요? '김혜자'라는 산이 너무 높아서 그만 포기할까도 싶었습니다.

그러다 혹시 다른 길은 없나 옆을 봤습니다. 그랬더니 한 분이 눈에 들어왔고 저는 다시 희망을 채웠습니다. 윤여정 배우였어요. 〈미나리〉와 〈파친코〉, 또 아카데미 여우조연상 수상으로 세계적인 배우가 되셨지만 제가 이분에게서 새로운 길을 본 것은 지금부터 20년 전쯤의 이야기입니다.

당시 윤여정 님은 비록 최고로 꼽히는 배우는 아니었지만 명백히 대체 불가한 배우였습니다. 나이 든 여배우들 거의가 엄마 역할만을 했을 때에도 이분은 달랐어요. 나이 들었지만 세련되고 쿨하며 성격이 확실한 인물의 역할을 계속 맡으면서 자신의 강점을 뚜렷이 각인시켰죠. 중년의 여배우 중 이런 캐릭터를 가진 분은 달리 없었습니다. 그러니 그런 역할에 있어선 윤여정이 아닌, 그 대안이 될 만한 배우가 존재하지 않았던 겁니다.

그녀를 보면서 저는 '이런 거구나' 했습니다. 파워 브랜드라는 것이 꼭 업계 최고나 일등이라야 하는 게 아님을 깨달았습니다. 윤여정 배우를 폄훼하려는 게 아닙니다. 오히려 자기 세계가 확실하고 콘셉트가 명확한, 그 누구도 대체할 수 없는 배우라는 걸 말씀드리는 거예요. 콘셉트는 결국 자신의 고유한 개성으로부터 시작되는 겁니다. 자신에겐 무엇이 있고 어떤 강점이 있는지 깊이 살펴야 할 이유가 확실하지요?

'나이 듦'은 '늙음'과 동의어가 아니다

그런데 세상의 이치는 이게 전부가 아닙니다. 시간이란 변수를 생각해야 합니다. 『시간의 이빨』이라는 책의 제목이 대변하듯 모든 것은 변합니다.

누구보다 확실한 콘셉트를 가진 사람도 시간이 가면 그 강점을 더 이상 누리기 어려운 때가 옵니다. 세상이 다른 걸 요구하니까요. 똑같은 걸 내놓아도 이전만큼 통하지 않아요. 게다가 그 사이에 우리는 나이 들고 늙습니다. 아시다시피 대한민국은 나이 드는 것에 관대하지 않습니다. 낡은 것과 동일시합니다. 사람들은 쌓이는 경력을 뿌듯해하기보다 불안해해요. 퍼포먼스가 연차에 비례하지 않기 때문만이 아니라 나이 듦 앞에서 당황하는 겁니다.

어느 날 마흔 중반의 광고쟁이 후배가 제게 물었습니다. "제가 언제까지 광고를 할 수 있을까요?" 그 친구도 나이 듦 앞에서 고민이 깊었던 거죠. 저는 이렇게 답했습니다. "알을 낳을 수 있을 때까지."

곁에서 보면 나이 드는 것이 문제인 것 같죠. 하지만 아닙니다. 근본 원인은 가치가 예전만 못하다는 거예요. 세상의 변화에 뒤처지니 더 이상 매력적인 걸 내놓지 못하고, 그러니 예전만큼 통하지 않는 겁니다. 이걸 우리는 그저 늙어서라고 치부해요. 아닙니다. 나이 들어서도 멋지게 활약하는 분들이 없지 않아요.

그러니 우리가 던져야 할 질문은 '내가 내놓는 가치가 여전히 괜찮은가?'입니다. 그렇지 않다는 진단이 내려지면 혁신해야죠. 기업

뿐 아니라 개인들도 사는 내내 부단히 혁신해야 합니다. 그래야 나이 드는 것이 그저 늙는 게 아니고 성장이 될 수 있습니다. 여러분은 자기 세계가 있을까요? 제 이야기는 주로 질문으로 끝나는군요.

씨앗 없이 꽃이 피진 않지만

씨앗을 심었다고 다 꽃을 피우진 않는다.

씨앗이 죽지 않고 자라 꽃을 피우고

열매를 맺게 하려면 물을 주고,

바람과 햇볕을 쬐어주며,

때로는 비료도 주어야 한다.

그것이 바로 태도다.

4장

태도가 경쟁력이다

ATTITUDE

우리 안의 재능을
꽃피우는 원동력

크리에이티브는 꽤 재능이 요구되는 분야입니다. 신입 사원으로 입사하니 선배들이 그러더군요. 카피를 잘 쓰려면 순발력, 끼, 감각이 있어야 한다고. 제게는 별로 없는 것들인 데다 타고나야 하는 거잖아요. 자연히 기가 죽을 수밖에요. 저는 제 일을 잘하고 싶었는데 그에 필요한 재능이 없는 것 같아 고민이 길었습니다.

그런데 제겐 재능이 없지 않았습니다. 다만 세상이 말하는 것과는 다른 재능이었죠. 저는 남보다 빨리 문제의 핵심을 보고 본질에 닿아 인사이트를 찾아내는 눈이 있었어요. 광고는 클라이언트의 과제를 해결하는 방법을 찾아내는 일인데, 이것을 잘하는 데 있어 제 재능이 중요한 자질이라는 걸 알게 되자 조금 안도하고 일할 수 있었습니다.

재능은 씨앗일 뿐

시간이 더 지나자 일하는 사람에게 중요한 또 한 가지, 아니 어쩌면 더 중요한 것이 눈에 들어왔습니다. '태도'였어요. 국어사전에서 '태도'의 뜻을 찾아보면 다음과 같습니다. 첫째, 몸의 동작이나 몸을 가누는 모양새. 둘째, 어떤 일이나 상황 따위를 대하는 마음가짐, 또는 그 마음가짐이 드러난 자세. 셋째, 어떤 일이나 상황 따위에 대해 취하는 입장. 제가 하는 이야기는 이 가운데 두 번째와 세 번째 관점으로 말하는 태도입니다.

재능이 없는 것 같다는 고민이 조금 덜어지자 제 일을 잘하고 싶은 열망이 더 커지더군요. 그래서 한 분야에서 일가를 이룬 사람들은 무엇으로 그렇게 될 수 있었는지 들여다보기 시작했습니다. 또 같은 회사에 똑같이 신입사원으로 입사한 사람들이 시간이 지나면서 퍼포먼스에서 차이가 나는 건 왜일까 질문을 품었습니다. 능력일까, 그렇다면 그 능력은 어디서 오는 걸까.

많은 가설을 세웠다 허물기를 여러 차례, 저는 이런 인사이트에 도달했습니다. '씨앗 없이 꽃이 피진 않지만 씨앗을 심었다고 다 꽃을 피우진 않는다. 씨앗이 죽지 않고 자라 꽃을 피우고 열매를 맺게 하려면 물을 주고, 바람과 햇볕을 쬐어주며, 때로는 비료도 주어야 한다. 그것이 바로 태도다. 즉, 태도는 우리 안의 재능이 도중에 꺾이거나 사라지지 않고 활짝 꽃피게 한다.' 그래서 이런 문장을 쓸 수 있게 되었습니다. 태도가 경쟁력이다!

2021년 저는 〈유 퀴즈 온 더 블럭〉에 출연한 적이 있습니다. 혹시 보셨을까요? 그때 제가 한 이야기 중 '태도가 경쟁력이다'란 문장이 특히 많은 분들의 공감을 얻었습니다. 방송이 나가고 한동안 '태도가 경쟁력이다'라는 자막이 들어간 영상 캡처본이 SNS에 올라왔고 방송 잘 봤다며 책방으로 찾아오신 분들도 계셨습니다. 인생을 살수록 태도의 중요성을 느끼게 되는 거죠.

그런데 이 문장엔 중요한 내용이 빠져 있습니다. 문장의 전체 뜻을 살려보면 이렇게 됩니다. 재능보다, 능력보다, 태도가 경쟁력이다! 특히 마흔 넘어 생의 중반에 이르면 이 세상에 나올 때 자신의 선택과 무관하게 부여받은 재능을 살리기 위해 기울인 노력이 퍼포먼스에 더 큰 영향을 미친다고 감히 결론 내리게 되었습니다. 이를테면 끈기, 결기, 도전을 피하지 않는 담대함, 작은 일에 안달복달하지 않는 강한 심장 같은 것들이죠.

얼마나 다행인가요? 내가 어떻게 하는가에 따라 그래도 결과를 바꿀 수 있으니 말이죠. 저는 이 모두를 '태도'라 이릅니다.

그렇습니다. 재능이 저절로 능력이 되지는 않습니다. 재능은 씨앗이고 잠재 상태일 뿐, 그것이 능력으로 발현되고 인정받기까지는 여러 가지가 필요하고 투입되어야 합니다.

재능을 꽃피우려면 우선 자신에게 그런 재능이 있다는 걸 아는 게 먼저입니다. 이 대목에서 니체가 말한 '아모르 파티Amor fati', 즉 운명애가 떠오르는군요. "나는 피치 못할 일을 아름답게 받아들이는 법을 자꾸자꾸 배우고 싶다. 그럼 나도 세상을 아름답게 만드는 사람이 될 수 있을 테니까."

니체는 재능보다 훨씬 깊고 넓은 것을 이야기했지만, 우리는 이를 '자신의 씨앗을 알아차리고 받아들이며 사랑하라'는 뜻으로 받아들여도 무방할 겁니다.

묵묵히 만들어가는 '존재의 독립'

광고쟁이로서의 재능이 없는 것 같아 심각하게 고민하던 때, 그러니까 30여 년 전에 봤던 연극이 있습니다. 중년여성들까지 극장으로 끌어냈을 만큼 큰 인기를 모은 〈엄마는 오십에 바다를 발견했다〉라는 연극입니다. 주연을 맡은 이는 박정자 배우였습니다.

저는 연극이 공연되는 두 시간 내내 박정자 배우만 쳐다봤던 것 같습니다. 그녀를 보며 한 분야에서 일가를 이룬다는 것에 대한 어떤 생각이 벼락같이 떠올랐어요. 당시에도 박정자 배우는 대한민국 연극계의 중심으로 갈채받고 있었는데, 무대에 선 그녀를 보며 '저 배우가 누리는 영예가 과연 재능 덕분일까?'라는 질문을 한 겁니다. 묻는 순간 저는 답을 알아버렸고 그때의 생각은 이후로도 오랫동안 저를 붙잡아주었습니다.

스물 몇 살, 그녀가 배우로 데뷔했을 땐 또래의 동기생들도 같이 출발했을 겁니다. 그중엔 박정자 배우보다 더 재주 많은 이가 있었을 수도 있겠죠. 하지만 10년이, 20년이 흐르는 동안 적지 않은 이들이 이런저런 이유들로 무너졌고 배우의 길을 중도에 포기했습니다. 재능 부족을 탓하며 그만둔 이도, 배가 고파 다른 쪽으로 돌아선 이도 있었을 겁니다.

그렇게 세월은 흘렀고 모든 것은 결정되었습니다. 시작을 함께했던 동기들이 무대를 떠나고 연극계에서 사라지는 동안, 박정자 배우는 정상에 올랐죠.

그러므로 최고의 배우로서 그녀가 누리는 영예와 갈채는 그저 재능의 선물만이 아니라는 결론을 저는 감히 내렸습니다. 수많은 고비를 넘어 자신의 길을 끝내 걸어낸 단단한 의지와 태도의 총합이자, 수십 년 묵묵히 한 길을 향한 이에 대한 예우임을 깨달은 거죠.

흔히 '마흔이 지나면 자기 얼굴에 책임을 져야 한다'고들 하는 게 바로 이런 뜻일 겁니다. 어릴 때는 어떤 부모를 만났는지, 어떤 재능을 타고났는지가 인생에 결정적 요소로 작용하죠. 그러나 거기까지입니다. 나이 마흔이 넘고 오십이 되어서도 '나는 재능이 부족하니까' 또는 '나는 부모를 잘못 만나서'라 말하는 사람이라면 과연 제대로 된 어른일까요?

지나고 나서 보니 마흔이란 그런 나이더군요. 생을 받아 나올 때 이미 정해져 있던 것들과 결별해 그 이후의 인생은 자신의 노력과 수고로 만들어가야 하는. 말하자면 '존재의 독립'을 이뤄야 하는 것이었습니다.

저는 뛰어난 성과를 낸 사람들을 보면 무엇이 그들의 오늘을 만들었는지 궁금합니다. 좀 성급히 결론을 말하자면, 살아온 세월이 쌓일수록 태도와 의지, 심성 같은 것들이 재능이나 능력보다 훨씬 더 중요해지는 것 같습니다. 그러고 보니 옛사람들은 이미 이런 이치를 꿰뚫고 있었네요. 우공이산愚公移山이라는 고사성어가 나온 걸 보면 말이죠.

세상의 의미 있는 일들은 대개 우직하다 못해 미련한 사람들이 해냅니다. 요즘 뜨거운 관심을 받고 있는 우리나라 2차전지 기업들이야말로 그렇습니다. 전기차가 내연기관차를 대체하면서 2차전지가 차세대 먹거리로 부상하고 있는데 세계 최고의 경쟁력을 가진 LG에너지솔루션은 사업을 시작하고도 20년 이상 적자에 시달렸습니다.

될지 안 될지 알 수 없는 세월이 20년이었습니다. 그러다 작년에서야 전기차 배터리 사업이 사상 최대 실적을 거두며 흑자로 돌아섰어요. 반도체도 그렇습니다. 1983년 삼성이 반도체에 뛰어든다고 선언하자 일본에선 비웃었다죠. 그런데 오늘날 결과는 어떤가요?

이들이 조금만 의지가 약했거나 세평에 밀려 뜻을 접었더라면 오늘날의 영광과 기적은 일어나지 않았을 겁니다.

마흔 이후에 큰 영향을 미치는 것

펜실베이니아대학교 심리학과 교수 앤절라 더크워스Angela Duckworth의 책『그릿』은 2016년에 출간돼 50만 부나 팔린 베스트셀러입니다. 베스트셀러라 해서 다 좋은 책은 아니지만 그 시대 사람들이 공감하는 것을 담고 있거나 새로운 인사이트를 제시하고 있음은 분명합니다.

책 제목인 '그릿Grit'은 포기하지 않고 노력하는 힘이며, 역경과 실패 앞에서 좌절하지 않고 끈질기게 견딜 수 있는 마음의 근력을 의미한다고 합니다. 제 식으로 말하자면 재능을 발휘하고 꽃피우게 하는 원동력이자 결국 퍼포먼스를 이루는 힘이며, 도전 앞에서 쉽게 무너지지 않는 심장의 힘이고요.

목표나 꿈이 마음먹은 대로 바로바로 실현된다면 그릿 같은 건 필요 없을지도 모릅니다. 하지만 우리는 수많은 굴곡과 고비를 만나죠. 그런 끝에 어떤 일은 일생이 걸려서야 겨우 이루어지고, 또 어떤 일은 될지 안 될지조차 알기 어렵습니다. 많은 사람들이 그래서 도중에 포기하고, 바로 그렇기 때문에 그릿이 중요한 거죠.

일하고 살아가는 삶이 늘 꽃길이라면 저 역시 태도에 주목하지 않았을 겁니다. 앤절라 더크워스도 그릿에 주목하지 않았을 테고요. 그러나 그렇지 않았어요. 저만 해도 캠페인 하나, 프레젠테이션 하나 하는 데도 힘이 들어 중간에 그만두고 싶은 때가 많았으니까요. 그러니 오래도록 퍼포먼스를 내며 자기 분야에서 괜찮은 브랜드가 된다는 건 산전수전 다 겪는다는 뜻입니다. 세상이 우리에게 보내는 도전이나 고비에 어떻게 반응하는가, 어떤 태도를 갖는가에 따라 그 이후의 길이 확 갈리죠.

우리는 이 세상에 피투성被投性의 존재로 왔습니다. 우리의 의지나 선택으로 태어난 게 아닙니다. 때문에 한평생 산다는 것은 어쩌면 세상의 일에 반응하는 것이며, 우리가 통제할 수 있는 것은 세상 사에 어떻게 반응하는가가 전부일지도 모르겠어요. 제가 '태도'라 하는 건 이런 반응들의 총칭입니다. 그리고 내 힘으로 어쩔 수 없는 수많은 변수들에 어떤 반응을 보이는가, 즉 어떤 태도를 갖는가가 특히 마흔 이후의 인생에 큰 영향을 미친다는 게 제 생각이고요.

이렇게 보면 태도에는 흔히 떠올리는 것보다 많은 것들이 달려 있습니다. 그러니 이 말을 다시 한 번 하고 싶군요. 태도가 곧 경쟁 력입니다!

시간의 밀도

저희 책방은 2023년인 올해 7주년을 맞습니다. 중소벤처기업부 통계에 따르면 2018년 한 해 동안 폐업한 자영업체는 100만 곳이 넘었습니다. 90퍼센트 가까운 폐업률이에요. 여기에 코로나까지 덮쳤으니 지금은 수치가 훨씬 더 나빠졌을 것 같습니다.

5주년이었을 땐 코로나 시국에 동네 책방을 하며 이만큼 버틴 게 기특하다 싶어 잔치를 할까 생각했다가 이내 접었어요. 이런 시절에 잔치는 무슨, 대신 우리가 꾸준히 해온 방식으로 기념하기로 했습니다. 늘 깊은 통찰을 전해주는 분들을 모셔서 시리즈 강연과 북토크를 여는 걸로요.

세 번의 강연 가운데 두 번째의 강연자는 건축가 유현준 교수였습니다. 저희 책방은 이분과의 인연이 각별합니다. 책방 북클럽에서 유현준 교수의『어디서 살 것인가』와『공간이 만든 공간』을 연달아 선정한 적이 있었고, 유 교수는 그때마다 책방에 와 북토크를 해주었습니다. 본업 외에 방송 출연과 집필, 강연으로 굉장히 바쁜 분이라는 걸 알기 때문에 많이 고마웠죠. 5주년 기념 강연도 흔쾌히 수락해 주어서 뜨거운 북토크를 했습니다.

유현준 교수는 공간의 밀도를 강조합니다. 도시 밀도가 높아지면 상업행위가 늘고 경제활동이 활발해진다고 해요. 평범한 사람들이 돈을 벌 기회가 증가한다는 의미입니다. 유 교수가 새로운 유형의 고밀도 도시 개발모델을 역설하는 이유입니다.

도시의 밀도를 강조하는 건축가가 또 있습니다. 일명 '무지개떡 건축'을 주장하는 황두진 건축가입니다. 요즘은 많은 이들이 단독주택을 꿈꾸고 있는데, 이에 대해 황 건축가는 도심에 저층 건물이 늘어나면 근교로 밀려나 장거리 출퇴근을 하는 사람이 늘어난다며 부정적 견해를 보입니다.

게다가 서울에 있는 건물들의 평균 층수는 2.5층에 불과해 밀도가 낮다는군요. 이를 위한 해법으로 황두진 건축가는 5층 높이에 층층이 다른 기능의 공간이 한데 모여 있는 무지개떡 건축을 제안합니다. 1층엔 상가, 그 위에는 주거공간이나 사무실, 옥상에는 마당을 얹은 수직의 마을. 이렇게 밀도와 복합도를 높이는 건축을 하면 도심 거주자가 늘어 동네가 살아난다고 해요.

같은 키의 나무라도 단단함은 다르다

애기를 좀 바꿔볼까요? 저는 다시 태어난다면 나무로 나고 싶다고 생각할 만큼 나무가 좋습니다. 땅에 뿌리를 박고 있으면서도 하늘을 향해 가지를 뻗는, 마치 영혼을 고양하려는 듯한 수직의 정신성도 좋고 식물성이 주는 맑은 이미지도 좋습니다. 또 자신은 한자리에 붙박이로 있으면서 새와 사람, 바람을 부르는 그 힘도 좋고요.

그런 제 눈엔 침엽수든 활엽수든 다 아름답고 근사하지만 건축 자재나 가구를 만들 때는 나무를 골라 써야 합니다. 추운 지방에서 자라는 침엽수는 잎이 뾰족해 성장 속도가 빠른 대신 강도와 밀도가 낮다는군요. 그래서 저렴한 가구의 재료로 주로 쓰이죠. 반면 활엽수는 잎이 넓어 성장이 느린 대신 강도가 높고 밀도가 촘촘해 건축 자재 중에서도 외장재와 기둥, 고급 가구에 많이 쓰인다고 합니다.

나무 애기를 꺼낸 것은 '밀도' 이야기를 하기 위해서입니다. 저는 건축물이나 나무뿐 아니라 일하는 우리에게도, 또 퍼포먼스에도 밀도가 있고 중요하다고 생각합니다. 같은 키의 나무라도 단단함의 정도가 다른 것처럼, 그래서 쓰임새도 달라지는 것처럼 사람도 그렇습니다. 제 방식으로 밀도를 정의하자면 시간을 보낸 방식 혹은 시간의 흔적이라 하겠습니다.

시간의 밀도는 눈에 보이지 않지만 계산이 정확합니다. 그리고 청구서를 내밀죠.

제일기획에서 일할 때 이런 일이 있었습니다. 회사에서 『생각의 탄생』이란 책을 팀장들에게 나눠주었습니다. 과학자 부부인 로버트 루트번스타인Robert Root-Bernstein과 미셸 루트번스타인Michele Root-Bernstein이 레오나르도 다빈치와 리처드 파인먼Richard Feynman 등 창조성이 빛나는 열세 명을 분석해 그들이 어떻게 그렇게 뛰어난 창조성을 발휘할 수 있었는지 비밀을 파헤친 책이죠. 광고회사는 아이디어와 크리에이티브 등 생각의 힘이 중요한 만큼, 회사는 직원들에게 도움이 될 거라 생각해 책을 나눠주었습니다. 한데 500페이지가 넘는 소위 '벽돌책'이었어요. 평소 꾸준히 독서를 해온 사람이 아니라면 선뜻 손이 가기 어려웠습니다.

책을 받아 든 사람들의 반응이 재미있더군요. 제겐 책을 다 읽든지, 읽지 않든지, 읽다가 말든지, 세 가지 경우뿐이었습니다. 그런데 다른 선택지가 있었어요. "요약본 어딨어?"라고 묻는 사람들이 있었던 겁니다. 여러분은 어떤 쪽일까요?

이 에피소드는 제게 강렬한 인상을 남겼고 생각을 잇게 했습니다. '만약 두 부류의 사람이 있는데 한쪽은 자신이 해야 할 일을 하면서, 다른 한쪽은 요약본 같은 것들을 구해 마치 그 일을 한 것처럼 보이게 하면서 시간을 보낸다면 10년 후 이들은 각각 어떤 모습이 되어 있을까? 신입사원으로 한날한시에 출발했다 해도 퍼포먼스는 꽤 차이가 나지 않을까? 설사 한 것처럼 보이는 데 성공해 무난하게 회사생활을 한다 해도 어딘가엔 흔적이 남지 않을까? 더구나 이런 평가는 바로바로가 아니라 시간이 꽤나 흐른 후에 내려지기 마련인데, 성실하게 일하지 않은 사람은 연차가 제법 쌓인 때에 그 흔적과 아프게 맞닥뜨리는 게 아닐까? 만회하기도 어려울 만큼 시간이 흐른 뒤에 "그 사람? 우리 회사 10년 차인 건 맞는데 같이 일하기엔 그다지……" 같은 평가를 꼬리표처럼 붙이게 되는 건 아닐까?'

몇 번이고 비슷한 이야기를 하는 이유가 있습니다. 월급을 받으니 그만큼만 일해 주겠다는 마음으로 일하면 퍼포먼스가 좋을 리 없습니다. 무조건 많이, 길게, 야근이나 주말 근무도 무릅쓰라는 게 아니라 일하는 시간에 밀도 있게 최선을 다하자는 뜻입니다. 온 마음을 다해도 좋은 결과를 내기가 쉽지 않은데 데면데면하면서 그렇게 하기란 어려우니까요.

최선을 다하지 않으면 쉽게 부서진다

물론 의욕이 나지 않는 업무환경일 수도, 상사와 마음이 맞지 않을 수도, 동료들도 대충 일하는 분위기라 혼자 열심히 일하면 튀어 보일까 싶어 어려울 수도 있습니다. 그러나 그렇게 보내는 한 시간, 두 시간도 우리 인생입니다. 밀도를 높이는 것은 회사가 아닌 우리 자신의 인생을 위한 일인 거죠.

설렁설렁 성글게 한 달을 보내도 통장엔 한 달치의 월급이 꽂히겠지만 그걸로 만족한다면 손해 보는 장사를 하는 겁니다. 시간은 대단히 희소하고 귀중한 자원이라 손쉽게 돈과 교환할 수 있는 대상이 아니니까요. 게다가 밀도가 성근 시간을 보낸 뒤엔 반드시 청구서를 받게 됩니다.

저도 한때는 '철녀'라 불렸습니다. 체력 때문에 하고 싶은 일을 못 하지는 않고 살았어요. 그런데 운동을 전혀 하지 않고 마흔을 맞으니 몸이 예전 같지 않았습니다. 제 몸에 마치 'Fragile(파손 주의)' 딱지가 붙은 듯 조금만 잘못 다루면 깨질 것 같았습니다. 거기서 몇 년이 더 흐르니까 여기저기가 아프더군요.

그런데 하나같이 다 만성이었어요. 용하다는 의사 선생님을 찾아가도 잘 낫지 않았습니다. 그런 일을 반복하던 어느 날 알아차렸습니다. 만성병은 제가 그렇게 살았기 때문에 생겨났다는 것, 하루아침에 생긴 게 아니라 수십 년을 좋지 않은 습관으로 산 탓에 얻은 병이라는 것을요. 그러니 치료도 의사 선생님보단 저 자신에게 달려 있었습니다. 사는 방식을 바꿔야 조금이라도 나아지는 거였어요. 그렇게 산 데 대한 청구서를 나이가 꽤 들어서야 받아 들고 후회가 컸습니다.

앞에서 '시간의 밀도는 눈에 보이지 않지만 계산은 정확하다'고 한 것이 바로 이 뜻입니다. 돌보지 않은 몸만 청구서를 받는 게 아니라 일하는 사람으로서 최선을 다하지 않은, 일에 정성을 다하지 않은 그 시간에 대해서도 계산서는 날아옵니다. 연차는 쌓였으나 역량은 그에 미치지 못한다면, 혹은 다른 이들과 구별되는 역량을 갖지 못한 채 직위만 높아지다 보면 '코모디티'로 전락하는 거죠. 이런 선배나 상사를 후배들이 존경할 리 없죠. 후배에게 무시당하는 시니어가 되는 것은 매우 서러운 일입니다.

누누이 강조하지만 일은 자신을 위해 하는 겁니다. 창업가나 자영업자만 그런 게 아닙니다. 직장인도 스스로를 위해 일하는 거예요. 내가 일의 주인이라 여기는 태도와 노력으로 시간의 밀도를 높이세요. 그럼 그만큼이 자기의 역량, 자산으로 쌓일 겁니다.

생산성을 높이고
집중도를 올리고

우리가 사는 동안 가장 오랫동안, 많이 하는 게 일이라고들 합니다. 더욱이 대한민국 사람들의 노동 시간은 다른 나라에 비해 길기까지 합니다. 2020년 우리는 연간 평균 1,908시간을 일했습니다. 경제협력개발기구OECD 국가 중 멕시코(2,124시간)와 코스타리카(1,913시간)에 이어 세 번째로 길어요. 독일 사람들은 연간 1,332시간만 일합니다. 단순 계산으로 한국의 근로자는 OECD 평균보다 연간 221시간(9.2일), 독일보다는 576시간(24일)을 더 일한다고 하는데, 참고로 OECD 회원국의 평균은 1,687시간이었습니다.

그렇다고 해서 "우리는 일을 많이 하니 줄여야 해"라고 말할 것만은 아닙니다. 노동생산성이 OECD 하위권이거든요. 2020년 우리나라의 시간당 노동생산성은 41.7달러예요. 1위는 아일랜드(111.8달러)

로 우리나라의 약 세 배였고, 룩셈부르크(96.7달러), 노르웨이(85.5달러), 덴마크(75.4달러), 미국(74.3달러) 등이 그 뒤를 이었습니다. 동유럽 국가인 슬로바키아(45.8달러), 슬로베니아(45.7달러), 체코(42.1달러) 등도 한국을 앞서요. 즉, 똑같은 시간을 일한다고 할 때 우리가 생산하는 부가가치는 높지 않아요. 우리는 그저 긴 시간 일한 겁니다.

'어차피 밤늦게 갈 텐데, 뭐……'

　예전에 회사에서 일하던 때를 생각해 봅니다. 야근을 하게 되겠구나 싶은 날엔 행동이 느려집니다. 일에 집중하지 않고 잡다한 것에 신경을 써요. 이것도 들여다보고 저것도 합니다. 어차피 집엔 늦게 갈 거니까요.

　저의 경우 상사 눈치를 볼 일은 별로 없었지만 회사 밖 여러 프로덕션들과 함께 일해야 하는 일의 성격상 퇴근이 늦을 수밖에 없는 날이 있었습니다. 여러 사람들의 작업 스케줄을 맞춰야 했고, 또 제 일은 이전 과정이 끝나서 제게 넘어와야만 할 수 있는 것이다 보니 기다려야 하는 일이 허다했어요. 함께 일하는 팀원, 후배들의 사정도 매한가지라 느슨해지곤 했습니다.

　문제는 이런 습관이 몸에 밴다는 겁니다. 회사에 늦게까지 남아 있긴 하지만 일의 진척은 느리고 생산성은 떨어지죠. 물론 이는 개인의 잘못 때문만은 아닙니다. 진즉에 일을 마치고도 상사 눈치를 보느라 하지 못하는 퇴근, 잘못된 지시로 인한 재작업, 면피용 보고……. 항상 느끼는 거지만, 좋지 않은 결과의 연원을 따져 올라가면 결국은 좋지 않은 조직문화와 엉성한 리더십이 문제일 때가 많은데 근무 시간도 그런 것 같습니다.

하지만 일에 집중하지 않는다고 해도 회사에 있는 시간엔 몸과 마음 모두가 긴장한 채이기 쉽습니다. 항시 '켜짐(ON)' 상태인 거죠. 그때 생각했습니다. '시간을 이렇게 보내면 항상 피로한 상태가 되는구나. 이 습관을 바꿔야겠다.' 이걸 깨닫고는 야행성인 저도 '바짝 집중해서 일하고 일찍 퇴근하자'라고 마음먹었지만, 그렇지 않은 방식이 이미 몸에 붙어선지 썩 잘되진 않았습니다.

회사에서 보내는 시간도 내 인생

우리가 일하는 방식이 생산적이지 않은 데는 조직 자체의 문제뿐 아니라 조직에서 일하는 것에 대한 개인들의 태도도 영향을 미치는 것 같습니다. 법인카드를 쓸 때는 개인카드보다 덜 아끼게 되는 것과 같다고나 할까요?

하지만 법인카드와 시간 사이에는 큰 차이가 있어요. 법인카드로 쓴 돈은 회사 비용으로 처리되지만 회사에서 보내는 시간은 회사의 시간이 아닌 나의 시간, 나의 인생을 사용하게 됩니다. 회사에서 보내는 한 시간 한 시간을 허투루 쓸 수 없는 이유입니다.

업무 집중력을 높여야 할 현실적인 이유는 최근에 또하나 생겼습니다. 코로나 이후 확 늘어난 재택근무입니다. 재택근무엔 출퇴근하느라 시간과 에너지를 쏟지 않아도 된다는 장점이 있지만 일과 삶의 경계가 사라져버린다는 단점도 있습니다. 그 과정에서 업무 집중도를 높여야 한다는 것을 뼈저리게 느끼셨을 겁니다. 자칫 잘못해서 하루 종일 업무를 붙들고 있지 않기 위해, 얼른 일을 마치고 개인 시간을 누리기 위해서 등의 이유로 말입니다.

재택근무 대신 다시 회사 사무실에서 일하게 되더라도 업무 생산성을 높여야 할 이유는 명확합니다. 회사에서 일한다는 것이 곧 자신의 인생을 그곳에서 일하며 보내는 거라면 결론은 명확합니다. 재택근무할 때 업무 강도를 높여 할 일을 얼른 마친 후 자신의 시간을 가져야겠다고 생각하는 것처럼 회사에서도 같은 마음으로 일하는 겁니다. '어차피 야근할 텐데 뭐. 나 혼자 빨리 끝난다고 되는 게 아니잖아?' 이런 생각은 결국 자신에게 손해니까요.

생산성이란 단어는 제조업 냄새도 풍기고 다분히 회사 입장을 대변합니다. 그래서 생산성을 올리자고 하면 마치 회사에 좋은 일을 하자는 것으로 들리기 쉽습니다. 하지만 개인들이 회사에서 일한다는 것의 본질을 알고 나면 생산성을 높이고 집중도를 끌어올리는 것, 그래서 성취를 늘리는 것이 자신에게도 이롭다는 것에 동의하시리라 생각해요.

회사와 개인은 마치 이인삼각 경기를 하는 파트너 관계와 같은 게 아닐까 생각합니다. '하나 둘, 하나 둘' 호흡을 맞춰 한 방향으로 움직여야 승자가 되는! 그러니까 워라밸이 제대로 되려면 생산성을 높이려는 개인의 노력, 혁신도 함께 가야 하는 거죠.

제 얘기에 동의하면서도 회사의 풍경을 떠올리고선 '글쎄……' 하는 분도 계실 줄 압니다. '나만 열심히 하면 뭐 해? 다른 사람들은 느릿느릿 하는데……. 주어진 업무를 마치면 다른 일을 또 맡게 되는 거 아닌가? 그럼 나만 손해 아닌가?' 이런 생각을 할 수도 있습니다.

여러분은 어떻게 생각하세요? 또 이런 상황이라면 어떤 결정을 내리실까요? 나를 위한 보다 좋은 방법이 분명히 있는데 다른 사람들 혹은 조직의 분위기 때문에 좋지 않은 선택을 해야 할까요?

저는 예전에 제가 싫어하는 사람이 잘되는 일이라면 설사 그것이 제게 유익한 거라 해도 하지 않았어요. 지금은 후회합니다. 바보 같은 짓이었던 거죠. 여러분을 위해 나은 길을 선택하세요. 나의 시간을 잘 보내는 것을 기준으로 삼아 선택을 내리시면 좋겠습니다.

혼자 있는 시간을 확보하기

콘텐츠의 시대, 퇴근 후 글을 쓰거나 유튜브에 영상을 만들어 올리는 등 자신만의 콘텐츠를 만들고 싶어 하는 분이 점점 늘고 있습니다. 하지만 시간 내기가 쉽지 않다고, 뚜렷하게 한 것도 없이 하루하루와 일주일이 뭉텅뭉텅 지나간다고 아쉬워하는 분들이 많죠.

컴퓨터가 없고 스마트폰을 쓰지 않을 때보다 생산성은 올라갔지만 그럼에도 우리는 여전히 바쁘고 시간에 쫓기듯 삽니다.

그래서인지 문득, 우리에게 없는 건 돈보다도 시간이 아닐까 생각합니다. 여러분도 그러신가요?

심플 라이프, 시간을 벌기 위한 해법

돈이 없으면 돈을 벌어야 합니다. 그러니 시간이 없으면 시간도 벌어보는 게 어떨까요? 물론 시간은 누구에게나 하루 24시간으로 정해져 있으므로 마구 벌 수 있는 건 아니지만 그렇다고 방법이 없는 건 아닙니다.

『영어책 한 권 외워봤니?』 등 여러 권의 책을 쓴 김민식 PD를 만난 적이 있습니다. 역시 저희 책방의 북토크에 오셨을 때였는데, 질의응답 시간에 한 분이 이런 질문을 했습니다.

"PD님은 바쁘디 바쁜 직장인으로, 또 자녀를 둔 아빠로 살고 계신데 어떻게 여러 책을 집필하는 시간을 낼 수 있으셨나요?"

김민식 PD는 저녁 약속을 거의 하지 않는다고 답했습니다. 꼭 참석해야 하는 회식 자리 정도에만 몇 번 갈 뿐, 퇴근하면 곧장 집으로 가 아이들과 시간을 보냈대요. 다시 오지 않을 귀중한 시간이라 그렇게 한답니다. 그러곤 새벽에 일어나 글을 쓰는데, 그건 아이들이 잠에서 깨기 전까지가 유일하게 자유로운 시간이어서 그랬답니다. 식구들이 자고 있는 새벽 시간을 자신의 시간으로 확보한 것이죠. 저의 표현으로 바꾸자면 그렇게 해서 새벽 시간을 번 것입니다.

우리나라의 대표적인 산업 디자이너이자 2018 평창 동계올림픽의 메달을 디자인한 이석우 디자이너는 자신의 루틴을 소개하면서 "일찍 자고 일찍 일어나는 심플한 생활"이라 하더군요. 디자이너라 하면 보통 사람들과는 다른 라이프스타일로부터 남다른 영감을 얻어 새로운 걸 만들어낼 것 같은데 짐작과는 영 달랐습니다. 그는 디자인이라는 본질에 집중하기 위해 나머지 생활은 극도로 단순하게 꾸린다고 했습니다.

그런 사람이 또 한 명 있습니다. '갓건영'이라 불리며 거시경제 상황을 알기 쉽게 설명해 주고 팬덤까지 구축한 오건영 신한은행 팀장입니다. 한데 이분은 처음엔 금융전문가가 아니었습니다. 대학에서 신문방송학을 전공한 뒤 신한은행에 입사해 일반 행원 업무를 하다 2004년부터 독학으로 금융 공부를 시작했답니다. 이후 십수 년의 시간이 쌓여 금융전문가가 된 거죠.

오건영 팀장은 본업인 은행 업무를 하는 것 외에 책도 여러 권 썼고 페이스북과 네이버 카페에 올릴 에세이도 일주일에 몇 차례나 씁니다. 도대체 시간 관리를 어떻게 하는 걸까요? 그와 관련하여 《폴인fol:in》에 실린 기사를 인용합니다.

제가 만든 루틴을 유지하려 해요. 새벽 5시 40분쯤 눈을 뜹니다. 스마트폰으로 간단히 뉴스 타이틀을 체크하고요. 출근길에 나섭니다. 반드시 대중교통을 이용하는데요. 이동하면서 기사를 읽고 내용을 정리할 수 있어서 버스, 지하철을 타요. 회사 근처에 도착하면 카페에 자리를 잡고 페이스북·네이버 카페에 올릴 에세이를 씁니다. 처음에는 글 한 편 쓰는 데 1~2시간씩 걸렸는데요. 요즘은 20분이면 완성해요. 버스에서 그날의 에세이 주제를 정하고, 문단 구조를 짜놓은 덕분이죠. 매일 쓰다 보니 글 쓰는 데 걸리는 시간이 줄기도 했고요. 오전 8시 10분쯤 회사 일을 시작합니다. 은행에서 경제 관련 자료를 보고 콘텐츠 만드는 일을 하고 있어요. 저녁 6시쯤 퇴근해 저녁을 먹고요. 8시부터 회사에서 챙겨온 자료를 읽고 스터디를 해요. 그러다 12시쯤 잠자리에 듭니다.

이 패턴을 10년째 계속 유지하고 있어요. 되도록 약속도 안 잡습니다. 부서 회식이나 중요한 사람 만나는 일이 아니면 술자리도 안 만들어요. 루틴이 깨지니까요.

— 《폴인》, 〈'거시경제 1타 강사' 오건영이 말하는 루틴의 힘〉 중에서

공통점이 있지요? 하루는 누구에게나 24시간이므로 업무 외에 자기만의 뭔가를 꾸준히 하고 성취하려면 그것을 제외한 나머지엔 눈길을 주면 안 되는 거였어요. 뭔가 하고 싶은 게 있다면 거기에 시간과 노력을 쏟아야 하니, 바쁜 하루하루 가운데 그 시간을 벌기 위해 자기만의 루틴을 만들고 '심플 라이프'를 살아야 하는 겁니다.

그런데 간혹 일도 잘하고 취미생활도 빵빵하며, 약속도 맨날 있고 사람들과의 관계도 좋은 '인싸'가 있지요? 드라마 〈슬기로운 의사생활〉의 익준처럼 말예요. 현실에도 전혀 없지는 않겠지만 있더라도 극소수의 천재나 가능할 겁니다. 하지만 우리는 지금 범인凡人의 시간을 보내는 방식에 대해 이야기하고 있어요.

중요한 건 시간의 질

다행히 요즘은 워라밸의 기조가 자리잡으면서 퇴근 시간이 꽤 지켜지고 주말 근무도 많이 줄어든 것 같습니다. 직장인이 많은 테헤란로에서 저녁 6시쯤 전철을 타면 똑바로 서 있기 힘들 만큼 만원이에요. 이전보다 퇴근 시간이 빨라졌다고 느낍니다.

일터에서 보내는 시간이 줄어든 만큼 자신을 위해 쓸 수 있는 시간은 늘었습니다. 문제는 그 시간을 어떻게 보내느냐죠. 물론 많은 분들이 운동을 하거나 인강을 듣고, 또 명상을 하고 책을 읽는 등 자신의 성장을 위한 시간으로 씁니다. 하지만 찬찬히 살펴보면 그냥 흘려보내는 시간도 적지 않은 것 같습니다. 대표적인 게 스마트폰을 보는 시간이죠.

여러분은 하루에 스마트폰을 얼마나 쓰시나요? 2021년도 와이즈앱의 조사에 따르면 우리나라 사람들은 하루 평균 세 시간을 사용한다고 합니다. 성인남녀 5,267명을 대상으로 한 이 조사에선 열 명 중 네 명이 자신이 스마트폰 중독이라 생각한다고 답했습니다. 이제 스마트폰 없는 삶은 상상하기 힘들지만 스마트폰 사용을 통제하기란 점점 더 어려워지고 있다는 생각이 듭니다.

마이크로소프트의 창업자인 빌 게이츠는 세 자녀가 열네 살이 되기 전까진 스마트폰을 사주지 않았답니다. 컴퓨터 사용 시간도 하루 45분 이내로 엄격하게 제한했고요. 또 워런 버핏도 폴더폰을 쓰다 2020년이 되어서야 스마트폰을 장만했다고 해요. 그들은 스마트폰이 우리의 시간을 뺏는다는 것, 정확히 말하면 우리가 자신의 의지와 무관하게 알고리즘에 따라 이리저리 흘러 다니게 된다는 것을 간파했던 걸까요?

저는 오래전부터 한국의 어른들에겐 혼자 있는 시간이 꼭 필요하다고 주장해 왔습니다. 그런데 혼자의 시간을 갖는 것 못지않게 중요한 것이 혼자 있는 시간의 질입니다. 아무리 오랫동안 혼자 있더라도 그 시간에 계속 카톡이나 SNS를 한다면 과연 혼자 있는 걸까요? 오프라인이든 온라인이든 타인과의 연결을 끊고 온전히 자기 자신과 있는 시간이야말로 혼자 있는 시간인데, 끊임없이 온라인으로 연결을 꾀한다면 온전히 혼자 있다고 하기 어렵습니다.

남다른 성취를 하거나 자신의 뜻에 따라 사는 분들은 어떻게 해서든 자신만의 시간을 확보합니다. 똑같이 주어지는 하루 24시간 중 그런 시간을 가지려면 덜 중요한 나머지는 줄이거나 잘라내야 합니다. 그래야 중요한 것을 삶의 중심에 둘 수 있고 집중할 수 있습니다. 그런 시간들이 축적되어 의미 있는 뭔가를 만들어내는 거죠.

워라밸을 대하는 자세

일상을 다시 보게 되는 계기는 부재나 결핍에서 옵니다. 옆에 있던 사람이 없을 때 그 사람의 존재가 다시 드러나고, 이곳을 떠나 저곳을 가보면 비로소 이곳의 의미가 살아납니다.

시간도 대표적인 예입니다. 젊을 땐 넘치도록 많은 게 시간이라 그 결핍을 느끼기 어렵습니다. 하지만 마흔이 넘으면 달라지죠. 나이가 든다는 것은 시간이 줄어드는 것이라는 말의 의미가 명확하게 다가옵니다. 그 확실한 체험이 죽음인데, 자신의 죽음을 체험할 도리는 없으니 가까운 사람의 죽음을 겪을 때 시간이 무겁게 느껴집니다.

함께할 시간은 많지 않다

몇 해 전 저는 부친상을 당했습니다. 아흔을 넘기셨으니 남들은 호상이다, 수壽를 다하셨다 하지만 늙은 자식에게도 부모를 여의는 것은 힘든 일입니다.

아버지는 여름의 끝자락 어느 날 응급실에 실려 가셨습니다. 배가 많이 아파서였는데 CT를 찍으니 담석이었어요. 구십을 넘긴 고령이라 전신마취 수술 대신 관을 집어넣는 시술을 했습니다. 결과는 성공적이어서 두 주일쯤 지나자 담석으로 인한 담낭염은 깨끗이 나았어요.

그런데 다른 중대한 문제가 생겼습니다. 음식을 삼키지 못하셨어요. 음식은커녕 물도 넘기질 못해 물 한 모금을 드시고도 연신 기침을 하셨습니다. 음식물이 기도로 들어가면 폐렴이 발생하기 쉬운데, 노인의 직접적 사인死因이 되는 경우도 많다고 하더군요. 병원에선 관 급식을 하려 했지만 마지막 순간까지 의식이 또렷한 데다 평생 호랑이 같았던 아버지는 치욕스럽다며 거부해 45일간 링거만 맞으셨습니다.

그러던 중에 피하고 싶은 순간이 왔어요. 고령에다 기력이 많이 약해진 상태라 겨울을 넘기실까 걱정했지만 그렇게 빨리는 아니었어요. 그때는 겨우 가을 초입이었거든요. 하지만 마지막 순간은 기어이 왔고 병원에선 급히 가족들을 호출했습니다.

병실에 도착했을 때 아버지는 눈을 감고 계셨습니다. 정확히 말하면 감고 있는 게 아니라 눈 뜰 기력이 없으신 듯했어요. 손을 잡아 보니 이미 싸늘했고 발도, 정강이도 차가웠습니다. 그래도 가슴과 목 뒤는 따뜻했어요. 실낱같은 희망으로 마지막까지 살아 있는 기능이 청력이라는 걸 생각해 내곤 귀에 대고 소리쳤습니다. "아버지, 저희 왔어요. 눈 좀 떠보세요."

우리의 안타까운 소리를 들으신 건지 당신도 눈을 떠보려 안간힘을 쓰시는데 눈꺼풀은 움찔 떨릴 뿐 쉬이 떠지지 않았습니다. 그러다 마침내 눈꺼풀이 3분의 1쯤 올라가고 동공이 조금 보였으나 그뿐, 아버지는 나머지 3분의 2를 끝내 밀어 올리지 못했고 그 후 몇 시간이 안 돼 돌아가셨습니다.

아버지는 특별한 지병이 있어서 어느 날 툭 생명이 끊어진 게 아니었어요. 서서히 가늘어지던 생명이 어느 순간에 이르러 스러진 거였습니다. 그러니까 '숨을 거두다' '숨지다' '숨이 멎다' 같은 말들은 비유가 아니라 실제더군요. 예전에 필라테스 선생님이 호흡을 강조하면서 "죽는 게 별다른 게 아녜요. 들이쉰 숨을 내쉬지 못하면 그게 죽는 거예요"라고 했는데, 아버지도 그러셨어요. 서서히 숨을 거두셨습니다.

삼일장을 치르는 동안 장례식장은 그다지 붐비지 않았습니다. 코로나 시국인 데다 가족장으로 조용히 치렀으므로 유족들도 별로 정신이 없진 않았어요. 뜻밖에 생각할 시간이 많아진 저는 북적이지 않는 장례식장에서, 화장터에서, 유골함을 묻고 돌아오면서, 그리고 아버지가 가시고 난 후 몇 날 며칠 이 생각에 파묻혔습니다. 아버지는 어떤 사람이었나, 우리 아버지는 나를 어떤 사람으로 알고 계셨을까, 우리는 서로를 얼마나 알았던 걸까.

돌아보니 철이 든 뒤론 아버지와 보낸 시간이 별로 없더군요. 사회생활을 시작한 후론 한층 더했습니다. 그때는 워라밸이라는 개념조차 없을 때라 야근이 일상이었고 주말 근무도 다반사였어요. 집에서 저는 거의 하숙생이었습니다. 한 프로젝트가 끝나고 새 프로젝트가 시작되기 전에 어쩌다 시간이 생기면 부족한 잠을 자거나 친구를 만나러, 혹은 여행을 가느라 밖으로 돌았죠. 빽빽하게 바삐 돌아가는 시간표에 부모와 함께 보내는 시간은 거의 들어 있지 않았습니다.

게다가 우리는 다정한 부녀가 아니었기에 꼭 필요한 얘기 말고는 대화도 많지 않았어요. 엄마의 표현에 의하면 아버지는 다감한 데라고는 없는 '뚝보'였으므로 저는 제 인생의 중요한 고민들을 아버지와 나누지 않았고, 좋아하는 것들을 아버지와 같이 해보지 못했습니다. '최○○'라는 사람이 나의 아버지라는 것, 내가 우리 아버지의 딸이라는 것 외에 우리는 서로에 대해 얼마나 안 걸까, 나는 도대체 그 많은 시간을 누구와 뭘 하며 보낸 걸까, 이런 생각을 지금도 이어서 하고 있습니다.

막상 돌아가셨을 때는 슬픔을 체감하지 못했습니다. 돌아가셨을 때, 입관할 때, 화장할 때, 장례 절차가 진행될 때마다 눈물이 나오기도 했지만 아주 절절하지는 않았어요. 그런데 시간이 갈수록 슬픔이 스민다고 해야 할까요?

문득문득 순간순간 아버지가 생각나고 죽음이, 부재가 몸으로 느껴졌습니다. 거리를 걷다가 중절모를 쓴 노인의 뒷모습을 볼 때, 아버지가 좋아하시던 얼큰한 찌개를 먹을 때, 아버지와 목소리도 억양도 많이 닮은 동생의 목소리를 듣고 있자면 아버지가 여기 없다는 게 실감납니다.

그중에서도 함께 보낸 시간이 많지 않으니 추억도 많지 않다는 것이 참 슬픕니다. 이제 와 후회해 봐야 소용없는 저는 위로를 건네는 지인들에게 이런 말을 해주었습니다.

"부모님과 되도록 많은 시간을 함께 보내세요. 추억을 많이 만드세요. 시간이 많지 않아요."

소중한 시간을 소중한 사람들과

우리 사회는 여전히 '다이내믹 코리아'라 사람들이 자주 쓰는 말, 잘 쓰지 않는 말도 빠르게 바뀝니다.

몇 년 사이 '워라밸'이라는 개념이 우리 사회에 급대두했고 특히 젊은 사람들 사이에서 큰 호응을 얻고 있습니다. 이제는 일하는 방식을 바꾸자는 생각인 겁니다. '저녁이 있는 삶'이란 말이 대표하듯이, 인생에 일만 있는 건 아니니 다른 인생도 찾자는 거죠. 주중엔 일과를 마치면 개인생활을 하기가 어려울 만큼 일에 압도된 삶이었으니 이것을 바꾸자는 건데, 이를 위해 처음으로 할 일은 일과 삶을 분리해 일에서 빠져나오는 거라고 생각했을 겁니다. 그 전엔 일과 삶이 한데 얽혀 일이 곧 삶인 경우가 많았으니까요.

워라밸이라고 하면 어떤 이들은 일과 삶의 분리를 넘어 마치 일은 삶이 아니라고 생각하는 경향을 보이기도 합니다. 다소 극단적인 입장이죠. 하지만 일은 여러 의미를 품고 있는, 우리 인생의 중요한 한 축입니다. 그러므로 워라밸이란 인생이 일에만 매몰되지 않도록 밸런스를 찾자는 뜻일 테고 그 밸런스의 한쪽 끝엔 관계, 특히 소중한 사람들과의 관계가 놓여야 할 겁니다. 가족, 친구, 자기 자신 등 함께 충분한 시간을 보내야 하는 이들과의.

아버지가 돌아가신 이후로 저는 틈만 나면 부모님과 시간을 많이 보내라는 이야기를 후배들에게 하곤 합니다. 엊그제도 저희 책방 매니저에게 그랬습니다. 친구들과 세 번 여행을 가면 그중 한 번은 엄마와 가라고.

제 어머니도 연세 들어 침상에 누워 계시는 시간이 늘었는데 그때 많이 얘기하셨습니다. 예전에 함께 하와이에 갔던 얘기, 홋카이도에 가서 눈보라 맞은 얘기, 제주도에서 맛있는 해산물을 먹었던 얘기, 한강 공원을 걷던 얘기. 네, 추억으로 사시는 듯했어요.

바쁘게 지낼 땐 잊고 살지만 슬럼프가 오거나 인생이 변곡점을 맞으면 우리는 이 질문을 피할 도리가 없습니다. 어떻게 살아야 하지? 특히 마흔 넘어 반생을 더 살고 나면 '앞으로의 인생도 이렇게 계속 살면 되는 걸까, 아님 바꿔야 할까? 바꾼다면 무엇을 바꿔야 할까?' 이런 질문들이 앞을 막고 섭니다. 이 질문들은 일회성으로 끝나는 법이 없고 언제든 반복해서 등장합니다.

앞으로 이 질문이 다시 제게 찾아온다면 저는 워라밸을 생각하겠습니다. 일이 좋아 일을 우선시하며 살았지만 나의 한쪽 끝도 잘 돌보겠다고. 워라밸의 참뜻은 일과 인생을 분리해야 한다는 게 아니라, 소중한 사람들과 함께 인생을 살아가라는 게 아닐까 생각합니다. 훗날 후회하지 않으려면 여러분도 소중한 사람들과 더 많은 시간을 함께하시기를요.

감수성,
함께 일하기 위한 필수 능력

책방을 해보니 비슷한 주제의 책들이 시기별로 집중적으로 나온다는 걸 알겠습니다. 몇 해 전부터는 말과 소통에 관한 책이 많이 나오고 있어요. 언어 감수성을 포함해 커뮤니케이션을 원활하게 하는 데 도움이 되는 책들입니다. 또 언어 감수성뿐 아니라 성인지 감수성도 강조되는 걸 보면서 우리 사회 전반에서 '감수성'이 높아지고 있는 것 같습니다.

감수성이란 외부 세계의 자극을 받아들이고 느끼는 성질, 타인에 대한 반응과 관련된 능력을 통칭합니다. 예전에 어른들은 감수성이 풍부한 10대 때 책도 많이 읽고 영화도 많이 보라는 말씀을 하셨습니다. 어른이 되면 감수성이 무뎌져서 같은 걸 봐도 별로 느껴지는 바가 없다고요.

그런데 감수성이 나이가 들면 떨어져도 되는 걸까요? 저는 우리가 혼자 살지 않는 한, 누군가와 함께 살고 함께 일하고 함께 어울리는 데 꼭 필요한 것이 감수성이라고 생각합니다. 오히려 나이가 들수록 예민한 감수성을 가져야 해요.

보이지 않지만 온몸의 감각을 열고

배우이자 공연기획자이고 연출가인 송승환 님과 만난 적이 있습니다. 모 대학의 혁신위원으로 초대되어 간 자리였는데 식사 시간에 그의 옆자리에 앉게 됐습니다. 침묵이 어색해 몇 마디를 하니 그가 뜻밖의 말을 했어요. 시력을 거의 잃어서 제 얼굴이 보이지 않는다고요. 그는 담담했는데 제가 당황했죠. 집에 와 찾아보니 황반변성과 변형된 망막색소변성증을 앓고 있다는 기사가 몇 군데 실려 있었습니다.

그런 와중에도 그는 드라마 〈봄밤〉에 출연하고 있었습니다. 본방 사수한 드라마였는데 드라마를 보면서 조금도 이상한 느낌을 받지 못했어요. 주인공의 아버지 역이라 출연 분량도 적지 않았는데 문서를 음성으로 변환해 주는 프로그램으로 대사를 외웠답니다.

하지만 연기는 혼자 하는 게 아니라 상대역을 맡은 배우와 서로 교감하며 해야 하잖아요? 눈빛과 표정을 보면서 말이죠. 송승환 배우는 앞을 볼 수 없게 된 후론 상대의 목소리를 더 귀담아듣게 되었답니다. 상대의 눈빛을 보지 못하니 더 예민하게 듣게 되었고 그러자 다른 느낌을 알게 됐다고요. 상대의 반응을 더 민감하게 감지하고 반영하게 된 거죠.

그뿐이 아니었어요. 그는 연극무대에도 도전했습니다. 리즈 시절 그가 당대 최고의 연극배우로 〈에쿠우스〉 같은 작품으로 무대를 주름잡았던 걸 상기하면 이상한 일도 아닙니다. 하지만 연극의 제작 과정은 드라마와 완전히 다르죠. 드라마 촬영은 NG가 나도 몇 번이고 다시 촬영하거나 편집으로 보완할 수 있지만 연극은 어디 그런가요? 날마다 생방송을 하는 거나 마찬가지죠.

그런데 송승환 배우는 2020년 가을 〈더 드레서〉라는 작품의 주인공 역할을 맡아 무대에 섰습니다. 저는 정동극장으로 그 연극을 보러 갔어요. 꼭 시력을 잃은 배우가 출연해서는 아니었어요. 나이가 들면서 저는 나이 든 배우와 가수, 아티스트를 응원하는 마음이 커졌습니다. 그들이 오래도록 무대에 서고 노래해 주기를 바라는 마음이죠.

제 자리는 앞에서 세 번째 줄이었으므로 배우들의 표정과 얼굴에 흐르는 땀방울까지 선명하게 보였습니다. 그가 혹시라도 실수를 할까 괜히 제 마음이 조마조마했지만 배우 송승환은 한 치도 어긋남 없이 무대를 가로지르며 뛰어나게 연기했고 무대를 지배했습니다. 사연을 알지 못한다면 누구도 그가 시력을 잃었다는 걸 알지 못할 정도로요.

그렇게 되기까지 그는 도대체 얼마나 연습했을까요? 상대 배우들과 호흡을 맞추기 위해 온몸의 감각을 다 열어젖히고 작은 몸짓이나 기척 하나까지 놓치지 않고 포착했겠죠? 시력을 잃자 상대 배우를 포함해 주변을 읽고 느끼는 감수성을 최대한 끌어올려 연기했던 겁니다. 연극이 끝나고 어두워진 덕수궁 돌담길을 걸어 내려오는데 뭉클함이 가득 차오르던 기억이 지금도 생생합니다.

언어에 대한 민감성

감수성 중에서 중요하게 여겨야 할 또하나가 언어 감수성입니다. 우리는 언어로 소통하며 사회생활을 하고 있으니까요. 이 주제로 쓴 책 중 고려대학교 신지영 교수의 『언어의 높이뛰기』가 있습니다.

이 책에 따르면 언어 감수성이란 언어에 대한 민감성을 의미합니다. 예를 들어 '미망인未亡人'이라는 말을 볼까요? 미망인이란 '아직 죽지 않은 사람'이란 뜻으로, 남편을 따라 죽지 않은 과부를 가리키는 말이랍니다. 우리는 이미 순장殉葬을 하지 않음에도 아무 생각 없이 '미망인'이라는 말을 사용하고 있습니다. 남편이 죽으면 부인도 따라 죽었어야 한다는 생각이 담긴 말을 말입니다.

또한 우리는 집안일이 더는 전적으로 여성의 몫이라 생각하지 않음에도 '지어미 부婦'자가 들어간 '주부主婦'라는 단어를 여전히 쓰고, 결혼한 여성은 출가외인이 되어야 한다는 생각에 더 이상 동의

하지 않으면서도 여전히 엄마의 본가를 '외가^{外家}'라고 부릅니다. 또 성범죄의 경우, 수치심은 피해자가 아니라 가해자가 느껴야 하는 감정임에도 성범죄의 피해자가 느끼는 감정을 '성적 수치심'이라고 부르고 있는 점도 다시 생각해 봐야 한다고 신 교수는 이 책에 썼습니다. 우리의 언어 감수성은 그만큼 여전히 무딘 겁니다.

언어 감수성이 떨어지면 어떤 일이 벌어질까요? 매끄러운 관계를 형성하거나 유지하기가 어렵습니다. 특히 외모에 대한 언급은 좋은 반응을 얻기 힘들죠. 아무리 미모를 칭찬하는 말이라 해도 하지 않는 게 맞습니다. 남자 대학생이 여자 동기생에게 "예쁘다"고 말했다가 외모를 평가했다는 이유로 징계를 받은 일도 있어요. 특정 성^性을 대상화하거나 비하하거나 차별하는 발언으로 여겨진 거죠. 10년 전만 해도 일어나지 않았을 일이지만 사람들의 생각이 바뀌고 사회가 바뀌면서 불편한 언어가 된 겁니다.

하지만 나이 든 세대들은 이런 변화를 그때그때 알아차리기 쉽지 않고, 그러다 보면 꼰대 소리를 듣기 십상입니다. 감수성을 예민하게 벼려야 할 이유가 또하나 있는 셈입니다.

꼭 자신의 업무가 아니라도

감수성은 문학이나 영화, 예술 작품을 풍부하게 감상하는 데만 필요한 게 아닙니다. 오히려 제가 주목하는 것은 타자에 대한 감수성이에요. 일이나 이런저런 활동을 같이 할 때 함께하는 사람들이 어떻게 생각하고 느낄지 예측하고 판단해 수용하거나 적절히 대응하는 능력이죠. 이것이야말로 어른에게 필요한 감수성이라는 생각입니다. 누군가와 함께 부대끼고 살아가는 데 꼭 필요한 능력이라고요.

재일한국인 2세인 강상중 교수는 한국인 최초로 도쿄대학교 교수를 지냈고, 일본에서도 대표적인 비판적 지식인으로 통합니다. 저는 강 교수의 글을 좋아해 일찍부터 그의 책을 여러 권 읽었어요. 그중 『고민하는 힘』은 일본에서 100만 부 이상이 팔린 베스트셀러입니다.

이 책에서 그는 "사람을 상대로 하는 서비스업은 전인적이어야 한다"라고 말합니다. 예를 들어 우리가 특정 미용실을 찾는 것은 물론 그 헤어 디자이너가 머리를 잘 자르거나 잘 만져서이지만 그 이유 때문만은 아니라는 거죠. 고객의 얘기를 잘 들어준다거나, 원하는 헤어스타일을 구구절절 설명하지 않아도 센스 있게 알아서 잘 해준다거나, 두피 마사지를 해준다거나……. 사람을 상대하는 일엔 딱 정해놓은 한계가 없다는 거예요. 10년 전쯤 이 글을 인상적으로 읽었는데, 이분이 말하는 전인적 서비스라는 게 바로 제가 말하는 감수성과도 통하는 이야기가 아닐까 합니다.

회사 일을 예로 들어볼까요? 좋은 퍼포먼스를 내고 좋은 평가를 받는 건 업무를 잘 해내는 걸로 충분치 않습니다. 상사의 지시가 따로 없어도 필요한 일을 알아서 하거나, 자신의 업무가 아니라 해도 팀의 형편을 고려하여 동료의 일을 거든다거나, 지금 당장은 아니지만 곧 필요할 것 같은 일을 미리 준비한다거나, 클라이언트가 요청한 데서 그치지 않고 한 발 더 나아간 제안을 한다거나. 팀에 만약 이런 사람이 있다면 어떤 동료든 그에 대한 호감을 갖게 되고 앞으로도 함께 일하고 싶어 할 거예요.

무조건 주위 사람들에게 맞추라는 게 아니라, 일이 되게끔 하기 위해 염두에 둬야 할 것들은 그저 내가 맡은 일을 끝내는 것 외에도 많다는 사실, 그런 변수를 섬세하게 헤아리고 반영할 수 있어야 한다는 것입니다. 저는 이런 자세와 역량이 '타인에 대한 감수성'이라 생각합니다. 우리는 혼자 일하지 않으니까요.

오래도록 일을 해오면서 저는 일을 잘한다는 게 도대체 뭘까, 일 잘하는 사람들에겐 어떤 능력이 있는 걸까, 깊이 생각해 보았습니다. 그 결과 도달한 결론이 바로 '감수성'이에요. 야마구치 슈山口周와 구스노키 겐楠木建이 함께 쓴 책 『일을 잘한다는 것』에서 두 분은 '센스'를 말했는데 그것과 거의 같은 생각입니다.

다만 저는 일에 영향을 줄 변수들을 미리 폭넓게 헤아리고 느끼며 받아들일 수 있어야 한다는 의미에서 '감수성'이라 표현하는 거죠. 빠르게 변하는 상황, 그리고 사람마다 다른 수십 가지 욕망과 미묘한 입장을 파악해 자신이 서 있는 자리에서 무엇을 어디까지 받아들일지, 그 후엔 무엇을 어떻게 할지를 파악하는 능력이랄까요?

일의 이유와 대상을 명확하게 인식하기

여기까지 동의하신다고 할 때, 문제는 '그럼 그 감수성을 어떻게 키워야 할까?'입니다. 그런데 이미 느끼셨겠지만 이러한 질문에 대한 제 대답은 뭉툭하고 추상적이에요. '내가 지금 무엇을 해야 하는가? 이것이 과연 최선인가?'라는 질문을 몇 차례고 던져보라는 정도입니다.

아, 생각나는 예가 하나 있네요. 어느 기업이 저희 책방을 대관해 행사를 할 때의 일입니다. 이런 행사가 있는 날엔 일반 손님들이 저희 책방에 출입하는 것이 어려워지니 그분들을 위한 안내문을 미리 마련합니다.

그런데 혹시나 싶어 점검해 보니 책방 앞엔 안내문이 붙어 있지 않았기에 저희 직원에게 얼른 써서 붙이라 했습니다. 물론 인스타그램이나 페이스북을 통해 미리 공지는 하지만 채 알지 못하고 오시는 분들이 계시니까요. 그런데 '대관'이라는 단 두 글자만 크게 쓰여 있더군요.

책방에 오셨다 돌아가야 하는 분들께 죄송한 마음을 담아 쓰는 것이니, '책방에 행사가 있어 오늘은 두 시간 일찍 문을 닫습니다. 모처럼 오셨는데 죄송합니다'라는 정도의 문구가 있어야 했습니다. '대관'이란 두 글자는 완전히 책방의 입장이고, 실망할 고객의 입장은 전혀 고려하지 못한 말이죠. 근본적으로 이는 타인에 대한 감수성이 부족했던 사례입니다.

이런 감수성을 높이는 방법 중 하나는 이 일을 왜 해야 하는지, 누구를 대상으로 하는 것인지 일을 지시한 이에게 질문해서 의도를 명확하게 확인하는 겁니다. 그러기 어려울 때는 스스로 질문해 보는 거고요. 그렇게 하면 대상자의 입장은 무엇이고 어떻게, 무엇을 하면 그가 더 기분이 좋을지 헤아려지죠. 그럼 자연히 보다 맞춤한 해법을 찾을 수 있지 않겠어요?

"그냥 했어요"의 힘

저는 어릴 때부터 똑똑한 사람이 좋았습니다. 지식이 풍부하면서도 자기 생각이 분명하고 그걸 똑 부러지게 말하는 사람이 보기 좋았고 저도 그런 사람이 되고 싶었습니다.

초등학생 시절부터 대학생이 되어 제법 클 때까지 제가 바란 직업은 몇 차례 바뀌었는데 교수가 되고 싶은 적도 있었습니다. 제 생각을 가르칠 수 있다는 점 때문에 그랬어요. 중고등학교 선생님은 교과서대로 정해진 내용을 가르쳐야 하지만 대학 교수가 되면 자신의 연구결과를 토대로 자신의 생각을 가르칠 수 있을 것 같아서였습니다. 제겐 자기 생각, 자유, 자기다움 같은 것들이 어려서부터 참 중요했어요.

때문에, 뭔가를 이룬 사람에게 어떻게 그런 성과를 올릴 수 있었는지 질문했을 때 '그냥 했다'는 말이 나오면 급실망했습니다. 명확한 생각이나 뜻이 있었기 때문이 아니라 어쩌다 운이 좋아서 그렇게 된 것처럼 보였으니까요. 하지만 지금은 그렇지 않다는 것을 압니다. "그냥 했어요"라는 말이 품은 대단한 힘을 이제 알거든요.

잘 풀리든 그렇지 않든

저희 책방은 5년 넘게 북클럽을 운영하고 있습니다. 회원으로 가입하신 분께 한 달에 한 권 제가 쓴 편지와 함께 책을 골라 보내드리는 멤버십 프로그램입니다. 북클럽에선 2022년 1월의 책으로 정지우 작가의 『우리는 글쓰기를 너무 심각하게 생각하지』를 골랐고, 설 연휴가 시작되는 토요일 오후에 저자를 모셔서 북토크를 열었습니다. 작가는 오프라인 북토크는 오랜만이라며 감격스러워했고, 분주한 세밑에 걸음한 독자들도 왕성한 질문으로 뜨거운 시간을 가졌어요.

정지우 작가는 10년 넘게 거의 매일 짧지 않은 분량의 고퀄리티 글을 페이스북에 써온 것으로 유명합니다. 책에도 이 이야기가 실려 있지만 실제로 만나 육성으로 들으니 울림이 크더군요. 사실 그는 학생 때부터 줄곧 썼답니다. 글이 잘 써지든 그렇지 않든 그저 썼대요. 그런 글이 쌓여 책이 되었고, 그렇게 그는 오늘날 열 권의 책을 낸 작가가 되었습니다.

'그저 썼다'는 이 말이 그날 제게 굉장히 크게 와 닿았습니다. 그냥 했다, 그저 썼다는 말들! 이건 아무 생각 없이 되는 대로 하거나 썼다는 뜻이 아닙니다. 잘 풀리든 그렇지 않든, 잘될 것 같은 희망이 보이든 그렇지 않든, 결과가 나오든 그렇지 않든 시시때때로 찾아오는 도전과 시련에 지지 않고 무언가를 계속했다는 뜻이죠.

묵묵히 자기 할 일을 했다는 말을 종종 하잖아요? 그 '묵묵히'도 결코 가벼운 말이 아닌 겁니다. 온갖 유혹과 좌절과 불확실성이 날마다 의지를 꺾고 주저앉히려 해도 거기에 넘어가지 않고 지속적으로 뭔가를 해왔다는 뜻이니까요.

북토크에서 작가에게 많은 질문이 쏟아졌는데, 청중 한 분이 질문을 했습니다. "오래전부터 글쓰기에 관심을 갖고 쓰고 있는데 자꾸 막혀서 진도가 잘 나가지 않습니다. 어떻게 해야 작가님처럼 꾸준하게 오래도록 쓸 수 있을까요?"

저도 강연을 마치고 나면 이러한 질문을 받곤 하는데 그때마다 속 시원한 답을 하지 못해 답답했던 터라 정 작가의 답이 궁금했습니다. 그는 이렇게 말하더군요.

"자신이 쓴 글을 지지해 줄 사람이 한두 명이라도 있으면 계속 쓸 힘이 생깁니다. 글쓰기 클래스에 참여해 글을 쓸 수밖에 없는 환경을 만들어보고, 또 자신의 글을 다른 이에게 보여주면서 다른 관점도 얻어보세요."

답하기 어려운 막막한 질문에 구체적인 답변을 내놓는 것도 인상적이었지만, 제게는 꾸준히 계속하는 방법을 묻는 그 질문도 놀라였습니다. 꾸준하게 뭘 한다는 건 그저 무조건 하는 거지, 그것 말고 다른 방법이 있을까 싶었거든요. 하여간 이날 저는 결심한 무언가를 계속하는 방법 하나를 새로 얻었습니다.

해본 사람만이 할 수 있는 말

장석주 시인의 시 중 「대추 한 알」이란 작품이 있습니다.

저게 저절로 붉어질 리는 없다.
저 안에 태풍 몇 개
저 안에 천둥 몇 개
저 안에 벼락 몇 개

저게 저 혼자 둥글어질 리는 없다.
저 안에 무서리 내리는 몇 밤
저 안에 땡볕 두어 달
저 안에 초승달 몇 낱

시인이 말한 '저절로'에서 저는 '그냥'을 읽습니다. 그냥 붉어지고 그냥 둥글어진 게 아니라 태풍과 벼락, 무서리, 땡볕이 그 안에 다 들어앉아 있는 겁니다. 그러니까 어떤 인상적인 성취를 한 사람이

하는 '그냥 했다'라는 말 속에도 하기 싫은 유혹, 아팠던 몸, 악평에 주저앉을 뻔한 경험, 된다는 보장이 없어 그만두고 싶었던 외로움 등이 한가득입니다.

그걸 다 건너 비로소 어느 지점에 다다른 겁니다. 그러니까 어떤 일을 꾸준히 한다는 것은, 그저 하지 않고 지나가는 날 없이 지낸다는 것뿐 아니라, 하고 싶지 않게 하는 현실과 마음을 넘어서는 뭔가가 있다는 뜻입니다.

저는 정지우 작가의 북토크가 있던 날 또하나를 새로 알았는데, '그냥 했다'는 것은 해낸 자만이 할 수 있는 말이라는 점입니다. 글을 예로 들어보죠. 글을 쓴다고 해서 당장 직장이 생기는 것도 아니고 출간 제의가 오는 것도 아니지만 그렇게 하지 않고는 견디지 못하는, 더 적나라하게 말하자면 그렇게 하는 것 외의 대안은 없다는 게 오히려 길을 만들었다고도 할 수 있습니다.

정 작가도 그런 시간을 보냈습니다. 글쓰기가 당장 환한 길을 보여주진 않았지만 진로와 생계 등의 무거운 숙제를 앞에 두고 그냥 썼던 겁니다. 한데 놀랍게도, 그렇게 몇 년의 시간이 쌓이자 날마다 쓴 글들은 책이 되었고 그를 작가로 만들었습니다. 아, 정말이지 이건 그렇게 해본 사람만이 할 수 있는 이야기입니다!

10년 전쯤 회자된 식품 광고 중에 "남자한테 좋은데, 정말 좋은데, 어떻게 표현할 방법이 없네……"라는 카피가 있습니다. 뭔가를 그냥 한다는 거야말로 정말로 하면 결국 어느 날엔 열매가 되어 돌아오는데 그걸 보여드릴 방법이 없네요. 직접 해보시라 말씀드릴 수밖에.

선배를 빼놓지 마세요

후배들에게 저는 꽤 어려운 선배였습니다. 꼭 직급이 높아서가 아니라 사람 자체가 가까이하기 어렵다는 느낌을 주었던 것 같습니다. 곁을 잘 주지 않는다는 말도 많이 들었죠.

어떤 후배는 "선배님 앞에선 늘 옳은 말을 해야 할 것 같아서 많이 긴장돼요"라 했고, 또 어떤 후배는 이렇게 말하기도 했습니다. "윗사람들은 때로 말도 안 되는 이유로 깨잖아요? 근데 선배는 정확한 이유로 야단을 치니까 야단맞는 입장에서도 할 말이 없어요. 야단맞을 만한 거죠. 그래서 선배는 어려워요." 한마디로 저는 냉정하고 차가운 선배였던 거죠.

하지만 제작본부장과 국내본부장을 하며 수백 명의 후배들을 건사했던 시기엔 어려울 때 제 방문을 두드리는 친구들이 적지 않았습니다. 지금도 진심으로 말할 수 있는 것인데, 그때 저는 제 온 마음을 다해 그들의 이야기를 들었습니다. 전무, 부사장의 방을 찾아오기까지 얼마나 많은 고민을 했겠어요? 그 마음이 헤아려져서 열심히 듣고 해법을 찾았습니다. 아무래도 저는 정보도 더 많고 영향력도 더 크니까 후배들에게 실질적인 도움을 줄 수 있을 것 같았습니다.

그래서였을까요? 평소 강단 있고 씩씩하던 친구들도 제게 와선 많이 울었습니다. 속 시원히 얘기할 데가 없어 혼자 끙끙거리다 혹시나 하고 책임자를 찾아왔는데 그 사람이 진심으로 들어주니 몸이 확 풀리면서 그간 쌓였던 것이 다 나온 거죠.

제게도 그런 경험이 있습니다. 1991년 늦가을과 겨울 두 달간 인도, 네팔 여행을 했습니다. 네, 1991년에 인도 여행을 했어요. 게다가 혼자 떠난 여행이었습니다. 지금도 인도는 여자 혼자 가기 어려운 곳이라고들 하는데 저는 30년도 더 전에 그곳을 갔어요. 겁이 없기도 했지만 그만큼 절실했습니다.

그때 저는 8년 차였는데 많이 아팠습니다. 체중이 7킬로그램이나 빠졌어요. 여러 병원을 가도 잘 낫지 않아 용하다는 한의원에 갔는데 한의사 선생님이 이러더군요. 대체 무슨 일이 있기에 젊은 처자 가슴에 화가 이리 잔뜩 고였느냐고. 스트레스였겠지요? 요즘으로 치면 번아웃을 겪었던 것 같습니다.

정말로 잘하고 있는 게 맞을까?

스물셋에 입사해 늘 긴장하며 잘해보겠다고 발버둥치고 살다가 7~8년이 지나 적응도 되고 인정도 받으니 여유가 생겼겠죠. 일에 바쁠 땐 다른 생각을 할 겨를이 없지만 여유가 생기면 돌아보게 되고 질문을 하게 됩니다. 그런 때였던 것 같아요. '아프면 안 돼' 하며 팽팽하게 붙잡고 있던 긴장의 끈이 풀리니 몸도 아팠던 거죠. 2주 단식을 했는데, 한약과 단식의 효과를 본 것인지 몸은 차차 나아졌습니다.

한데 이번엔 마음이 문제였어요. 한 번 흔들리기 시작한 마음이 쉬이 가라앉지 않았습니다. 그때 제 마음엔 이런 질문들이 들어찼습니다. '도대체 이 일이 어떤 의미가 있나?' '무슨 의미가 있기에 내 몸을 갈아 넣으면서까지 해야 하나?' '내 영혼은 갈급하게 뭔가를 찾고 있는데 현실의 나는 늘어난 월급으로 옷 사 입고 구두 사 신으며 아침이면 출근을 한다. 내내 이렇게 살아도 괜찮은 건가?' '그럼에도 나는 이 일을 잘하고 싶고 또 재미가 있는데 지금 자리에서 계속 일하는 것이 맞나?' 여러분의 고민과 비슷하죠?

그런가 하면 뜻밖의 고민도 있었습니다. '나는 회사에서 꽤 인정받고 있고 일도 익숙해져서 편하다. 또 중요한 일들도 계속 맡고 있지. 그런데 정말로 잘하고 있는 게 맞을까?'

혹시 '사기꾼 증후군'에 대해 들어본 적 있으세요? '가면 증후군 Imposter Syndrome'이라고도 하는데, 자신의 성공이 순전히 운으로 얻어졌다 생각하고 지금껏 주변 사람들을 속여왔다고 느끼며 불안해하는 심리라고 합니다. 스스로를 어떤 성공이나 성취를 할 자격이 없는 '가면을 쓴 사기꾼'이라고 생각하는 자기의심의 감정을 말한다고 합니다.

영화 〈레옹〉과 〈블랙 스완〉의 배우, 내털리 포트먼도 그랬다고 합니다. 그녀는 하버드대학교 심리학과를 졸업했는데 2015년 하버드대 졸업식 축사에서 자신의 입학이 잘못된 것이 아닌가 의심했고, 멍청한 여배우라는 사실을 들키지 않기 위해 어려운 수업만 들었다고 고백했습니다. 역시 배우인 제시카 알바도 가면 증후군을 겪었다고 했고, 천재 과학자 아인슈타인조차 자신을 '의도하지 않은 사기꾼'이라며 자기가 받는 관심과 존경이 과분하다고 말했답니다.

이분들에 비할 바는 아니지만 저도 그랬습니다. 제 역량은 그렇게 좋은 평가를 받을 만한 게 아닌데 사람들이 죄다 저한테 속아 넘어간 게 아닌가 생각한 거예요. 과대평가된 거라면 언젠가는 풍선이 터지듯 터질 거라고요.

그러니 회사를 그만두고 밖에 나가 우리나라의 전체 광고 시장에서 제대로 평가를 받아보고, 만약 지금의 평가가 부풀려진 거라면 한 살이라도 어릴 때 새로 시작하겠다고 생각했죠. 그렇게 하는 것이 길게 봐서 제게 도움이 된다고 여겼거든요. 서른한 살 무렵 저는 이런 질문들로 심각했습니다.

회사에 퇴직을 하겠다고 말했습니다. 하지만 7~8년 차 카피라이터는 '금값'인 데다 잘하는 카피라이터를 구하기도 쉽지 않았으므로 회사에선 퇴직 대신 휴직을 제안했습니다. 고민 끝에 응했고 당시로서는 매우 드물게 두 달 동안 휴직을 했습니다. 팀장님은 저에게 심하게 아프던 끝이니 하와이 같은 휴양지에 가서 쉬다 오라 했지만 그러기엔 제 피가 뜨거웠나 봅니다. 그때까지 제가 살아온 곳과 아주 다른 곳을 찾아 떠났습니다. 인도로요!

낯선 어깨의 위로

당시 제가 일했던 회사는 제일 보젤 Cheil Bozell이었습니다. 제일기획과 미국 보젤의 합작사였죠. 과년한 처자가 인도에 혼자 가겠다고 하니 회사에 와 있던 미국인 팀장이 보젤 인도 지사와 연결해 공항 픽업과 호텔 예약을 부탁해 주었습니다. 고마운 분들이에요.

인도에서 보낸 시간은 지금도 뭐라 형언할 수 없습니다. 낯선 사람들과 낯선 광경, 낯선 언어, 낯선 행동 방식……. 그렇지 않아도 심신이 지쳐 오른 여행길인데 그곳에서의 하루하루는 저를 더 지치게 했습니다.

그러던 어느 날 보젤 인도 지사의 직원 한 사람이 저를 자신의 집에 초대했습니다. 인도의 상류층이었던 그 댁은 아수라장 같은 델리 시내의 풍경과 사뭇 달랐어요. 그 직원의 어머니는 채식 위주의 인도 전통 음식을 대접해 주었는데 제 입에도 잘 맞았습니다. 맛있게 식사를 마친 후 차를 마시며 이야기를 나누던 중에 갑자기 제 눈물보가 터져버렸습니다. 우는 저도 당황스러웠는데 그분들은 얼마나 당혹스러웠을까요. 한참을 꺼이꺼이 울고 나서 미안하다고 모깃소리처럼 작게 말했습니다.

그날 밤 숙소로 돌아오며 도대체 제가 왜 그랬는지를 돌아보니, "힘들지?"라는 그 인도 직원 어머니 말씀이 제 마음 깊은 곳에 닿은 거였어요. 그분은 그저 젊은 동양 여자의 인도 여행이 힘들 거라 여겨 하신 말씀인데 저는 그곳에 가기까지 수년간 했던 저의 분투가 생각나며 설움에 복받쳐 울어버린 거예요. 인도인 어머니는 더 이상 묻지 않고 저를 따뜻하게 안아주셨고 저는 그녀의 품에서 오래 울었습니다.

창피한 줄도 모르고 한참을 울고 났더니 뭔가가 다 씻겨 나간 듯 가슴속이 후련해지더군요. 한참 울고 나면 얼굴이 말개지는데 얼굴만 맑게 씻긴 게 아니라 가슴속 응어리들도 함께 씻겨 나가 정화되는 걸 느꼈습니다. 낯선 외국인들 앞에서 울어버린 건 두고두고 창피한 일이지만 저는 그때 다시 에너지를 얻은 것 같아요.

그때 명확히 알았습니다. 마음을 나누는 것은 꼭 가까운 사람들하고만 하는 게 아니라는 것을요. 누군가의 어려움 앞에선 모르는 이들도 손을 내밀고 어깨를 빌려주죠. 이런 따뜻한 경험을 한 사람은 후에 다른 사람들에게 자신의 어깨를 내어주게 됩니다.

선배들도 따뜻한 사람들입니다

이러한 이역만리에서의 경험이 제 안에 오래 남아 있었나 봅니다. 일할 때는 냉정했던 것과 별개로, 누군가 제 도움이 필요해 찾아오면 바쁜 가운데서도 뿌리치지 않고 진심을 다해 마주앉았습니다. 그리고 최선을 다해 그들에게 도움이 되고자 했습니다.

어디 저만 그럴까요? 많은 선배, 상사들이 실은 그럴 거라 생각합니다. 하지만 후배들은 이렇게 말하곤 합니다. "어려울 때 의논할 멘토가 회사 안에 있으면 좋겠는데 그건 어려운 것 같아요. 회사 선배나 상사한테 속마음을 털어놓긴 어렵잖아요?"라고.

학교 때 이런 경험 있지 않나요? 영어 선생님일 때는 좋아하고 따랐는데, 그분이 막상 담임 선생님이 되고 나니 좀 멀어졌던 경험. 담임 선생님이랑은 성적 얘기도 해야 하고 왠지 불편한 관계가 되는 거죠. 회사의 선배나 상사도 담임 선생님과 비슷한 존재라 할 수 있는데, 회사에서 겪는 일을 의논하고 조언을 받는 데는 사실 그 누구보다 중요한 역할을 해줄 수 있는 존재들입니다.

회사의 선배, 상사라는 이유로 지레 건너뛰지 마시고 어려운 일이 있다면 그분들께도 도움을 청해보기 바랍니다. 꼭 친분이 있지 않아도 친절하게 고민을 들어줄지 모릅니다. 제게도 이름조차 모르던 후배가 찾아와 도움을 청했고, 그걸 계기로 그녀와 각별한 사이가 된 경험이 있습니다. 그 후배는 또래끼리 고민할 때는 찾아지지 않던 해법을 제게서 얻었죠.

회사생활이 마냥 건조한 것 같지만 실은 회사원들도 다 심장이 뛰는 개인들입니다. 그리고 직급이 올라갈수록 외롭습니다. 후배가 찾아와 고민을 토로하고 도움을 청하면 그 선배는 오히려 고마워할 수도 있어요. 혹시 마음을 털어놓을 대상에서 회사의 선배나 상사를 무조건 제외하고 있다면 이제부턴 생각을 바꿔보는 게 어떨까요?

우리는 환경에
대응할 힘이 있다

　　　　제가 좋아해 몇 번이고 읽은 책 중에 빅터 프랭클의
『죽음의 수용소에서』가 있습니다. 제게 중요한 가르침을 준 책이에
요. 혹시 지금 어려움을 겪고 있는데 통제할 힘은 없다면 꼭 읽어보
시기 바랍니다.

　빅터 프랭클은 1940년대 오스트리아 빈에 살았던 유태인 정신과
의사였습니다. 히틀러 나치 시절의 유태인이었으니 그에게 어떤 일이
있었을지 짐작이 가시죠? 네, 아우슈비츠로 끌려갔습니다. 프랭클
박사뿐 아니라 온 가족이 수용소로 끌려갔고 부모님과 동생, 아내가
그곳에서 사망했어요. 다행히 그는 살아남아 이 책을 쓰죠.

　그는 책에서 이렇게 말합니다. 나치가 자신을 개, 돼지 취급하는
것은 어찌할 수 없지만 그들의 폭압에 어떻게 반응할지 선택할 자

유가 자신에겐 있으며 자신은 여전히 존엄한 존재라고요.

이걸 확인하기 위해 프랭클 박사는 매일 의식을 치릅니다. 깨진 유리조각을 주워 아침마다 면도를 하고 식수의 일부를 아껴 얼굴을 씻었습니다. 그러면서 되뇌었죠. 나는 존엄한 존재라고. 면도를 하다 베어 피가 나면 그것도 나쁘지 않았습니다. 그렇게 되면 혈색이 좋아 보이는데, 나치에게 수용소의 유대인들은 노동 자원이었으므로 혈색 좋은 건강한 유대인은 금방 가스실로 보내지지 않았거든요. 그런 죽음의 환경에서조차 어떻게 대응할지 우리에겐 결정할 자유가 있음을 몇 번이고 생각하면서 프랭클 박사는 결코 포기하지 않았고 끝내 살아남았습니다.

이에 비할 바는 아니지만 어려움과 맞닥뜨리면 저는 이 책을 생각합니다. 문제에 대응할 수 있는 저의 자유를 떠올리죠. 그러면 눈앞의 어려움에 압도되지 않고 찬찬히 해법을 향해 나아갈 수 있었습니다.

'조용한 퇴직'은 현명한 선택일까

조직에 속해 일하는 분들 중엔 다음과 같은 호소를 하는 이들이 꽤 많습니다.

"저희 회사는 안정적이긴 하지만 여러 면에서 뒤떨어져 있어요. 일하는 방식이나 조직문화, 의사결정, 사내 커뮤니케이션 등 전부다요. 하지만 회사를 바꿀 힘은 저한테 없으니 답답합니다. 다른 회사를 알아보고 있지만 요즘은 이직도 쉽지 않아요. 월급은 따박따박 나오지만 마음이 이러니 일도 재미없고, 주어진 일이나 대충 한 뒤 얼른 퇴근할 생각만 합니다. 하지만 이게 나에게 최선인가 하는 고민은 계속돼요."

어렵게 취업해 좋아했지만 얼마간 시간이 지나고 보니 회사의 철학이나 시스템, 조직문화가 영 마음에 들지 않습니다. 하지만 당장 그만두기엔 대안이 마땅치 않아요. 이처럼 마음은 이미 떠났는데 몸은 아직 떠나지 못했을 때, 어떻게 해야 할까요?

요즘 '조용한 퇴직quiet quitting'이 화두입니다. 직장에서 맡은 업무만 최소한으로 한다는 뜻의 '조용한 퇴직'은 최근 미국을 비롯해 전 세계적으로 확산되고 있는 현상이죠. 직장을 조용히 퇴사하겠다는 의미가 아니라 심적으로 퇴사에 가까운 마음을 갖고 회사생활을 하겠다는 겁니다.

이 현상은 미국의 한 20대 엔지니어가 소셜 미디어에 동영상을 올리면서 시작됐다고 해요. 그는 영상에서 "당신의 일은 곧 삶이 아니고, 당신의 가치는 성과로 결정되지 않는다"라며 '조용한 퇴직'이란 표현을 썼는데 미국의 젊은 세대들이 이에 상당히 공감했다고 합니다.

조용한 퇴직은 코로나19 사태 이후 미국에서 나타난 '대퇴사 시대the great resignation'와 맞물려 나타나는 현상이다. 코로나19 사태로 대규모 구조조정과 초과 근무, 늘어난 실업수당 등으로 일에 대한 회의감이 커지면서 업무 몰입도도 떨어지고 있는 것으로 풀이되고 있다. 대퇴사로 구인난이 극심해지자 남은 직원들은 업무 부담이 가중되고 과로에 지친 나머지 조용한 퇴직을 하게 됐다는 것이다.

—《연합인포맥스》, 〈조용한 퇴직〉 중에서

말하자면 회사에서 부정적인 경험을 한 후 '조용한 퇴직'이란 방식으로 대응하는 셈인데, 이것이 과연 당사자에게도 현명한 것일까요? 제 의견을 말하자면 저는 동의하지 않습니다. 자신을 위해 결코 좋은 생각이 아니기 때문이에요.

영국 프리미어 리그에서 뛰는 손흥민 선수는 토트넘 소속입니다. 2022~2023시즌에 공개된 잉글리시프리미어리그^EPL 토트넘 선수들의 급여 자료에 따르면 손흥민은 주급 19만 2,000파운드(약 3억 1,000만 원)를 받고 있습니다. 이를 연봉으로 환산하면 998만 파운드(약 160억 원)로, 해리 케인 다음으로 많은 연봉을 받는 선수입니다.

그렇다면 그는 토트넘을 위해 축구를 할까요? 아닙니다. 자기 자신을 위해 합니다. 하지만 토트넘의 승리에 기여해야죠. 토트넘 구단과 선수는 공동의 목표를 추구하는 관계니까요.

기업에서 일하는 사람들을 흔히 조직원이라 하지만 우리는 조직원이기 전에 개인입니다. 제각기 다른 욕망과 필요를 가진 개인들이 모여 각자의 목표를 추구하되 또한 공동의 목표를 향해 나아가는 거죠. 그러므로 회사에서 일한다는 것은 회사의 목표만 추구하는 게 아니라 일하는 동안 연봉 외에 성장과 도전, 네트워킹 등 개인들의 목표를 달성할 수 있는 기회이기도 합니다.

이쯤에서 앞의 질문으로 돌아갈까요? 몸담고 있는 조직의 시스템이나 문화, 의사결정 과정이 마음에 안 드는데 그걸 바꿀 힘은 자신에게 없을 때, 우리 개인들은 어떻게 하는 것이 현명할까요?

조직에서 일한다는 건 오로지 조직을 위해 쓰이는 게 아니라 동시에 자신의 목표도 추구하는 것이란 말에 동의하신다면 답은 명확하리라 생각합니다. '곧 떠날 회사인데'라든가 '마음엔 안 들지만 대안이 없으니까 적당히 하지'가 아니라 자신이 맡은 일은 어쨌든 열심히, 제대로 해내는 겁니다. 어디에서 일하든 자신을 위해 일하는 것이니 조직이 마음에 들고 들지 않고와 상관없이 최선을 다하는 거예요.

조직이 마음에 들지 않으나 바꿀 힘이 없을 때

자, 여기까지 읽고 눈치챈 거 없으세요? 조직이 마음에 안 들지만 바꿀 힘은 없을 때 어떻게 하느냐는 것이 꼭 조직과 개인의 관계를 묻는 질문 같지만 제가 내놓은 답은 '조직과 상관없이 자신의 인생에 충실하라'잖아요?

그렇습니다. 얼핏 생각하면 내가 최선을 다하지 못하는 게 조직

문제 탓인 것 같지만 꼭 그런 건 아닙니다. 만약 손흥민 선수가 토트넘이 마음에 들지 않아(몇 달간 실제로 그런 일을 겪고 있습니다만) 다른 팀으로의 이적을 염두에 두고 있다고 해서 경기를 슬슬 뛸까요? 그렇지 않을 겁니다. 프로 선수에게 한 게임 한 게임은 기량을 발휘하고 팀에 기여할 귀중한 기회입니다. 그러니 팀이 베스트이든 그렇지 않든 경기마다 최선을 다하죠.

손흥민 선수는 손흥민 자신을 위해 뜁니다. 직장인도 다를 게 없습니다. 자신을 위해 일하는 건 같잖아요? 조직과 상관없이 자신의 평판, 역량, 경험 등을 향상시키기 위해서 말입니다.

이쯤에서 빅터 프랭클 박사의 이야기를 다시 떠올려볼까요? 우리 각자는 존엄한 존재로서 환경을 바꿀 힘은 없어도 그에 어떻게 대응할지 결정할 자유는 갖고 있다는 메시지 말입니다.

여러분은 그 자유를 어떻게 쓰시겠어요? 조직이 나를 대하는 방식이 마음에 들지 않거나 조직의 여러 방식들이 불만족스러울 때, 여러 이유로 그 조직에서 미래를 보내고 싶지 않을 때, 이직을 추진하되 그곳을 떠나기 전까지는 그곳에서의 일에 최선을 다하는 겁니다. 회사가 아닌 나를 위해서 말입니다.

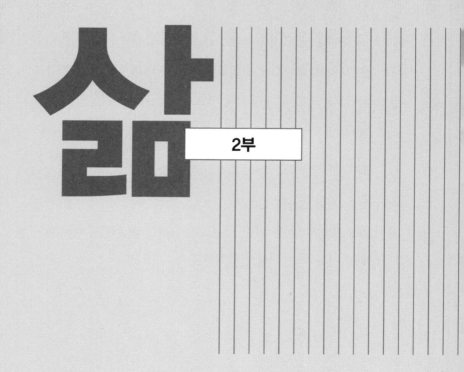

삶

2부

애쓰고 애쓴 시간은
　　　　　　내 안에 남는다

누군가를 사랑하면

그를 귀하게 여기고 존중하게 된다.

존중할 때는

사랑하는 사람한테 그렇듯

끊임없이 묻게 된다.

자신을 사랑한다면

자신에게도 물어라.

5장

나에게 질문할 시간

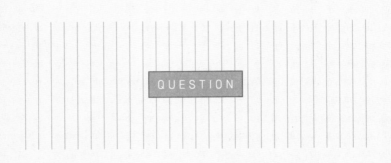

QUESTION

나부터 나를 존중하려면

퇴직을 두 달쯤 앞둔 가을날이었습니다. 당시 제 사무실에선 통창으로 남산이 내다보였어요. 전망이 좋았죠. 그 전망 좋은 사무실에서 저는 정말로 열심히 일했습니다.

그날도 한참을 정신없이 일하다 문득 고개를 들어 창밖을 봤습니다. 하늘이 어쩜 그리 파랗고 볕은 또 얼마나 좋던지요. 그 길로 밖에 나가고 싶었습니다. 카페에 앉아 선선한 바람을 쐬며 제가 좋아하는 산미 강한 커피를 마시고 싶었죠.

그래서 그렇게 했냐고요? 아뇨, 못했습니다. 당장 해야 할 일들이 잔뜩이었으니까요. 그럼 슬펐냐고요? 네, 잠깐 동안 슬펐습니다. 왜 잠깐만 그랬냐 하면 다음 생각이 이어져서입니다.

"네 생각을 말해 줄래?"

그래도 좋은 직장이었다는 생각이 그때 들었던 겁니다. 여러 면에서 그랬지만 제겐 특히 이 점이 중요했습니다. 선배들은 늘 이렇게 얘기했습니다. "네 생각을 말해 봐." 이것이 얼마나 귀한 질문인지를 한참 지나서야 알았습니다. 대한민국이 공식적으로 선진국에 진입한 지금도 많은 직장에선 의견을 밝히려는 후배와 부하들에게 이런 말을 버젓이 하고 있으니까요. "누가 네 의견 물어봤어? 시키는 대로나 해!"

제가 일했던 회사는 근무 시간의 태반이 회의였습니다. 늘 아이디어를 찾아야 했으므로 자주 회의를 했죠. 어디 광고회사만 그렇겠어요? 여럿이 모여 일하는 곳은 다 그럴 겁니다. 다만 우리의 회의는 주로 아이디어 회의였던 만큼 각자의 생각을 말하는 자리였습니다. "내 생각은……" "그것도 좋지만 내 생각은……"

우리는 새로운 걸 만들어내야 했는데, 새롭다는 건 아직 없다는 것이니 아직 존재하지 않는 것을 만들기 위해 늘 많은 생각을 해야 했습니다.

물론 우리도 숫자를 의식하고 갑의 취향과 키맨의 뜻을 살폈습니다. 그래도 핵심은 이 문제를 어떻게 바라보는지, 해법은 무엇이라 생각하는지 각자의 생각을 말하고 나누는 데 있었습니다.

어떤 일을 10년 넘어 20년, 30년쯤 하면 '척하면 척'이 되고 익숙해질 것 같잖아요? 그런데 저는 그렇지가 않았습니다. 새 프로젝트를 받아들 때마다 긴장됐고 두려웠어요. 어떤 일도 만만해지지가 않았습니다.

그럼 어떻게 견뎠을까요? 시간이 가고 경험이 쌓이면서 중요한 걸 깨닫게 되었습니다. 회의실에 동료, 후배들과 들어가 함께 생각을 이야기하다 보면 웬만한 문제는 해결을 보리라는 것을요. 우리는 그렇게 서로의 생각을 묻고 듣고, 또 생각을 보태며 일했어요. 그 끝에서 해법에 도달하곤 했습니다.

그렇게 커서일까요? 저 또한 선배가 되어 더 큰 책임을 맡고 많은 후배들을 건사하게 되었을 때 가장 많이 한 질문도 이것이었습니다. "그래서 네 생각은 어떤 건데? 네 생각을 말해 줄래?" 그리고 이런 결론에 도달했습니다. 연봉을 훨씬 더 많이 준다고 해도 만약 "시키는 대로 해"의 문화가 지배하는 곳이었다면 진즉에 그만뒀지 오래 다니진 못했겠다고.

질문은 곧 존중이다

이쯤에서 초점을 우리 자신에게로 바꿔보겠습니다. 여러분은 일도, 삶도 주도적으로 살고 싶으시죠? 또 여러분 자신을 사랑하려 하시지요? 누군가를 사랑하면 그를 귀하게 여기고 존중하게 됩니다. 존중할 때는 어떻게 하나요? 물어봅니다. 일방적으로 뭔가를 결정하지 않아요. 사랑하는 사람한테는 끊임없이 묻게 됩니다. 뭐가 먹고 싶은지, 피곤하지는 않은지, 어디에 가고 싶고 뭘 하고 싶은지, 무슨 생각을 하는지 등.

연애할 때를 떠올려보세요. 그 사람이 좋아지면 마냥 궁금해지지 않던가요? 음악은 어떤 걸 좋아하는지, 이 영화를 같이 보자고 하면 좋아할지, 지금 무슨 생각을 하는지, 내 생각을 하는지……. 문득문득 생각나고 궁금합니다. 오래전 가수 이선희가 부른 노래 〈알고 싶어요〉엔 이런 마음이 정확하게 담겨 있습니다.

> 달 밝은 밤에 그대는 누구를 생각하세요
> 잠이 들면 그대는 무슨 꿈 꾸시나요
> 깊은 밤에 홀로 깨어 눈물 흘린 적 없나요
> 때로는 일기장에 내 얘기도 쓰시나요
> 날 만나 행복했나요 나의 사랑을 믿나요
> 그대 생각하다 보면 모든 게 궁금해요
> (후략)

식당의 경우에도 고급 레스토랑에선 손님에게 묻는 것이 많습니다. 코스 요리를 주문하면 수프와 샐러드 중 뭘로 하시겠냐, 드레싱은 어느 게 좋으시냐, 메인은 생선과 육류 중 어느 걸 고르시겠냐, 고기는 어느 정도로 익히는 게 좋으시냐, 디저트는 아이스크림과 케이크 중 어떤 걸로 고르시겠냐, 차는 커피로 하시겠냐 다른 걸로 하시겠냐 등 여러 번 많이 묻습니다. 손님을 귀하게 대접하는 거죠.

대부분 분식집은 이와 다릅니다. "라면 면발은 얼마나 꼬들꼬들하게 익혀드릴까요?" "떡볶이는 아주 맵게 해드릴까요, 덜 맵게 해드릴까요?" "비빔밥의 계란 프라이는 완숙으로 해드릴까요, 반숙으로 해드릴까요?"라고 묻지 않아요. 빨리 먹고 빨리 자리를 비워주길 바라죠.

질문은 상대방을 존중할 때 하게 됩니다. 자신이 다 정해서 그냥 해버리지 않고 상대의 뜻에 맞추는 거죠. 취향도, 기질도 다 다른 사람들에게 하나의 기준을 정해 일방적으로 적용하지 않고 일일이 질문하고 의사를 듣고 반영하려면 당연히 수고도, 시간도, 비용도 훨씬 많이 듭니다.

그러니 상대의 의사와 생각을 묻는 건 상대를 존중할 때 하는 겁니다. 따라서 회사의 상사들이 여러분의 생각을 묻거나 말할 기회를 주지 않고 일방적으로 지시하고 만다면, 그저 성질이 나쁘거나 꼰대여서가 아니라 후배인 여러분을 존중하지 않고 사랑하지 않아서입니다. 또한 중요하게 여기지 않아서이기도 하죠. 중요하게 여기지 않는 사람의 의견은 궁금해하지 않으니까요.

시시때때로 스스로 물어보세요

자기 자신을 사랑하고 존중하는 방법도 타인을 존중하는 방법과 다르지 않습니다. 자신에게 시시때때로 묻는 겁니다. 특히 중요한 것들을 질문하는 거예요. 그러지 않으면 생각하는 대로 살지 않고 사는 대로 생각하게 됩니다. 바깥의 흐름을 내 생각인 양 착각하며 살게 돼요.

주체적으로 산다는 건 자신을 중요하게 여기며 존중하는 거라 생각합니다. 세상이 가는 대로 말하는 대로 그냥 따르는 게 아니라 나는 뭘 하고 싶고 무엇을 중요하게 여기는 사람인지, 왜 하필 그걸 원하는지 자꾸 스스로 묻고 알아차려서 그걸 중심에 두는 삶입니다. 자신을 중요하게 여긴다면 그저 세상의 흐름을 좇기 전에 자신의 뜻을 물으세요. 자신이 어떤 사람인지를 알고 그 뜻에 따라 인생을 운영하는 겁니다.

요즘 꾸준히 글을 쓰고 기록하는 분들이 많습니다. 저는 여러분 자신에 대해 써보시라 말씀드리고 싶습니다. 자신에게 묻고 생각해 본 것을 쓰는 겁니다. 오늘 한 생각 중 제일 마음에 든 건 뭐였는지 자신에게 질문을 던지고 답을 생각하며 기록해 보세요.

또 어떤 책을 재밌게 읽었다면 '이 책 재밌네'로 끝내지 말고 이렇게 물어보세요. '이 책 재밌었어? 어떤 점이 마음에 들었어?' 이런 질문에 답하다 보면 '아, 나는 이런 걸 좋아하는구나! 이럴 때 기뻐하는구나'를 새로 알게 됩니다.

새로 만난 누군가가, 혹은 영화를 봤는데 그 주인공이 부럽다면 이렇게 묻는 겁니다. '그 사람이 부러워? 어떤 점에서 부러운 거야?' 그럼 이런 걸 깨닫게 될 거예요. '아, 나는 센 사람 앞에서도 당당한 모습을 부러워하는 거구나! 부러워한다는 건 그런 걸 중요하게 여

긴다는 뜻이잖아? 그렇구나, 나는 자기 자신이 당당한 상태에 있는 걸 중요하게 여기는 사람이구나.'

이렇게 자신에 대해 묻고 생각하다 보면 묻지 않을 땐 그냥 지나 쳤을 것들을 하나하나 알아가게 됩니다. 이런 것들이 축적되어 있다 가 중요한 선택을 할 때 바탕이 되는 거죠.

저 역시 중요한 선택을 앞두고 있을 때면 선배를 찾기 전에 저와 먼저 마주했습니다. 저에게 많이 물었어요. '이거 하고 싶어? 왜 하 고 싶어? 이걸 하기 위해 어디까지 양보할 수 있고 절대로 포기 못 하는 건 뭐야?' 하나씩 질문을 하고 답을 생각하고 또 적다 보면 제 가 무얼 원하고 무얼 하고 싶은지, 무얼 중요하게 여기는지가 드러 나곤 했습니다.

그렇게 선택을 하고 길을 찾았죠. 저는 세상의 이런 저런 기준들 보다 제 뜻이 중요한 사람이라 이렇게 했습니다. 아니, 제게 물어보 는 시간을 많이 가졌기에 제 뜻을 중심에 둘 수 있었던 것인지도 모르겠습니다.

스스로에게 질문을 던지고 답을 모색해 보는 것은 늘 해야 하는 것입니다. 하지만 자신의 의견을 존중해 주지 않는 회사에서 혹은 일방적으로 지시만 하는 상사를 모시고 일하는 분이라면 더더욱 남들이 해주지 않는 질문을 스스로에게 던져보세요. 실은 지시하 는 사람이 아니라 질문을 많이 받는 사람일수록 중요한 사람입니 다. 자신을 중요하게 여긴다면, 스스로에게 물어보세요.

시간과 노력은
재미의 세계로 들어가는 입장권

강연을 할 때마다 자주 나오는 질문이 있습니다. "좋아하는 일을 하면서 살고 싶은데 그걸 어떻게 알 수 있나요?" 입니다. 저희 책방에서 박선미 님의 『커리어 대작전』 북토크를 하던 날에도 어김없이 이 질문이 나왔습니다. 한 20대 여성이 네 군데 회사에서 인턴을 해봤지만 끝내 자신이 그 일을 좋아하는지, 자신과 잘 맞는 일인지 알 수 없었다며 어떻게 해야 자신이 좋아하는 일을 찾을 수 있느냐고 물었습니다.

책방 북토크를 진행할 때 가끔 제 의견을 밝히는데 이때 저는 이렇게 말했습니다. 모르는 게 당연하다고, 두 달 인턴을 해보고 어떻게 아느냐고요. 혹시 그분은 마치 첫눈에 반하는 연애 상대처럼 일도 그렇게 만나기를 기대한 걸까요?

첫눈에 반한 일

물론 저도 만나자마자 한눈에 사랑에 빠지는 일이 없진 않다는 것을 압니다. 심지어 저는 크리에이티브 디렉터로 일하던 시절에 맥심 광고를 만들면서 이런 카피를 썼습니다.

#1   한석규: 그때까지 전 첫눈에 반하는 사랑을 믿지 않았습니다. 그런데…….

           내레이션: 당신의 향기가 나를 행복하게 합니다.

#2   한석규: 장미꽃 백 송이요!
           고소영: 받는 분은 좋겠다…….
           한석규: 받아주실 거죠?

           내레이션: 당신의 향기가 나를 행복하게 합니다.

한석규, 고소영 씨를 모델로 사랑의 이야기를 풀어나간 광고였습니다. 사람들은 사랑에 이런 행운이 찾아오길 바라듯 일에도 비슷한 기대를 품는 것 같습니다. 어느 날엔가 마음에 드는 일을 딱 만날 수 있기를!

하지만 사랑은 식물을 가꾸듯 정성스레 돌봐야 중간에 시들지 않고 꽃을 피우며 열매를 맺죠. 사랑처럼 일도 그렇습니다.

제가 가끔 보는 유튜브 채널 중에 〈해그린달〉이 있습니다. 센스 있는 살림살이 콘텐츠가 주로 올라오는 채널인데 어느 날 '살림은 어떻게 재밌어지는가'라는 콘텐츠를 올렸더군요. 제목에 관심이 가서 동영상을 봤죠. 그분은 재밌는 일을 발견하는 게 아니라 어떤 일을 꾸준히 하면서 재밌어지는 것을 체험하는 거라고 이야기 했습니다.

저는 이 말에 200퍼센트 동의했고, 어떤 일이든 자신의 일을 붙들고 고민하는 사람들은 통찰력 있는 결론에 도달한다는 걸 다시 한 번 느꼈습니다. 요즘은 결혼 때문에 하던 일을 그만두는 여성이 드문 것처럼 남성들도 자기 일을 가진 여성을 기대합니다. 혼자 벌어서는 살림살이가 어렵기도 하고 사회도 여성의 사회 진출을 당연하게 받아들입니다. 그러니 전업주부들의 고민이 많아졌죠. 살림이야말로 한 가정의 매니지먼트라 중요한 일임에도 불구하고 평가절하되는 것 같으니까요.

이분도 고민이 깊었겠죠? 교육도 받을 만큼 받았는데 맨날 집에서 쓸고 닦고, 표도 안 나는 일을 하면서 내가 지금 뭐 하는 건가 싶었을 테고요. 그러다 알아차린 겁니다. 살림하는 일에도 재미와 의미가 없지 않다는 것을.

그럼 어느 때 살림이 재밌다고 느꼈을까요? 뭔가 작은 시도를 했는데 이전보다 나아졌고 식구들이 좋아할 때 기분이 좋지 않았을까요? 음식 하나를 만들더라도 하던 대로 하지 않고 레시피를 조금 바꿨더니 맛이 더 나아지는, 남들이 알아주지 않더라도 이런 시도들에서 예전엔 미처 몰랐던 살림의 의미를 새삼 알게 되지 않았을까요?

이런 게 이치가 아닐까 합니다. 첫눈에 반하는 사랑처럼 처음부터 흥미를 느끼는 일을 만난다면 행운이겠지만, 천생연분이 꼭 그렇게만 이루어지는 게 아니듯 이 생의 일도 처음부터 좋아해야 하는 건 아닌 것 같습니다. 시간과 수고를 들여 차츰 익혀가며 겉에선 잘 보이지 않는 그 일의 매력을 알아가는 거죠. 마치 누구 눈에나 이쁘고 잘생긴 사람은 아니지만 만날수록 매력을 느끼게 되는 사람 같다고나 할까요.

누구나 자신이 좋아하는 일을 하면서 돈도 벌고 성취도 하고 싶어 합니다. 문제는 그 좋아하는 것이 뭔지를 도통 모르겠다는 겁니다. 사실 세상에는 어릴 때부터 꽂혀서 일찍 시작해야 열매를 거둘 수 있는 직업이 존재합니다. 음악이나 미술 같은 예술 분야 직업이 그렇죠.

하지만 대부분의 직업은 본인이 시간과 노력을 들여야 알 수 있고 찾을 수 있습니다. 그러니까 내가 좋아할 만한 일이 저기 저쪽에 딱 있는데 그게 뭔지 몰라 찾지 못하는 게 아니란 뜻입니다. 이럴 때 『어린 왕자』의 이 구절을 곱씹어볼 필요가 있습니다. "너의 장미꽃이 그토록 소중한 이유는 그 꽃을 위해 네가 공들인 시간 때문이야."

물론 인턴을 하면 하지 않은 것보다는 그 일에 대해 잘 알 수 있습니다. 그러나 그 일을 좋아하는 데 필요한 만큼 충분히 알기는 어렵죠. 우선 일의 핵심에 가 닿기 어렵습니다. 생각해 보세요. 중요한 일, 핵심적인 업무를 회사가 인턴에게 줄까요? 대부분 인턴은 핵심적 업무를 하는 사람들 옆에 있다가 인턴 기간을 마치게 되죠.

재미는 아날로그 영역

이쯤에서 질문을 바꿔보죠. 여러분은 언제 재미를 느끼나요? 그걸 알고 있나요? 재미에 대한 기준은 매우 다양합니다. 보기만 해도 빵 터지는 〈개그 콘서트〉 부류의 프로그램도 물론 재밌습니다. 하지만 때로는 심각한 다큐멘터리도 재밌습니다. 어떤 문제를 들고 며칠이고 끙끙거리다 해법을 발견했을 때도 재밌고, 아이디어를 내서 뭔가를 했는데 그게 통할 때도 재미있습니다. 여러분의 재미는 무엇인가요?

일을 하면서 재미를 느끼려면 몇 가지 경험이 따라야 합니다. 단연코 재미있는 것은 어떤 일을 주도적으로 할 때입니다. 성공이나 실패와 상관없이 재미있죠. 마침내 아이디어를 찾았을 때도 재밌고, 윗사람을 비롯해 많은 동료들이 반대하는 걸 끝내 관철시켰을 때, 그래서 좋은 결과를 딱 내놨을 때도 재밌습니다. 서로 으르렁거리고 싸웠지만 결국 일을 위해 의견을 모으고 양보를 해 경쟁에서 이기거나 입찰에 성공했을 때, 혹은 처음으로 리더가 되어 조직을 내 뜻대로 이끌게 되는 것 또한 대단히 재밌습니다. 그런데 몇 달의 인턴 기간 내에 이런 경험들을 할 수 있을까요?

마라톤을 하는 사람들은 그 어려운 걸 왜 하는 걸까요? 단지 건강을 위해서? 건강도 목표로 하지만 재밌어서도 합니다. 아니 그 지루한 마라톤이 뭐가 재밌을까요? 주변에 마라톤을 하는 분이 계시다면 물어보기 바랍니다. 자신을 넘어서는 과정, 어려움을 견디는 자신이 대견하다 느끼는 경험이 거기 있고, 다른 사람과 함께 때로는 경쟁인 듯 달리지만 마침내 결승점에 다다랐을 때 동지애 같은 걸 느끼는 경험 또한 해보지 않으면 알 수 없는 기쁨과 감동입니다.

일도 다르지 않습니다. 일의 기쁨과 슬픔을 모두 느껴보는 데 인턴 몇 달로 충분할까요? 어림없습니다. 물론 요즘 같이 변화가 빠른 시대에 충분히 시간을 투입하라는 말이 미련하게 들릴 수 있음을 압니다. 그런데 성취와 재미는 디지털이 아닙니다.

제게 디지털과 아날로그는 스킵할 수 있는가의 여부로 갈립니다. 언젠가 담양까지 운전해서 가는데 그런 생각이 들었습니다. 300킬로미터를 꼬박 달려야 담양에 닿는구나, 컨트롤 C와 컨트롤 V를 누르는 복붙으론 절대 다다를 수 없구나. 단 1미터도 스킵 없이 온전히 달려야 거기에 닿는구나. 그러니까 어딘가에 닿는 것은 제겐 명백히 아날로그의 일입니다.

마찬가지로 재미도 제겐 아날로그의 영역입니다. 일의 희로애락을 겪어봐야 재미의 세계로 들어갈 수 있어요. 내가 들이는 시간과 노력은 그 세계로 들어가는 입장권입니다. 재미는 시간과 노력을 들이지 않는 자에겐 자신을 열어 보여주지 않습니다.

또 하나 중요한 것은 일의 핵심에 닿아보는 겁니다. 세상이 말하는 대로가 아니라 자신이 시간과 노력을 들여 일의 핵심까지 내려가면, 그래서 곁에선 알 수 없는 일의 본질과 비로소 만나면 그 일에 대한 자신만의 시선이 생깁니다. 그걸로 그 일을 자기 방식대로 해나가는 거지요. 그러면 재미가 붙기 시작합니다. 한 분야에서 일가를 이룬 많은 이들이 이 과정을 거쳐 성장하고 성취하고 재미에 닿았습니다.

적어도 사계절을
지내봐야 알 수 있다

앞서 저는 자신이 좋아하는 걸 어떻게 찾느냐는 질문에 '시간과 노력을 들여 핵심에 닿으라'고 말했습니다. 제 답을 보신 어떤 분들은 이렇게 물으실지 모르겠습니다. 만약 시간과 노력을 들였다가 영 아니면 어쩌냐고. 저는 이런 답을 드리겠습니다. 적어도 그 일이 내 길이 아닌 것은 확인할 수 있고 그 일에 더 이상 미련을 두지 않게 될 거라고요.

제가 생각하는 세상의 중요한 이치는 '거두려면 먼저 투자하는 것'입니다. 씨앗을 심는 노력이 있어야 열매를 거둘 수 있고, 자본을 투자하는 행위가 있어야 돈을 벌 수 있는 거죠. 자, 사업가는 자본을 투자합니다. 그럼 우리는 무얼 투자하나요? 시간과 노력을 투자합니다. 손흥민 선수의 아버지 손웅정 님은 자신의 책『모든 것은 기본에서 시작한다』에서 이야기합니다. 어린 손흥민 선수가 힘들어하자 '성공은 선물'이라며 다시 마음을 다잡게 했다고요.

저는 일하는 시간은 한편으로 자신의 자산을 쌓는 시간이라고 생각합니다. 생계를 해결하거나 월급을 받는 대가로 노동력을 제공하는 데서 그치는 게 아니라, 업무를 하는 동안 투여한 노력은 내 안에 데이터와 경험으로 쌓여서 다른 일을 할 때라도 발휘되는 순간이 옵니다. 지금의 노력이 같은 업에서만 발휘되거나 가치를 가지는 건 아니죠. 그렇다면 업종을 바꿔 도전하는 일은 불가능하게요? 시간과 노력을 들이지 않으면 끝내 자신의 것이 되지 않습니다.

시간과 노력을 들여야 제대로 보일 때가 있다

광고회사에 있다 보면 호주에 갈 기회가 많습니다. 광고는 한 계절 앞서 준비하기 때문입니다. 가령 봄 상품 광고는 겨울 이전부터 준비해 시안을 확정하고 촬영하는데, 그때 우리나라는 아직 겨울이라서 봄 분위기가 나는 장소를 찾기가 어려워요. 이때 남반구에 위치한 호주가 좋은 대안이 됩니다. 계절이 반대니까요. 저도 호주의 시드니 혹은 멜버른으로 열 번 넘게 촬영을 갔습니다.

한데 그렇게 많이 갔음에도 시드니를 잘 모릅니다. 개인 여행을 가면 저는 버스나 지하철을 타고 가고 싶은 곳을 일일이 찾아다닙니다. 즐겨 찾았던 유럽의 도시들은 서울처럼 크지 않아서 대개는 걸어 다녔죠. 그렇게 지도를 보며 걷다 보면 심한 길치인 저조차 도시의 동서남북이 머릿속에 들어옵니다.

그런데 해외 촬영을 가면 현지 코디네이터들이 다 알아서 해줍니다. 직접 찾아다닐 일이 별로 없는 거죠. 그들이 숙소에서 촬영장까지 우리를 데려다주고, 촬영을 마치면 우린 다시 그들이 운전하는 차량을 타고 식당으로 가 저녁을 먹고 숙소로 향합니다. 모든 촬영이 끝난 뒤 잠깐 생기는 여유 시간에 혼자 돌아다니지 않으면 며칠씩 머물러도 여전히 낯선 도시로 남습니다. 지금도 시드니는 해안가의 록스Rocks와 공원 외엔 별로 생각나는 곳이 없어요.

일하러 가는 곳과 여행하러 가는 곳은 다를 수밖에 없지 않냐고 생각할 수도 있지만, 핵심은 '시간과 노력을 들여 그 도시를 탐색했느냐'입니다. 그렇게 한 끝이라야 어렴풋하게라도 알게 됩니다. 시간과 노력을 들인 그것에 대해.

'내가 좋아하는 일은 따로 있을 거야'

저는 29년을 광고쟁이로 살았지만 절반 가까운 세월은 이 일을 해야 하나 말아야 하나 고민하며 보냈어요. 방황도 했고요. 그러면서도 지기 싫고 잘하고 싶은 마음이 커서 부단히 애쓴 것도 사실입니다.

그러던 어느 날 이런 생각이 올라왔습니다. '나 같은 까탈쟁이, 완벽주의자가 여태 도망가지 않고 계속해서 하고 있다면 이 일은 나에게 이번 생의 일이 아닐까? 그렇다면 받아들이자.' 너무 수동적인가요? 그럼 이런 설명은 어떤가요?

광고는 제가 하고 싶어서 선택한 일이 아니었습니다. 저는 80학번이고 1984년에 대학을 졸업했습니다. 졸업했으니 취업을 해야 했지만 그때는 기업들이 대놓고 여성을 차별했음은 물론 여성을 뽑지도 않았어요. '전설의 88 서울올림픽'도 열리기 전일 뿐 아니라 2002 월드컵은 이때로부터 거의 20년 후에나 열리게 되는, 아주 오래전의 이야기입니다.

'여자도 뽑는다'는 신문광고를 어느 대기업이 냈길래 원서를 받으러 갔는데 그냥 돌아가라는 말을 들은 적도 있습니다. "여자를 안 뽑는데 모집 공고는 왜 낸 거냐"라며 따졌더니 "그거야 형식적인 거죠" 하더군요. 그런 시절이었습니다.

그렇게 우여곡절 끝에 광고회사에 발을 들였는데 도무지 적응할 수 없었습니다. 카피라이터를 뽑는데 전공을 따지지 않고 여성도 뽑는다는 내용에 혹해 지원했다가 운 좋게 붙은 거였죠. 참고로 저는 정치외교학 전공이었는데 당시 기업들은 대개 영문과 출신 여성들 정도만 뽑는 분위기였습니다.

하여튼 카피라이터가 무슨 일을 하는지 몰랐지만 '직종 끝에 라이터writer가 달렸으니 뭔가 쓰는 거겠지, 쓰는 거라면 웬만큼은 할 수 있지 않을까' 하는 마음으로 들어간 회사였습니다. '1년 후엔 다시 기자 시험을 봐야지' 하면서요. 그때 저는 기자 지망생이었거든요. 그런데 29년을 광고쟁이로 살게 될 줄 누가 알았을까요.

입사를 하고 오리엔테이션을 마친 후 팀에 배치됐는데 제가 자란 세계와 너무 달랐습니다. 일종의 '딴따라'들이 모였는데 무슨 말을 하는 건지 알아들을 수가 없더군요.

당시 광고회사 제작팀은 그래픽 디자이너와 카피라이터, PD(요즘 제작팀엔 대개 PD가 없지만, 그때는 PD가 CF를 직접 촬영했습니다)로 구성되었는데 디자이너들은 대개 미술대학, PD들은 연극영화과 출신들이 많았습니다. 그동안 제가 만나온 사람들과는 영 다른, 제 입장에선 '딴따라'들이었어요. 물론 저도 나중엔 딴따라가 되었고 그 변화를 꽤 좋아했으며 제 안에도 딴따라 기질이 꽤 많다는 걸 알게 되었죠.

당시 저는 거의 부적응자로 즐겁지 않은 시간을 보냈고, 그럼에도 대안이 없었으므로 '얼마간만 견뎌보자, 나중에 다른 일을 하자'며 저를 달랬어요. 하지만 정말로 싫었다면 제 성격에 그 일을 계속하진 못했을 거예요. 확 발을 빼지는 못할 만큼 조금씩 조금씩 재미를 느꼈습니다. 회의실에서 농담하듯 아이디어 회의를 하는 것도 재미있었고 우리끼리 작당한 것이 광고로 만들어지는 것, 하나의 문제에 저마다 다른 해법을 내놓는 것도 재밌었으며 선배들이 그걸 장려하는 것 역시 재미있었습니다.

그렇게 제 일에 조금씩 스며들어갔지만 마음속엔 여전히 '이 일은 내가 좋아서 선택한 게 아니야'라는 생각이 똬리를 틀고 있었습니다. 좋아서 선택한 일이 아니라는 생각은 '내가 좋아하는 일은 따로 있다'는 생각으로 이어졌죠. 입사 1년 후 다시 기자 시험을 치고는 이런 주경야독으론 안 되겠구나 싶어 포기했지만, 제가 좋아하는 일이 어딘가에 따로 있을 거란 생각은 제 안에 계속 있었어요. 그리고 슬럼프가 오면 더 크게 불거졌습니다.

몇 달간 인턴으로 알 수 없는 것

그랬는데 10년이 지난 어느 날, 문득 이런 생각이 들더군요. 아, 그동안 나는 내 일과 중매로 결혼했다고 생각했구나. 나이가 꽉 차 어쩔 수 없이 결혼을 해야 했을 때 중매로 누군가를 만났고 같이 살기에 그럭저럭 괜찮을 것 같아 결혼한 거라 생각했구나. 그랬으므로 나는 이 사람과 사랑해서 결혼한 게 아니란 생각을 쭉 했고……. 그런데 어느 날 옆에 누워 자고 있는 그 사람을 바라보니 콧등이 시큰해지면서 나도 모르게 이 사람을 좋아하고 있었다는 걸, 사랑해서 결혼한 게 아니라고 생각했지만 십수 년을 함께하는 동안 이 사람을 좋아하게 되었다는 걸 깨달았구나……. 제가 제 일에 정을 붙이고 제대로 만난 과정을 결혼에 비유하면 이랬습니다.

저는 10년 넘은 시간을 들여 비로소 제 일을 좋아한다는 것을 알게 되었습니다. 물론 모든 분이 저처럼 십수 년씩 걸려서 좋아하는 일을 발견할 필요는 없습니다. 여러분은 저보다 훨씬 스마트한 분들일 테니 빨리 알아볼 수 있을 겁니다. 그러나 잊지 마세요. 적어도 그 일과 봄, 여름, 가을, 겨울을 지내봐야 좋아하는지를 제대로 알 수 있다는 점을요.

연애와 결혼은 별개라고 하지요? 오랜 시간 함께할 사람과는 찌릿 통하는 것 말고도 여러 가지가 맞아야 하죠. 그렇다면 더더욱 시간을 들여 알아가야 하는 거 아닐까요?

일 역시 충분히 겪어보지 않고서는 이 일을 좋아하는지 아닌지, 이 일이 나와 맞는지 아닌지 잘 알기 어렵습니다. 그저 생업으로서가 아니라 좋아서 하고 싶은 일이라면 더더욱 몇 달간 인턴만 해보는 것으로는 알 수 없겠지요.

'대안 없음'이
대안이 될 때

       저는 어쩌다 카피라이터가 되어 일이 적성에도 맞지 않고 광고가 요구하는 재능도 별로 없는 것 같아 하루하루 부대꼈습니다. 그러면서도 잘하고 싶은 마음은 커서 밤잠 설쳐가며 애를 썼고 긴 시간 방황한 끝에 광고를 제 일로 받아들였습니다.

  결과를 놓고 보면 저는 적응했고 괜찮은 성과를 거뒀지만 꼭 그 일을 했어야 했나 하는 생각도 듭니다. 혹시 우격다짐으로 일에 나를 끼워 맞춘 건 아닐까, 다른 일을 했어도 웬만큼은 해내지 않았을까, 정말로 광고가 나의 일이었을까, 어렵더라도 다른 시도를 했더라면 좀더 좋아하는 일을 만날 수도 있지 않았을까 하는 생각이 시시때때로 올라오곤 했습니다.

  하지만 당시의 제겐 대안이 없었습니다. 그때는 1980년대. 저는 일자리가 필요한데 여자를 뽑는 데는 거의 없었습니다. 저를 뽑아준 곳에서 광고를 계속하는 것 외엔 별 대안이 없었습니다.

그런데 시간이 흐른 뒤에 보니 저는 그 대안 없음으로 인해 분투할 수 있었습니다. '분투했다'가 아니라 '분투할 수 있었다'고 쓴 것은 대안이 없다는 사실이 저를 열심히 하게 했을 뿐 아니라 제 능력을 끌어올려준 동력이 되었기 때문입니다.

전례 없음을 뒤집기 위해

대안이 없다는 건 다른 수가 없는 겁니다. 우리는 여러 대안 중에 좋아하는 걸 마음대로 골라 할 수 있기를 바라지만 모든 사람이 그럴 수 있는 건 아니죠. 누군가는, 혹은 인생의 어느 구간에선 꼼짝 없이 막다른 길에 몰릴 수 있습니다. 하지만 좋기만 하거나 나쁘기만 한 일은 없어서, 종종 불행하다 여긴 일이 새로운 길을 열어주기도 합니다. 인생은 다 알고 시작하는 게 아닌 거였어요.

저만 해도 그렇습니다. 광고가 체질에 맞지 않아 고생한 얘기는 이미 했죠. 그런데 회사생활이 어려웠던 이유는 또 있었습니다. 1980년대의 정외과 여학생이 숱한 이력서 제출과 면접 끝에 겨우 좁은 문을 뚫고 취업했지만 입사의 기쁨은 잠시였고 절망스런 상황이 떡하니 기다리고 있었습니다. 남녀차별이었습니다. 급여는 남자보다 적었고 승진은 늦었습니다. 이런 내용을 사규에 명시했을 정도니 명백한 차별이었습니다. '여자인 너희는 열등한 존재다'라는 선언처럼 느껴졌고 아메리카의 소수민족이 된 듯했습니다.

학교의 품 안에선 한 번도 차별대우를 받은 적이 없었습니다. 오히려 여성학 등을 통해 남녀가 동등한 존재임을 교육받았죠. 제가 자라난 집안의 분위기에도 아들, 딸 차별이라곤 없었고요. 그랬는데 사회는 다르더군요. 학교 문을 나서기까지 알고 있던, 남자와 여자는 같다는 것은 그저 당위였어요. 제가 입사한 날이 1월 5일, 겨울 한복판이었는데 마치 그날의 날씨만큼이나 매서운 시집살이의 시작이었습니다.

다녀야 하나 말아야 하나, 당연히 고민했습니다. 내 능력이 부족해서 못한 대접을 받는 거야 얼마든지 수긍할 수 있지만 여자는 무조건 열등하다뇨. 그 무지한 발상에 동의할 수 없어 몇 번이고 항의하며 동등한 처우를 요구했지만 회사는 사규가 그렇게 되어 있어 쉽게 고칠 수 없으며 전례가 없다는 말만 되풀이했습니다. '전례가 없다'는 말은 그 후로도 몇 번이고 들은 무서운 말이었죠.

자존심 때문에라도 그만두고 싶은 마음이 굴뚝같았지만 그럴 수 없었습니다. 대안이 없었어요. 그나마 저희 회사는 여직원을 뽑기라도 했지만 당시엔 소수의 외국계 기업을 빼면 그렇게 하는 곳이 없었어요. 기껏 뽑아놓고서도 '사무실의 꽃'이라 칭할 정도였으니 지금과는 사뭇 달랐습니다. 우리 회사만 그런 게 아니었던 거죠. 그러니 그만두는 건 대안이 아니었습니다.

그랬으므로 저는 일단 그곳에서 제 에너지를 다 뽑아내기로 했습니다. 여자가 열등하지 않음을 증명해 보이기 위해, 일을 잘하기 위해 부단히 노력했는데 바로 그 노력이 제게 새로운 길을 열어주었습니다. 저도 몰랐던 제 능력을 하나씩 알아차리며 펼쳤달까요.

김영민 교수는『인생의 허무를 어떻게 할 것인가』에서 '문제를 해결하는 첫 단추는 응시하는 것'이라 했습니다. 저는 그 말에 전적으로 동의하고, 저 역시 길이 보이지 않을 때마다 그렇게 합니다. 스물몇 살의 저도 그랬어요. 카피라이팅, 크리에이티브, 광고라는 제 일을 살폈고 저라는 사람을 안쪽까지 찬찬히 들여다봤습니다.

그러기를 얼마나 했을까요? 뭔가가 조금씩 보이기 시작했습니다. 광고란 결국 클라이언트의 매출을 올리거나 브랜드 인지도를 높이고 브랜드 이미지를 개선하는 등 문제를 해결하고자 하는 것인데 그것이 어찌 선배들이 말하는 끼와 감각, 순발력만으로 될까 하는데 생각이 미쳤습니다.

그러자 다른 능력이 필요해 보였고, 혹 그런 능력이 내게 있지 않나 싶어 더 깊이 들여다봤습니다. 있더군요! 설득력, 콘셉트를 만드는 능력 같은 것. 물론 끼와 감각, 순발력이 있는 사람은 그렇지 않은 사람보다 유리할 테지만 저는 그것만이 광고인에게 필요한 역량의 전부는 아님을 알게 되었습니다. 그리고 제가 잘할 수 있는 방식을 찾아낼 수 있었습니다.

막다른 길이 안내한 기회

그때 만약 제게 다른 대안이 있었다면, 그래서 몇 가지 선택지를 놓고 고를 수 있었다면 지금의 저와는 사뭇 다른 사람이 되어 있을지도 모릅니다. 큰 성공을 거뒀을 수도 있죠. 하지만 그걸 누가 알겠어요. 일어나지 않은 일이고 가지 않은 길인걸요. 저는 그것 밖엔 달리 방법이 없어, 또 그 길에서 내쳐지지 않기 위해 한 발 한 발 최선을 다해 걸었고, 그때 필사적으로 기울인 최선은 제게 있는 줄도 몰랐던 능력을 꺼내 쓸 수 있게 해주었습니다. 대안 없음이 가져다 준 기회라고나 할까요?

나중에 안 일인데, 제게도 감각이나 순발력이 없진 않았습니다. 감각이나 순발력이 세상 사람들이 말하는 그런 것만 뜻하는 게 아니라는 것 또한 알아낼 수 있었어요.

대안이 없다는 건 결코 유쾌한 일이 아니지만 그렇다고 해서 꼭 피해야 할 나쁜 상황도 아니라고 생각합니다. 마치 자식이 위험한 상황에 처하면 부모들이 괴력을 보이며 자식을 구해내는 것처럼, 대안 없는 절실한 상황으로 내몰리면 아주 깊숙한 곳에 있어서 혹은 평소에 잘 쓰지 않아 자신에게 있는 줄도 몰랐던 능력을 꺼내 쓰게 되니까요.

돌아보니 인생은 늘 자신을 다 열어서 보여주는 것 같지 않고 절실한 마음으로 끝까지 달려드는 자에게만 안쪽을 허락하는 것 같습니다. 1인당 국민소득 3만 달러를 넘어선 선진국의 시민이 되었는데 꼭 그렇게까지 애를 써야 하냐, 좀 여유롭게 살아도 되지 않냐는 소리가 들리는 듯도 한데, 국가가 선진국이 되었어도 우리는 여전히 한 번뿐인 인생을 삽니다. 그러니 자기 인생에 최선을 다하는 거죠.

나의 길이 어디로 나 있는지 우리는 알지 못한 채로 출발하고, 멀리서 보기엔 길이 없는 것 같아도 가까이 가서 보면 두 갈래 길이 나 있기도 하고, 또 가파른 길인 줄 알았는데 막상 가보면 완만할 때도 있습니다. 그러니 선택할 수 없다고, 내몰렸다고 해서 미리 절망할 필요는 없습니다. 지나고 보면 그 대안 없음이 훌륭한 대안을 만들어주기도 하니까요.

모든 걸 당장의 시선으로 재단하지는 말자는 얘깁니다. 세상에 좋기만 한 것, 나쁘기만 한 건 없어서 당장엔 고통스러울지라도 후엔 귀하게 평가해야 할 것들이 있습니다. '대안 없음' 역시 미처 알지 못했던 능력과 취향, 기질이 발휘되는 계기가 된다는 점에서 마냥 슬퍼하거나 노여워할 건 아니지 않나 생각합니다.

계속하게 하는 힘

제가 나이가 들듯 후배들도 그렇게 되어 이젠 20년, 25년씩의 커리어에 이르렀습니다. 저는 제일기획에서 29년 일하고 '졸업'했는데, 제일기획에서의 경력만 따지면 저보다 길게 일한 후배들도 등장하기 시작했어요.

어쨌든 저는 제일기획에서 은퇴 같은 퇴직을 한 후에도 책방 주인으로 계속 일하고 있어 커리어가 꽤 길어졌습니다. 그래서인지 어떻게 그렇게 오래도록 일할 수 있었느냐는 질문을 종종 받곤 하죠. 저도 돌아봅니다. 제게도 고비가 없지 않았는데 어떻게 중간에 그만두지 않고 계속 길을 갈 수 있었는지, 어떤 일을 계속하게 하는 힘이 무엇인지.

힘들어도 그 일을 하는 이유

저는 몇 군데 정기적으로 원고를 쓰고 있는데 마감일이 다가오면 마음이 조마조마합니다. 이번엔 글이 잘 써질지, 아니면 기름칠한 지 오래된 기계마냥 끽끽거릴지……. 어떤 때는 머릿속 생각을 옮겨 놓기만 하면 될 만큼 순조롭게 써질 때도 있지만 어떤 때는 분명한 글감이 있어도 진도가 잘 나가지 않아 끽끽거립니다. 마음에 드는 글을 써내는 건 꽤나 힘이 들어 다시는 쓰지 않겠다고 결심할 때가 많죠. 그러면서도 여전히 계속 쓰고 있기는 합니다만.

어디 글쓰기만 그럴까요? 누가 시켜서가 아니라 제 의사로, 자유 의지로 시작한 일인데도 일을 하다 보면 잘 풀리지 않고 힘이 들어 그만 던져버리고 싶을 때가 있습니다. 하지만 그때마다 포기하지는 않죠. 그럼 힘들다면서 계속 붙잡고 있는 이유는 뭘까요? 힘들다는 걸 이미 알면서 또 그 일을 하는 이유는요? 좋아하는 마음 혹은 생업 때문일 때가 많지만 그게 전부는 아닙니다. 약속과 책임감도 큰 동력이었으니까요.

어떤 일을 할 때 너무나 좋아한 나머지 신들린 듯 하는 건 물론 멋져 보입니다. 하지만 제게 있어 어떤 일을 오래도록 하는 동력은 때때로 '해야 한다는 마음'이었고 책임감이었습니다. 재미없지요? 그래도 엄연한 사실입니다.

하고 싶은 마음 못지않게 해야 하는 일, 하기로 되어 있는 일을 해내는 마음과 의지를 저는 높이 칩니다. 특히 혼자 하는 게 아니라 여럿이 함께하는 일의 경우 더더욱 그렇습니다. 설사 홀로 일하는 프리랜서라 해도 자신의 일을 완벽하게 처음부터 끝까지 혼자 하는 건 아닙니다. 같은 조직에 속해 있지 않고 시간 활용이 자유롭다 뿐이지 관계 속에서 일해요. 어느 지점에선가는 반드시 만나죠. 그러니까 우리 모두는 축구나 야구처럼 팀 스포츠를 하는 선수들입니다.

하고 싶지 않은 일을 하면서 살겠다는 사람은 없겠지만, 요즘 세대는 그보다 몇 배 강력한 의지로 자신이 원하는 일을 하며 살아가고 싶어 합니다. 그저 생계를 위해서가 아니라 재미있는 일, 마음에서 우러나는 일을 업으로 삼고 싶어 해요. 하지만 그런 마음으로 시작하되 지속적으로 재미를 느끼면서 성취도 하려면 '하고 싶다'는 것 외에 생각해야 할 것들이 많습니다.

열정의 다른 의미

저는 행복이나 열정 같은 말을 별로 좋아하지 않습니다. 좀 부담스러워서요. 저도 누구보다 일을 잘하고 싶어 했고 물불 가리지 않고 열심히 일했지만 제가 열정적인 사람인가 자문해 보면 '글쎄' 하게 됩니다.

최근에 읽은 일본 작가 마쓰이에 마사시松家仁之의 소설 『여름은 오래 그곳에 남아』가 생각나는군요. 건축사무소를 배경으로 그곳에서 일하는 사람들과 그들의 생각, 느낌, 인연을 그린 작품입니다.

그 건축사무소의 소장은 업계에서 존경받는 유명 건축가입니다. 그는 "건축은 예술이 아니라 현실"이라며 실제로 그 건축물을 이용하고 살아갈 사람들이 조금의 편리라도 더 누리도록 고심하고 고심해요. 건축 분야처럼 누가 만들었는지를 알려야 되는 일은 자신을 드러내는 방식으로 접근하기 쉬운데 소설 속 노ᴴ 건축가는 겉으로 눈에 띄는 건축, 건축가 자신이 빛나는 건축엔 관심을 두지 않습니다. 이런 태도는 특히 경쟁 입찰에 유리할 게 없지만, 그는 아랑곳하지 않고 자신이 중요하다고 여기는 것에 자신의 방식으로 몰두하고 최선을 다하죠.

일이란 무엇이고 일을 잘한다는 건 무엇인지 이 소설은 한 마디도 명시적으로 말하지 않지만 저는 줄곧 '일'을 떠올리며 읽었고, 또한 열정적이라는 말을 다시 들여다보게 되었습니다. 시간이 오래 걸리고 힘이 들더라도 자신의 뜻을 쉬이 꺾지 않고 계속 해나가는 것, 처음 들어선 길을 계속 가는 것. 제겐 이런 모습이야말로 열정처럼 보여요. 활활 불타는 이미지와는 거리가 멀지만 말이죠.

'열정'이란 말이 인구에 회자되기 시작한 건 아마도 20년 전부터인 것 같습니다. 한양대학교 국문과 정민 교수의 『미쳐야 미친다』가 널리 읽힌 후부터가 아니었을까 싶어요. 그 무렵부터 기업들은 직원들에게 일에 대한 열정을 강조했고, 우리는 한 분야에서 일가를 이룬 이들을 칭송할 때 무엇보다 그들의 열정을 강조했습니다.

그런데 열정이란 말엔 오해하게 만드는 구석이 있어요. '열熱'자

때문입니다. 뜨거울 열. 우리는 열정이란 말을 들으면 자연스럽게 인파이터infighter의 폭발적 에너지를 떠올립니다.

하지만 현실은 마라톤에 가깝고 일터에서의 성취는 시간과의 싸움일 때가 많습니다. 될 듯 될 듯 되지 않고, 열심히 했지만 평가받지 못해 기죽고 절망하는 시간의 연속이죠. 그러다 가늘게 성취와 성장 같은 열매를 맺고요. 많은 경우 어떤 일을 시작하는 계기는 '좋아하는 마음'이 틀림없지만, 시작과 성취 사이의 길은 결코 평탄한 신작로가 아닌 겁니다.

지속하는 마음을 들여다보기

그러고 보니 이 이야기를 연애와 결혼으로 풀어낸 소설, 알랭 드 보통의 『낭만적 연애와 그 후의 일상』도 생각나는군요. 누군가와 사랑에 빠지면 이 사람과 일생을 함께하고 싶다는 마음이 들고 결혼으로 이어집니다. 이때도 시작은 좋아하는 마음이죠.

하지만 부부로 한평생 사는 일이 녹록할 리가 없습니다. 그래서일까요? 좋아하는 마음으로 맺은 인연이 숱한 고비에도 흩어지지 않고 소중한 가족으로 오래 남아 있게 하는 힘에 대해 세상 모든 부부들은 이구동성으로 이렇게 말합니다. 상대에 대한 의리, 애틋함, 책임감, 때론 미운 정까지. 일상은 낭만적이지 않습니다.

2022년을 뜨겁게 달궜던 드라마 〈나의 해방일지〉에서 창희는 제법 큰 수익이 보장된 비즈니스를 스스로 날려버리고 한참 고생합니다. 죽음을 목전에 둔 선배의 손을 잡아주기 위해, 오래 공들이며 준비해 왔던 사업의 시연 기회를 포기한 거죠. 도대체 왜 그랬느냐는 친구들의 물음에 그는 말합니다. "내가 뭐든 입으로 털잖냐. 근데 이건 안 털고 싶다. 이 말들이 막 쏟아지고 싶어서 혀끝까지 밀려왔는데 밀어넣게 되는 그 순간, 그 순간부터 어른이 되는 거다"라고.

저는 여기에 하나를 더 보태고 싶네요. 보이는 것의 이면을 볼 수 있을 때 어른이 되는 거라고.

좋아서 시작한 일을 지속해 끝내 열매 맺게 하는 것의 이면을 들여다보면 이런 것들이 보입니다. 의무를 다하고, 약속을 지키고, 폐를 끼치지 않으며, 하기로 한 건 어떻게든 해내려는 마음. 또 동료들에게 좋은 평판을 얻고 조직에 쓸모 있는 사람이 되고 싶은 마음. 계속 성장해 어느 날엔 '구씨'처럼 멋지게 도약하고 싶다는 마음…….

좋아하는 마음은 무언가를 시작하게 하지만, 그 일이 끝내 이루어지게 하는 것은 결코 낭만적이지 않습니다. 좋아하는 마음 이면의 지속하는 마음도 돌아봐야 할 것 같습니다. 어른이라면 말입니다.

내 마음 나도 모를 때
일단 써보기

중요한 선택이나 결정을 앞두고 어째야 할지 잘 모르겠을 때 있으시죠? 그럴 때 선배나 친구를 찾아 실컷 이야기하고 나면 한결 마음이 가벼워집니다. 생각이 정리된 것도 같고요. 한데 가만 생각해 보면 선배나 친구는 별 의견을 주지 않았습니다. 그런데도 헝클어졌던 마음이 꽤 차분해졌죠. 어떻게 된 걸까요?

또 이런 경험도 있지 않으세요? 글을 쓸 땐 무슨 말을 쓸지 키워드와 대략의 내용을 머릿속에 넣고 자판을 두드리기 시작하죠. 그런데 쓰다 보면 쓰기 전에는 생각조차 하지 않았던 문장들이 마구 올라옵니다. 키보드를 두드리는 속도가 생각을 따라가지 못할 정도로 계속해서 말이죠. 다 써놓고 보면 '어머, 내 안에 이런 생각들이 있었나' 싶습니다. 이렇게 미처 알지 못했던 생각을 마주하고 놀란

적이 저도 여러 번입니다. 내 안에 있던 생각인데 글로 써보기 전엔 알 수 없었던 것들이 적지 않아요.

스스로 문제를 객관화하는 과정

사람은 무의식이 90퍼센트라고 합니다. 자기 안에서 벌어지고 있는 일들의 10퍼센트만 감지한다는 뜻입니다. 나머지는 자기 자신도 모르는 채 진행되는 거죠.

부문장을 맡고 있었을 때의 일입니다. 한 친구가 저를 찾아왔습니다. 경력사원으로 입사한 지 몇 달쯤 된 친구였는데, 회사에 적응하는 데 애를 먹고 있다는 얘기를 저도 들어 알고 있었습니다. 제 앞에 그 친구가 앉아 꺼낸 얘기도 짐작대로 "이전 회사와는 일하는 방법이 너무나 다르고 팀장과도 의견이 맞지 않아 힘들어요. 어쩌면 좋을까요?"였습니다.

제가 어떤 말을 해주었을까요? 저는 그 친구에게 고민을 A4 용지에 써보라 했습니다. 마음대로 할 수 있다면 어떻게 하고 싶은지도 쓰라고 했어요. 길어도 좋으니 전부를 적어보라고, 시한은 두지 않을 테니 다 쓰고 나면 그때 다시 오라고 했습니다.

일주일쯤 뒤, 그 친구가 제게 다시 찾아와 노트를 내밀었습니다. 쓱 살펴보니 글이 빽빽하게 적혀 있었어요. 일주일 전과 비교해서 마음이 어떠냐고 물었더니 '글로 써보니 많이 정리되었다'며 웃더군요. 제 도움은 필요 없어 보였습니다. 저는 이렇게 말했습니다. "이 노트 도로 가져가. 검사하려고 써보라 한 게 아니야. 우선 자신이 겪고 있는 문제가 뭔지, 나를 힘들게 하는 문제가 뭔지 정확하게 알아야 해법이 생기는데 그건 제삼자가 해주는 게 아니라고 생각해. 다행히 문제를 잘 찾았고 정리도 된 거 같네. 그럼 된 거지 뭐." 그 친구는 웃으면서 제 방을 나갔습니다.

고민이 있을 때 누군가에게 하소연을 하거나 도움을 받으려면 먼저 상황을 설명해야 합니다. 제가 어려움에 처해 선배를 찾아갔다고 칩시다. "선배, 저 고민이 있어요" "그래? 뭔데? 말해 봐!" 그러면 저는 문제가 뭔지 설명하겠지요? 상황은 이러저러하고 이만저만해서 힘들다고.

바로 이 과정이 문제를 명확히 하는 과정입니다. 머릿속에서 이 생각 저 생각이 한데 뭉쳐 뭐가 뭔지 선명하지 않던 것들을 바깥으로 끄집어내는 과정, 출력 과정이죠. 다시 말하면 겉으로는 듣는 이에게 상황을 설명하는 것 같지만 실은 스스로 문제를 객관화하는 과정입니다.

해법을 찾는 일은 문제를 명확히 하는 것이 시작입니다. 많은 경우 문제가 선명해지면 해법도 한결 가까워져요. 그래서 고민이나 어려운 문제와 맞닥뜨렸을 때 좋은 방법은 글로 쓰는 것입니다.

이때 중요한 건 생각나는 대로, 올라오는 대로 다 적는 겁니다. 처음 한두 줄을 써보면 그다음부턴 생각의 속도를 손이 따라가지 못할 만큼 많은 생각들이 꼬리에 꼬리를 잇습니다. 다 적어보세요. 두

장이고 세 장이고, 아니 아홉 장이고 열 장이고 자신의 안쪽에 있었으나 미처 알지 못했던 생각들을 다 끄집어내는 겁니다.

그렇게 써놓고 보면 자신도 놀라게 될 거예요. '아니, 내 속에 이런 마음이 있었어? 어머, 이게 문제였어?' 하면서요. 그동안은 왜 미처 몰랐을까요? 무의식이 90퍼센트, 의식은 겨우 10퍼센트밖에 안 되니까요. 그만큼 우리는 자기 내부에서 무슨 일이 일어나고 있는지 알지 못하고 지내는 거죠. 늘 애쓰지 않으면 자신을 잘 알기 어려운 이유입니다.

나를 제대로 알 때 한 걸음을 뗄 수 있다

저도 이런 경험이 있습니다. 회사를 퇴직하고 백수로 지내던 시절이었어요. 사실 저의 퇴직은 계획한 것이었습니다. 마흔 초반이 넘으면서부터 이후의 삶을 어떻게 살 것인지 지속적으로 고민했던 저는 수년 후 확실하다 싶은 결론에 도달하자 2012년, 퇴직을 결행했습니다. 때가 왔다는 것이 온몸으로 느껴졌어요. 퇴직하기 몇 달 전에 미리 회사에 의사를 밝히고 차츰 준비한 끝에 '졸업'을 했습니다.

그런 자발적 퇴직이었음에도 회사를 그만두고 얼마간의 시간이 흐르자 제 마음이 좀 이상해졌습니다. 퇴직이 가져다 준 '자유'가 더 이상 즐겁지 않았어요. 우울증 비슷한 증상도 나타났습니다. '왜 이러지? 회사에서 잘린 것도 아니고 내가 하고 싶어서 한 건데, 아침부터 밤까지 온전히 내 시간이라 가고 싶은 곳에 가고 만나고 싶은 사람들을 만나면서 원하던 자유를 실컷 누리는데 왜 좋지가 않은 거지?' 처음엔 저도 이유를 몰랐습니다. 그래서 마음챙김mindfulness 명상도 해보고 친구에게 하소연도 하며 그저 시간을 보냈죠.

그러다 어느 날 파주 헤이리의 '카메라타'에 갔습니다. 방송인 황인용 님이 파주에 연 음악감상 공간입니다. 이곳은 처음부터 음악감상용으로 건축되어서 천장이 매우 높고 바닥이 나무예요. 게다가 1930년대에 제작된 아날로그 음향기기들이 오리지널 상태로 구비되어 있어서 클래식 음악을 감상하기에 최고입니다. 이 세상의 것 같지 않은 근사한 소리로 음악을 들을 수 있어요.

이상하게 저는 이곳이 이따금씩 생각납니다. 그립다고 해야 하나, 마음의 갈피가 잡히지 않을 때면 특히 더 가고 싶어집니다. 물론 클래식 음악을 좋아하고 그곳에서 질 좋은 오디오 기기로 음악을 듣는 체험이 특별하긴 하지만, 저는 그곳에 음악만 들으러 가지 않습니다. 그냥 가서 앉아 있으면 누군가로부터 위로를 받는 것 같아요.

그날도 그런 마음으로 갔습니다. 자유로를 50킬로미터쯤 달렸죠. 그리고 그곳에 앉아 노트를 꺼내 당시 제 마음을 쓰기 시작했습니다. 그저 적었어요.

10여 장을 적었을까요? 제 마음에 '아……' 하는 느낌이 올라왔습니다. '내 안에 이런 마음이 있었네. 몰랐어. 이것 때문에 마음이 편치 않고 어지러웠구나.' 샅샅이 써보니 비로소 알 수 있었습니다.

이건가 저건가 알지 못해 서성였지만 마음이 환해지니 그다음부터는 진도를 나가면 되었죠. 그 끝에 책방을 하게 되었습니다.

열 길 물속은 알아도 한 길 사람 속은 모른다고 하죠. 이때의 사람 속은 타인의 마음을 지칭합니다만 오히려 자기 마음이야말로 제일 알기 어려운 대상 같아요.

내 마음 나도 모르겠거든 친구나 선배를 찾아 의논하는 것도 좋지만 혼자 글로 써보며 생각을 정리해 보시길 바랍니다. 내 안 저 밑에 가라앉아 있어 쉬이 알기 어려운 마음을 글을 쓰면서 끄집어 올리는 거죠. 그러니 여러분, 일단 써보십시오!

자신에게 취하지 마라

       이 책에서 저는 세상의 기준에 맞추지 말고 내가 가진 걸 세상이 원하게 하라는 말을 종종 했습니다. 무엇을 하든 자기 자신으로부터 출발하라는 얘깁니다. 그렇다고 해서 이기적이 되라거나 세상이 자신을 중심으로 돈다고 생각하란 뜻은 아닙니다. 오히려 그 반대죠. 모순처럼 보이는 이 이야기가 어떻게 둘 다 진실일 수 있는지 말씀드려 보겠습니다.

    『7년의 밤』을 쓴 정유정 작가가 2021년에 『완전한 행복』이란 장편소설을 냈습니다. 그녀의 작품이 으레 그렇듯 이 책도 재미있어서, 한 번 잡은 뒤론 중간에 놓지를 못하고 결국 앉은 자리에서 다 읽었죠.

    저희 책방에서 북토크를 했을 때 정 작가는 아주 인상적인 이야기를 남겼습니다. 우리는 누구나 세상에 하나밖에 없는 고유한 존재지만 그렇다고 해서 그것이 특별한 존재란 뜻은 아니라고요. 많은 사람들이 이 말을 잘못 이해하고 자신을 특별한 존재라 여기며 타인보다 우위에 둔다고 합니다. 이 생각을 풀어낸 소설이 바로 『완전한 행복』입니다.

나를 위한 천연 방부제

정유정 작가의 말을 듣는데 제 생각은 일터로 날아가더군요. 일터에서도 종종 그런 사람들을 만났거든요. A라는 사람이 있었습니다. 일은 꽤 잘하지만 언제나 모든 일을 다 잘하진 않았고, 또 모든 프로젝트에서 그의 기여도가 제일 높은 것도 아니었어요. 그러니 그가 항상 최상위 고과를 받아야 하는 건 아니었죠.

한데 본인의 생각은 그렇지가 않아서 항상 평가에 불만이었고 억울해했습니다. 게다가 워낙 자기확신이 강해서 의견 조율이 잘 안 되니 함께 일하는 사람들이 힘들어하고 팀 분위기도 좋지 않았습니다. 자신을 아주 특별하게 여기는 나머지, 세상이 자신을 중심으로 돈다고 생각하는 사람이었습니다.

문제는 본인은 이 사실을 전혀 인지하지 못한다는 거였습니다. 그러니 바꿔보려고 애쓰지도 않았죠. 객관적인 자기인식 혹은 자기성찰이 되지 않는 사람의 특징입니다.

수년 전부터 지속 가능한 성장이 기업들의 화두가 되었죠. 한데 이는 일 욕심이 있는 개인들도 중요한 화두이자 목표로 삼을 만하다고 생각합니다. 그 출발점은 객관적인 자기인식이고요. 자신이 어떤지 냉정하게 알아야 무엇을 어떻게 하고 바꿔야 하는지도 알 수 있고 그것을 위해 노력할 수 있으니까요.

그런데 이를 방해하는 게 있습니다. 자기 자신에게 취하는 거죠. 제가 일했던 회사에선 한 해에만 수백 편의 광고 캠페인을 만들었습니다. 한국 최고의 광고회사인 데다 내로라하는 '선수'들이 포진해 있었죠. 하지만 우리가 만드는 모든 캠페인이 세상 사람들의 눈에 띄고 사랑을 받는 건 아니었어요. 사실 어느 회사에서나 시장을 흔드는 괜찮은 캠페인을 하는 경우는 손에 꼽힐 정도입니다.

그러니 성공 캠페인을 연달아 터트린 이는 우쭐해합니다. 주변에서도 그를 잘한다 추켜세우고 다음 프로젝트도 잘 부탁한다며 웃음을 흘리고요. 이런 일을 겪다 보면 자기도 모르게 대가大家라도 된 양 목과 어깨에 힘이 들어가고 다른 사람들의 조언을 잘 들으려 하지 않습니다. 승승장구의 시간이 길어지고 주위의 환호가 뜨거울수록 '자뼉'의 정도도 한층 심해지고요.

여기서 분명히 할 것이 있습니다. 우리의 목표는 그저 '잘하는 것'이 아니라 '오래도록 잘하는 것'이라는 겁니다. 기업들이 지속 가능한 성장을 추구하듯 개인들도 오래도록 잘해야 좋은 기회를 계속 가질 수 있으니까요.

문제는 '한 번 잘했으니 앞으로도 잘할 것'이란 오해입니다. 한두

번의 성공에 긴장을 풀고 마음을 놓아버리거나 일찍부터 대가연大家然
하는 사람은 오래도록 잘하기 힘들어요. 이유가 뭘까요?

성공에 취하고 자신에게 취하기 때문입니다. 나는 늘 잘할 것 같
고 내가 하는 일은 늘 맞다고 여기는 거죠. 알코올에든 성공에든 한
번 취하면 분별력이 사라지고 판단력이 작동하지 않습니다. 또 자
신에게 취하고 이전의 성공에 눈이 멀면 노력도, 고민도 줄어들고
요. '이만하면 됐지' 하며 쉬이 타협하므로 예전처럼 좋은 것을 내놓
지 못하고, 해야 할 일과 하지 말아야 할 일을 구별하지 못해 일을
그르치죠.

이런 건 옆 사람이 먼저 알아차리는 법이라 결국 그에게서 돌아
서며 환호를 거둡니다. 그는 더 이상 찾아지지 않은 채 잊히고요.
자신을 버리지 않거나 가야 할 길을 놔두고 옆길로 빠지는 사람의
운명은 이런 겁니다. 30년 가까이 한 사회생활 동안 숱하게 목격한
장면이에요.

소금, 꿀, 목재를 태울 때 나오는 연기……. 이것들의 공통점을 아
시나요? 바로 방부제입니다. 음식을 저장하는 기술이 발달하지 않
았던 옛날, 이것들은 천연 방부제로 활용되었죠. 옛사람들은 음식
을 소금에 절이거나 꿀에 재고 혹은 연기를 쏘여 오래도록 보관했
습니다.

한데 방부제가 어디 음식에만 필요할까요? 사람에게도 꼭 필요한
것이 방부제라고 생각합니다. 조그만 성공에 취해 쉬이 허물어지거
나 망가지지 않도록 자신을 엄정히 돌아보고 삼가는 것. 스스로를

과대평가하지 않는 것. 해야 할 일을 하고 있는지 점검하는 것. 이런 자세야말로 자신을 온전하게 지키는 방부제입니다. 소금 같은 방부제가 음식을 상하지 않게 하듯 자기 자신에게 방부제를 잘 작동시키면 자신을 담금질해 단단한 사람이 될 수 있습니다.

감정에서 끝나지 말고 '왜'를 묻기

여러분도 1년에 한두 번 다면평가를 받고 계시죠? 조직의 장이나 상사의 평가와 별개로 함께 일하는 동료, 선후배의 평도 함께 듣는 것이 다면평가입니다.

기업들이 이렇게 하는 것은 우선 협업의 중요성이 커져서일 테지만 또하나의 이유가 있습니다. 구성원들로 하여금 자기 자신을 객관적으로, 또 냉정하게 돌아보고 인식하게 하기 위함입니다. 어느 기업의 CEO는 제게 임원 교육을 부탁하면서 이러시더군요. "큰 거 안 바랍니다. 자신을 있는 그대로, 객관적으로 생각할 수 있게 해주면 좋겠습니다." 자신을 제대로 인식한다는 건 그만큼 중요하고 어려운 일인 것 같습니다.

만약 자신에 대한 다면평가 결과가 스스로의 평가보다 낮고 차이를 많이 보인다면 객관적 자기인식의 기회로 삼으십시오. 물론 원망스럽고 화가 나겠지만 그걸로 끝내지 말고 '왜'를 생각해 보시라는 겁니다.

'왜 사람들은 내게 이런 나쁜 평가를 한 것일까? 팀장만 그런 게 아니라 동료들 점수도 낮네. 왜지? 내가 너무 잘난 척했나? 내가 내 생각만큼 잘한 게 아니었나? 팀을 위해 한 일들이 오히려 이기적으로 보였을까?'

화나거나 슬플 때 참지 않고 표현하는 것도 물론 필요합니다. 감정에 귀를 기울이고 반응하는 것은 우리의 정신건강에 도움이 되니까요. 하지만 좀더 나은 사람이 되고 싶다면 감정에서 끝나지 않고 '왜'를 물으며 앞으로 나아가야 합니다.

나를 보는 또다른 나

윤대현 서울대 정신건강의학과 교수와 장은지 이머징리더십인터 벤션즈 대표가 공저한 『리더를 위한 멘탈 수업』에서도 '자기 마음을 들여다보는 힘'과 함께 정확한 자기인식을 강조합니다. 그것이 리더의 성장을 위한 첫걸음이라 말해요.

정확한 자기인식은 사실, 자신과 거리두기가 시작인데 이것은 자기 자신과 자신을 바라보는 또하나의 나를 분리하는 겁니다. 그리고 자문자답하는 겁니다. 내가 묻고 내가 대답하는 것. 즉 묻는 나와 대답하는 나를 따로 하는 거죠. 나에게서 또하나의 나를 떼어내 지그시 바라보고 시시때때로 관찰하며 물어보는 거예요. 그러면 내가 한쪽으로 너무 치우치거나 나만 생각하려 할 때, 나를 바라보는 내가 지그시 한마디 합니다. '그거 너무 네 생각만 하는 거 아니야? 다른 사람들은 그렇게 생각하지 않을지도 몰라.'

제겐 마음챙김도 도움이 됐습니다. 우선 감정에 휩쓸리지 않게 됐어요. 살다 보면 화날 때가 있잖아요. 화가 나는 순간엔 우리는 온통 '화'라는 감정 덩어리가 되는데, 그러지 않도록 감정과 나를 분리하고 바라보는 겁니다. '네가 화가 났구나' 혹은 '너 지금 슬프구나' '아, 쓸쓸하구나' 하며 자신의 상태를 알아차리는 거죠.

중요한 것은, 알면 통제력이 생긴다는 거예요. 화났음을 알게 되면, 더 정확히 말해 화가 났음을 알아차리면 화난 상태에서 빠져나올 수 있어요. 자신을 알아차리면 감정이나 협소한 자기인식에 치우치지 않고 자신을 객관적으로 볼 수 있게 됩니다. 좀더 나은 자신이 될 수 있겠지요?

저는 뒤늦게 골프를 시작했습니다. 운동을 좋아하지 않는 데다 골프는 워낙 시간을 많이 빼앗아서 쳐다보지도 않고 살았어요. 그러다 더는 하지 않을 도리가 없게 되어서 다 늦게 시작했습니다.

코치로부터 트레이닝을 받았어요. 골프 기초 중의 기초는 스윙할 때 머리를 들지 않는 겁니다. 근데 제가 연습 스윙을 하고 나면 그때마다 코치는 머리 들지 말라고 잔소리를 하는 거예요. 처음엔 알겠다고 했는데 계속 같은 말을 들으니 저도 짜증이 나서 "나, 머리 안 들었어요!"라고 쏘아붙였죠.

그랬더니 코치가 제게 동영상을 보여주더군요. 제가 연습 스윙하는 걸 쭉 찍은 건데, 그걸 보니 '꼼짝 마라'였습니다. 머리가 들리는 건 물론이고 몸도 벌떡벌떡 일어나고 있었어요. 제 자세가 어떤지를 알고 난 다음부턴 머리를 들지 않으려 의식적으로 노력하게 됐습니다.

어떤 걸 바꾸거나 개선할 때의 시작은 자각입니다. 자신이 어떻다는 것을 스스로 알아차리는 것이죠. 그래야 '이래서는 안 되겠다'며 바꿔볼 생각을 하지 않겠어요? 객관적인 자기인식과 통하는 개념입니다. 그 방법은 자꾸 자신에게 묻고 확인하는 겁니다. '나는 지금 어떤가, 제대로 하고 있는가'라는 자문자답.

모든 것이 그렇듯 이것도 처음엔 낯설고 어렵지만 자꾸 반복해서 몸에 붙으면 나중엔 자전거 타기처럼 자동적으로 그렇게 됩니다. 저는 늘 또하나의 제가 저만치서 저를 지켜보고 있어요. 너무 스트레스 받는 거 아니냐고요? 아뇨, 그렇지 않습니다. 의식하지도 못하는 사이 자연스럽게 이루어지는 거니까요.

지름길에는 덫이 있다

같은 목표를 이루는 데는 두 가지 길이 있을 수 있습니다. 한쪽은 시간이 오래 걸리고 힘도 드는 반면 다른 한쪽은 시간도 덜 걸리고 수고도 덜해요. 당연히 많은 사람들이 두 번째를 택합니다. 그렇지만 세상이 그렇게 호락호락할 리가 있나요? 첫 번째와 두 번째 사이엔 큰 차이가 있습니다. 눈으로 보기에 비슷한 성취로 보여도 결코 그렇지가 않아요.

『축적의 시간』이란 책이 있습니다. 이정동 교수를 비롯한 서울대학교 공과대학 교수 26명이 반도체부터 소프트웨어, 엔지니어링 등 우리나라 각 산업의 현재를 진단하고 처방을 내놓은 책입니다. 저는 전형적인 문과 출신으로 기술과는 아예 담을 쌓고 살아온 사람이지만 어느 날 이 책이 눈에 확 들어왔습니다. '축적'과 '시간', 두

키워드 때문이었습니다. 세상의 모든 성취는 시간과 축적, 이 두 가지가 핵심이라고 저도 오래전부터 생각하고 있었거든요.

이분들은 전공은 다 다르지만 모두 같은 이야기를 합니다. 우리나라는 '패스트 팔로워fast follower 전략'을 잘 구사한 덕에 세계 10대 경제대국, 선진국에 진입했지만 거기까지라고요. 수년 전부터 우리 산업은 수익성이 떨어지고 성장이 정체되었다고 해요. 고부가가치 핵심기술과 창의적인 개념설계 역량이 부재하다는 겁니다.

그렇다면 해법은 뭘까요? 그분들은 '축적'이라는 키워드를 제시합니다. 시행착오를 겪으며 경험과 지식을 축적하고 숙성시키는 '창조적 축적'을 지향하는 사회 시스템과 문화를 구축해야 한다는 거예요. 이를 위해 우리 사회가 '축적의 시간'이라는 사회적 합의를 시작해야 한다고 제안하죠.

축적의 시간을 만들고 있는가

십수 년 전 이집트에 간 적이 있습니다. 3주 동안 카이로를 비롯해 남쪽의 룩소르와 아스완, 아부심벨, 서쪽 끝 시와의 화이트 샌드와 동쪽의 다합까지 두루 다녔습니다. 마지막엔 시나이산에도 올랐죠. 산 정상에서 일출을 볼 요량으로 해 뜨기 전 컴컴한 산길을 올랐는데 길이 꽤 험하더군요. 낙타를 타고 오르는 사람들이 더러 보였습니다.

시나이산은 험하다는 단순한 표현으론 형언하기 어려울 만큼 장엄하고 황량했습니다. 기독교와 이슬람교 같은 종교가 왜 그 주변에서 태동했는지 알 것 같았어요 저라는 존재가 대단히 작고 보잘것없이 느껴져서 저 위 하늘에 계신 그분 앞에 조아려야 할 것 같은 마음이 들었습니다. 그저 엎드려 신을 찾아야 할 것 같았어요. 두렵고 떨렸습니다. 그런 느낌을 마음 가득 받으며 한 발 한 발 옮기고 있는데 호객하던 낙타몰이꾼들이 저를 보더니 대뜸 "빨리빨리"라고 하더군요.

시나이산은 모세가 십계명을 받은 곳인 만큼 기독교도들에겐 성지에 버금가는 곳입니다. 우리나라 교인들도 많이 찾는 곳이죠. 그런데 이집트 낙타몰이꾼들이 그곳을 찾은 한국인들에게서 '빨리빨리'를 배운 거예요. 네, 한국 사람들은 오래도록 '빨리빨리'를 외쳤고 행한 덕에 지금의 우리가 될 수 있었습니다.

그 때문일까요? 우리는 해법을 구할 때 '빨리' 또는 당장 쓸 수 있는 구체적인 방법, 곧바로 효과가 나오는 방책에 목말라합니다. 이런 성향의 우리에게 '축적의 시간'이란 제안은 추상적이어서 실망스러울 수도 있습니다. 하지만 저는 그분들의 생각에 200퍼센트 공감합니다.

이 세상 어떤 일도 하나하나 경험을 쌓고 축적하지 않으면, 또 시간과 노력을 들여 스스로 깨우치지 않으면 자신의 것이 되기 어렵습니다. 교착 상태를 타개하려면 돌파구를 열 새로운 개념이 필요한데, 해외의 비슷한 사례나 레퍼런스를 가져다 써먹기를 반복해서는 난망한 일이에요.

세상의 문제들은 겉으론 비슷해 보여도 각론으로 들어가면 다 달라서 누군가의 성공 사례를 가져다 그대로 대입하는 것으로는 통하지 않을 때가 많습니다. 때문에 진짜 문제가 무엇인지 스스로 질문을 던지고 그에 맞는 고유한 해법을 찾아야 합니다. 그래야 문제가 해결됩니다.

그런데 이런 역량은 어느 날 하늘에서 뚝 떨어지는 게 아니라 축적의 시간을 먹고 자랍니다. 들여야 할 시간, 해야 할 수고가 있은 후에 길러지는 역량인 거죠. 그렇게 하지 않고 지름길을 바란다면 글쎄요……. 제가 지금껏 살면서 도달한 생각은 이렇습니다. 지름길엔 덫이 있어요.

강남역엔 학원들이 밀집되어 있습니다. 자주 다니는 곳인데 어느 날 그곳의 간판들에 제 시선이 꽂혔습니다. 영어 단기속성 학원, 토익 단기 학원……. 죄다 단기 학원들이더군요. 짧은 기간 안에 목표를 이루게 해준다는 곳들입니다. 그런 곳이 많다는 건 그만큼 단기에 끝내려는 사람들이 많다는 뜻일 테고요.

그런데 말입니다, 만약 어떤 분이 영어 단기속성 학원의 강좌를 수강하면 정말로 영어를 잘하게 될까요? 물론 코앞에 닥친 시험을 통과하는 데는 효과가 있겠지만 진짜로 영어에 능숙해질까요?

저는 강연을 종종 하는데, 강연을 마치고 나면 어떻게 하면 되느냐고 방법을 묻는 질문들이 나올 때가 많습니다.

저의 이야기 속엔 구체적인 방법이 없지만 그 문제를 어떻게 바라보고 대할지, 즉 시선과 태도가 들어 있습니다. 사실 그다음부턴 본인이 하느냐 마느냐의 문제만 남는다고 생각하는데, 또 방법을 묻는 분들이 계셔서 추가로 어떤 답을 해야 할지 고민하곤 합니다.

해야 할 바, 바로 그것을 하라

이쯤에서 아주 도발적인 이야기를 하나 하겠습니다. 당장 효과를 볼 수 있는 구체적인 방법을 요구하고 찾는 심리는 어쩌면 노력하지 않고 이루려는 마음이 아닐까 하는. 문제를 해결하고 성취하며 성장하려면 본인 스스로 시간을 들이고 공들여서 노력해야 하죠. 그런데 그렇게 하는 건 힘들고 시간도 오래 걸릴 것 같으며 또한 될지 안 될지 알 수 없으니 그 대신 '지름길'을 구하는 게 아닌가 생각해 봅니다. 아, 이 얘기에 여기저기서 성토하는 목소리가 들리는 듯하네요.

나이키의 슬로건은 1988년부터 지금껏 변함없이 'JUST DO IT'입니다. 나이키는 '움직여라' 혹은 '도전하라' 같은 메시지를 담고 싶었을 겁니다. 하지만 이 슬로건엔 '생각만 하지 말고 행하라' '걱정하지 말고, 그럼에도 불구하고 하라' '하고 싶은 것을 하라' '해야 할 바, 바로 그것을 하라' 등 보다 넓고 큰 의미가 담기는 것 같아요. 그래서 위대한 슬로건이라고 생각합니다.

그중에서도 저는 '해야 할 바, 바로 그것을 하라'에 초점을 맞추고 싶습니다. 해야 할 일은 많은 경우 지름길과 거리가 멉니다. 아득할 때도, 끝이 보이지 않을 때도 있을 거예요. 그래도 하는 수밖에요.

티베트에서 중국의 침략을 피해 여든 살이 넘은 노스님 한 분이 히말라야를 넘어 인도에 갔답니다. 놀란 사람들이 노스님에게 물었습니다. "스님, 어떻게 험준한 히말라야를 아무 장비도 없이 맨몸으로 넘어올 수 있었습니까?" 노스님의 대답은 이랬습니다. "한 걸음 한 걸음, 걸어서 왔지요."

몇 년 전 저는 행정고시에 합격해 임용을 앞둔 사무관들을 대상으로 강연한 적이 있습니다. 그때 그 젊은 공무원들에게 이렇게 말했어요. 국민은 뛰어난 공무원을 가질 권리가 있으니 앞으로 일을 잘하시라고! 일을 잘하려면 당신들의 업무와 자리가 요구하는 바를 하라고. 해야 할 일, 하기로 되어 있는 일에 정성을 다하라고.

지름길이 나쁘냐고 물을 수 있습니다. 저는 이렇게 답하겠어요. 수고를 들이지 않고 얻어지는 것은 함량이 떨어지기 마련입니다. 마치 덜 우려낸 곰탕 국물이 진하지 않고 맛이 떨어지는 것처럼 말이죠.

그렇습니다. 지름길엔 덫이 있어서 실력이, 공력이 잘 쌓이지 않아요. 그러니 JUST DO IT! 바로 그것, 해야 할 바를 하십시다. 그것이야말로 성취의 변치 않는 비결이라고 생각합니다.

나는 전문가인가

광고회사에서 일할 때 광고주 앞에서 프레젠테이션을 하고 난 뒤 많이 들었던 말이 있습니다. 우선 우리 아이디어에 대해 깊숙한 질문들을 이리저리 하고는, "당신네는 전문가들이니 이렇게 광고를 하면 매출이 얼마나 오를지 확언해라" 혹은 "광고 집행 결과에 대해 전문가로서의 의견을 더 확실하게 밝혀라"가 그것이었어요.

그때마다 고민 끝에 다다른 제 의견을 말했습니다만 머릿속에선 이 질문이 떠나지 않았습니다. '나는 전문가인가?' 이건 광고주가 나를 전문가로 인정하느냐 하지 않느냐 이전의 문제였습니다. 또 회사가 우리를 전문가로 대접하는 데 소홀하다는 뜻도 아니었습니다. 오히려 '세상은 나를 전문가라 칭하는데 과연 내가 전문가인가? 전문가에 합당한 결과물을 내놓고 있는가?'라는 자문이었어요.

저는 많은 경우 자신이 없었습니다. 긴 세월 동안 못한다 소리를 듣지 않고 이름도 제법 났지만 이 질문 앞에선 그랬어요. 제가 겸손해서였을까요? 아닙니다. 그럼 저는 전문가를 어떤 사람이라 여겼길래 자신 없어 한 걸까요?

처음엔 전문가의 한자, '專門家'에 꽂혔습니다. '專'은 '오로지 전'입니다. 전념專念한다고 할 때의 그 '전'으로, 오직 한 가지 일에 마음을 쓴다는 뜻입니다. 다른 사람들과 공동으로가 아니라 혼자서만 쓴다는 뜻의 전용專用에도 이 한자를 쓰죠. '專'이라는 글자는 '오직, 오로지'라는 뜻이니, 전문가란 이것저것 다 하는 게 아니라 오직 한 분야를 깊이 파 그것에 통달한 사람, 그 분야에 관한 한 깊이 아는 사람을 의미합니다.

하지만 사회는 점점 더 복잡해지고 있습니다. 전문가들만으로는 문제를 해결하기 어렵죠. 뿐만 아니라 다른 분야와는 담쌓고 내 분야만 파고든다면 협력도 쉽지 않습니다. 다른 분야에 대한 관심과 이해가 웬만큼은 있어야 대화와 토론, 협업이 가능하기 때문이죠.

다음으론 '세상의 모든 전문가는 대행하는 사람'이라는 생각을 하게 됐습니다. 예를 들어볼까요? 대표적 전문직종인 변호사는 의뢰인을 대신해 재판에서 좋은 결과를 얻어냅니다. 자신을 변호하는 게 아닙니다. 의사도 그렇습니다. 자기 몸을 고치는 게 아니라 타인의 병을 낫게 하죠.

제가 했던 광고도 마찬가지입니다. 저는 저를 위해 광고를 만든

게 아니었습니다. 매출을 늘리거나 브랜드 인지도를 높여야 하는 과제를 안고 저희 회사와 저를 찾아온 광고주를 대신해 광고를 만들고 과제를 해결했습니다. 즉, 사람들은 자신의 문제를 직접 풀어야 할 때보다 좋은 결과를 기대하며 전문가를 찾습니다.

그래서 전문가는 의뢰하는 사람들이 직접 할 때보다는 최소한 더 나은 결과, 그들의 기대에 부응하는 결과를 만들어내야 합니다. 저는 여기서 한 발 더 나아갑니다. 전문가란 그 분야의 문제를 해결하는 사람이라는!

전문가에 대한 이런 시선은 전문가를 그저 전문 지식이 많은 사람으로 바라보는 시선을 교정합니다. 그저 많이 아는 사람이 아니라 높은 확률로 문제를 해결하는 사람이라는 의미로 바뀌는 거죠. 제가 광고 전문가라면 이런저런 문제에 직면해서 저를 찾아온 광고주들의 문제를 해결해 내야 했던 겁니다. 저는 전문가에 대한 이런 정의 앞에서 자신감을 갖지 못하고 답을 머뭇거렸던 거예요.

'일할 줄 안다'

광고회사의 최종 아이디어는 영상 스토리보드에 담길 때가 많습니다. 광고회사 간 경쟁이 치열해지고, 또 광고주의 이해를 돕기 위해 동영상 시안을 점점 더 많이 만들게 되었지만 기본은 스토리보드예요. 제가 한창 일할 땐 TV 광고가 중심이었으므로 15초,

30초 콘티를 주로 짰습니다.

콘티 용지는 B4 정도의 사이즈에 TV 화면처럼 생긴 칸이 나 있고, 우리는 그 칸마다 비주얼 아이디어를 그려 넣곤 했습니다. 입사 뒤 몇 년의 경력이 쌓이면 누구나 콘티를 짤 수 있게 됩니다.

그런데 여기서 조심해야 합니다. 우리는 뭔가를 잘하는 사람들을 일러 '선수'라고도 하고, "그 친구 좀 해. 일할 줄 알아"라고도 하죠. 이때의 '할 줄 안다'는 것은 그 일을 잘한다는 뜻입니다.

하지만 현실은 꼭 그렇진 않아요. '그저 할 줄 아는' 사람들도 적지 않습니다. 그 일의 규칙이라든가 순서, 최종 형태 등을 파악하고 있는 정도란 뜻입니다. 잘하는 사람을 일러 '일할 줄 안다'의 뜻과는 차이가 있는 거죠.

그렇다면 이 둘은 뭐가 다른 걸까요? 한마디로 문제 해결력의 유무입니다.

말했듯 광고회사의 제작 파트에서 수년 이상 일한 사람들은 콘티를 짤 줄 압니다. 그렇다고 해서 그들이 만든 콘티와 광고가 소비자에게 깊은 인상을 남겨 그 제품의 매출을 끌어올리거나 브랜드 인지도를 높인다는 뜻은 아닙니다. 콘티로 보이게끔까지는 할 수 있지만, 결과까지는 담보하지 못한다는 뜻입니다. 그 안에 어떤 아이디어를 넣느냐에 따라 광고는 결과가 천차만별인데 말이죠. 전문가라 할 순 없는 거죠.

한데 사람들은 이걸 왕왕 착각합니다. 어느 분야에서 일정 시간 동안 일하면 자신을 전문가라 생각하는 경향을 갖는 겁니다. 최소한 하루에 8시간씩 5년을 일하면 맬컴 글래드웰이 주창한 1만 시간을 넘어섭니다. 한 분야에서 큰 성취를 이루기에 충분한 시간이에요. 그런데 과연 모두가 그런가요?

실제로 문제를 해결할 수 있는가

정리하자면, 제가 생각하는 전문가란 그 분야에 대해 심도 깊은 지식과 폭넓은 경험이 있어서 자신을 찾아온 사람들의 문제를 제대로 해결해 내는 사람입니다. 그러니까 그 분야의 경력이 어떻고 지식이 어떻고 학력이 어떻고 하는 것은 다 필요조건일 뿐 충분조건은 아닌 거예요. 관건은 '그에게 맡기면 문제가 해결되는가'입니다!

2002 월드컵 때의 히딩크 감독이야말로 대단한 전문가입니다. 우리는 주로 그를 리더의 관점에서 바라보지만, 그는 우리나라 축구를 역사상 처음으로 월드컵 4강에 올려놓은 축구 전문가였어요. 월드컵 본선에서 좋은 성과를 올리고 싶어 한 대한민국 축구계와 국민들의 뜨거운 바람을 멋지게 이뤄낸 사람이죠.

그렇다면 한 가지를 더 물을까요? 히딩크가 그런 성과를 낼 수 있었던 것은 축구에 대한 전문 지식이나 최신 기술, 정보 때문이었을까요?

절반은 그렇습니다. 하지만 그는 그것 말고도 리더라고 불릴 만한 사람들이 해야 할 일을 제대로 해냈습니다. 축구는 팀 스포츠이고 경기장에서 끊임없이 소통해야 하는데, 그가 우리 선수들을 관찰해 보니 서로 말을 잘 하지 않더라는 걸 알게 됐습니다. 선배, 후배 사이의 위계가 엄격했으니까요. 그래서 그 뒤론 서로 이름을 부르게 했습니다. 나이가 열 살이나 차이 나는 후배에게도 홍명보 선수를 그냥 '명보'라 부르게 하고 방도 같이 쓰게 했습니다.

선수들 사이에 있던 칸막이를 걷어내며 문제를 해결해 낸 거죠. 기업들도 규모가 커지면 부서 간 칸막이가 높아져 서로 소통하지 않는 사일로silo 조직이 되고 바로 그 문제 때문에 골머리를 앓는데 히딩크 감독은 멋지게 해결했어요.

이뿐만이 아닙니다. 히딩크 감독이 이끄는 국가대표팀은 월드컵을 앞두고 치른 국가대항전 A 매치에서 번번이 졌잖아요? 그것도 큰 점수 차로 패해 '오대영'이란 별명까지 붙었죠. 하지만 그는 눈 하나 깜짝하지 않았어요. 보통 이렇게 되면 사방에서 들려오는 비난과 압력에 주눅들 만도 한데 그는 흔들리지 않고 자신의 생각을 밀고 나갔습니다. 오히려 "약체팀과 경기해서 이긴들 무슨 의미가 있느냐"라고 반문했지요.

그러더니 그는 결국 월드컵 직전에 열린 평가전에서 잉글랜드와 1대1 무승부를 기록했고, 닷새 뒤에 열린 프랑스전에선 3대2로 역전패했습니다. 월드컵은 아직 시작도 안 했는데 전 국민이 환호했고 결국 우리 대표팀은 4강까지 진출하는 데 성공했죠.

전문가라고 하면 스태프로 보는 경향이 짙습니다. 즉, 리더는 따로 있고 전문가는 한정된 분야를 맡아 성과를 내는 사람이라는 시선이 강한 것 같아요. 하지만 우리가 해결해야 하는 문제 대부분은 사람들을 통해야 합니다. 사회가 복잡해지면서 혼자서 시작해 마칠 수 있는 일은 거의 없고 어떤 분야에서든 여러 사람이 협업해야 해요.

이럴 때 전문가로서 성과를 내려면 우선 함께하는 사람들을 움직여야 합니다. 리더십을 발휘하지 않을 수 없죠. 이런 의미에서 히딩크 감독을 축구 전문가로 소환했습니다.

바라보는 시선을 넓고 깊게

제 자랑이 될 것 같아 망설여지지만 제게도 이런 경험이 꽤 있습니다. 모 기업에서 슈퍼마켓 판매용 화장품을 출시했을 때의 일입니다. 본래 그 회사는 식품회사였지만 먼저 세제 분야로 사업을 확장했고, 성공적인 성과가 나자 다시 화장품 사업으로 눈을 돌렸습니다.

당시 우리나라 화장품은 방문판매를 통해서 혹은 백화점, 양판점 등에서 유통되고 있었습니다. 이 구조가 너무 견고해서 신생업체는 파고 들어가기가 어려웠죠. 그래서 그 회사는 약국에서 화장품을 파는 선진국들의 사례를 참고해 슈퍼마켓에서 판매하는 화장품을 출시합니다.

처음엔 유명 여배우를 모델로 써서 론칭 광고를 집행했지만 실패했습니다. 신제품이 나오면 존재를 널리 알리는 것이 중요한데, 광고 효과가 전혀 없었던 거죠. 다급해진 그 회사에선 다른 해법을 찾고자 몇몇 대행사를 초대해 경쟁 프레젠테이션을 실시했습니다.

그때 제가 저희 회사의 담당 CD였습니다. CD란 크리에이티브 디렉터Creative director의 약자로 크리에이티브 전반을 지휘하는 리더인데, 누가 이 일을 맡는가에 따라 전략까지 책임지기도 합니다. 운동장을 넓게 쓸 수 있다는 것이 제겐 저희 일의 매력이었으므로 저는 종종 크리에이티브뿐 아니라 캠페인의 전략을 짜고 콘셉트를 만드는 일을 두루 맡았어요.

그때 저희가 낸 전략의 골자는 이랬습니다. 여성 소비자에게 슈퍼마켓은 생필품을 파는 곳이다, 그런데 화장품은 뷰티 상품이라 슈퍼마켓에서 판매한다고 하면 인지 부조화가 일어난다, 따라서 이에 대한 인식과 관점을 바꿔야 이 제품은 성공할 수 있다.

저는 다음과 같은 카피를 썼습니다.

여: 참 이상하죠?
남자들은 화장품이 사치품인 줄 알아요. 필수품인데.
저는 오늘 슈퍼에서 참 괜찮은 화장품을 발견했어요.
식물나라요!
근데 왜 슈퍼냐고요?
필수품이니까요, 피부 필수품!

내레이션: 피부 필수품, 식물나라
　　　　　 슈퍼에 있습니다.

지금과는 유통뿐 아니라 경쟁 관계, 화장품에 대한 인식 등 모든 것이 달랐던 1995년, 오래전 일입니다. 당시 경쟁 프레젠테이션에서 제시한 우리의 전략과 크리에이티브는 한 톨의 수정도 없이 그대로 촬영됐고 방송을 탔습니다.

우리는 유명 여배우 대신 이름이 알려지지 않은 모델, 눈코입이 예쁘다기보단 성격이 뚝 부러지는 이지적인 이미지의 모델을 찾아 기존의 것과는 아주 다른 화장품 광고를 만들었습니다. 화장품 광고의 모델은 대개 해변가에 누워 있을 뿐 말을 하지 않지만 우리는 메시지 위주의 광고였으니까요. 그때 우리가 발견한 모델이 임상아 씨였어요. 지금은 미국에서 유명한 핸드백 사업가로 자리잡았다고 들었습니다.

광고도 과거의 것들과 확실히 차별화되어 새로웠지만 무엇보다 우리가 던진 메시지가 소비자들로부터 큰 공감을 얻어 이 화장품 브랜드는 론칭에 성공했고 비즈니스도 안착했습니다. 그 후 그 광고주의 다른 여러 품목도 저희 회사와 팀으로 연달아 넘어온 걸 보면 이 캠페인은 확실한 성공작이었습니다. '피부 필수품'이라는 콘셉트와 카피로 화장품을 슈퍼에서 사는 것이 어색하지 않게 만들었고 제품 판매에도 많이 기여한, 한마디로 문제 해결에 성공한 광고였던 겁니다.

어떤 일의 성과를 내고 해법을 찾으려면 제일 중요한 것이, 그 일의 핵심은 무엇인지를 분명히 하는 거라고 생각합니다. 여러분도 '나는 전문가인가?'라는 질문을 던지면서 전문가를 바라보는 시선을 넓고 깊게 만들어보기 바랍니다. 더불어 자신은 어떤 역량으로 어떤 문제를 해결할 수 있는지도 함께 살펴보시기 바랍니다.

불확실성, 단단한 소수를 걸러내는 우주의 테스트

우리는 살아 있는 존재들로 잠시도 고정되어 있지 않고 계속 움직입니다. 타자와 환경에 영향을 받고 반응하고 적응하며 계속 변하죠. 그럼에도 관성의 지배를 받는 우리는 '현재'가 앞으로도 계속될 거라 생각하지만 그렇지 않을 때도 많습니다. 극단적인 예지만, 대형 비행기 사고가 났을 때 간발의 차이로 생사가 갈리는 경우가 있죠. 그만큼 우리는 한 치 앞도 내다볼 수 없어요.

산다는 건 불확실성과의 싸움이며 어찌될지 알 수 없음 속에서 우리가 원하는 것을 길어 올리는 작업이구나, 생각하게 됩니다. 하지만 이게 쉽지는 않아서 불확실성은 매 순간 우리를 시험에 들게 하고, 이 시험에 걸려들면 앞날이 크게 휘청거리죠.

무너지지 않고 견딘 마음

제가 책방 주인으로 산 지도 벌써 8년째지만 지금도 누군가 저에 대해 말할 때면 제일기획 부사장, 삼성그룹 최초의 여성 임원이라는 이력이 빠지지 않고 거론됩니다. 여기서 잠깐 이런 질문을 던져보겠습니다. 저는 삼성그룹의 부사장이 될 것을 알았을까요? 알았기 때문에 흔들림 없이 일에 몰두했던 걸까요?

답은 '그럴 리가⋯⋯!'입니다. 두 가지 전제가 다 틀렸다는 뜻이에요. 우선 저는 제가 그렇게 될지 알지 못했습니다. 알 리 없었다는 말이 더 정확하겠습니다. 누군들 앞날의 일을 알겠어요?

또 일하는 동안 숱하게 흔들렸습니다. 일의 의미를 놓고도 그랬고 제가 그리는 미래와 비전을 알지 못해서도 그랬습니다. 2011년 삼성그룹이 대학생들을 대상으로 기획한 프로그램 '열정락서'에서 저도 한 파트를 맡아 강연했는데 그때의 제목이 '흔들리지 않고 피는 꽃이 어디 있으랴'였습니다. 도종환 시인의 시 제목을 차용한 거지만 저의 심정을 토로한 거죠.

제가 잘한 게 있다면 임원이 된 게 아니라, 무엇이 될지 안 될지 알 수 없는 시간에도 꺾이지 않고 애쓰고 견뎠던 거라 생각합니다. 이 세상의 많은 성취는 시험에 들었을 때 홀랑 넘어가거나 고비 앞에서 무너지지 않은 대가이기도 하니까요.

2015년에 개봉한 영화 〈암살〉을 보셨을까요? 최동훈 감독이 연출한 데다 하정우, 이정재, 전지현 등 배우들의 캐스팅도 화려했고 스토리도 재밌어서 관객도 1,000만 명을 훌쩍 넘겼습니다.

이 영화엔 제가 깊이 꽂힌 대사가 나옵니다. 이정재 배우가 연기한 극중 염석진의 대사입니다. 그는 젊은 시절에 독립운동을 했으나 중간에 변절해요. 동지들을 일본 경찰에 밀고하죠. 해방 후 그는 그때의 일로 재판을 받는데, 재판정에서 나오는 그에게 예전의 동지한 사람이 다그치듯 묻습니다. "왜 그랬어? 왜 동지들을 배반했어?" 염석진은 이렇게 대답합니다. "몰랐으니까. 해방될지 몰랐으니까."

동지들을 배신하고 일제의 밀정이 된 것은 어떤 이유로도 용서하기 어려운 중죄지만 '몰랐다'는 염석진의 대답은 깊이 들여다볼 만합니다. 그 말은 어떤 사실을 알지 못했다는 단순한 무지를 뜻하는게 아닙니다. 자기가 하고 있던 일에 어느 날인가부터 자신이 없어진 거예요. 목숨을 걸고 독립운동을 하는데 과연 우리나라가 일제로부터 독립할 수 있을지, 그 숨 막히는 노력과 투쟁이 의미가 있을지, 불확실성에 불안해진 겁니다. 그 불안감은 마음속에서 점점 커졌고 그는 끝내 그 앞에 무릎을 꿇은 거죠. 그러니까 동지이자 독립운동가인 이들을 배신한 어마어마한 범죄는 불확실성이라는 시험 앞에서 무너진 것에서 시작된 겁니다.

평범한 우리에겐 염석진의 목숨을 건 고민이 평생 가도 없을지 모릅니다. 하지만 무게는 다를지라도 우리 역시 매일 시험에 들고 선택의 갈림길에 섭니다. 사실 고민의 무게라는 게 꼭 객관적인 건 아니어서, 누구나 자기 손톱 밑의 가시가 가장 아픈 법이니까요.

세상의 성취 그래프는 계단식

염석진 같은 엄정한 상황이 아닐지라도 우리가 도전하고 시도하고 목표를 세울 때마다 실은 불확실성도 함께합니다. 미래를 알 수 없다는 점에서도, 내가 어떻게 하는가에 따라 결과가 달라질 수 있다는 점에서도 미래는 열려 있고 불확실하죠. 이 불확실성은 우리 편이기보다는 오히려 고비가 될 때가 많습니다.

저는 혼자 묻고 답하는 걸 즐기는데 불확실성에 대해 길게 고민한 끝에 '세상의 성취 그래프는 계단식'이라는 생각에 도달했습니다. 뭔가를 해보겠다고 마음먹는 이는 많아도 끝까지 가서 성취하는 이는 왜 적은가의 고민이기도 했어요.

왜 계단식이라 하는지 간단한 그래프로 설명해 보겠습니다. 가로축을 노력, 세로축을 성과라 할 때 노력하는 대로 바로바로 성과가 나온다면 그래프는 45도 우상향이 될 겁니다. 하지만 실제론 노력을 해도 성과가 나오지 않는 구간이 꽤나 지속되죠. 그러다 어느 날 성과가 조금 보입니다. 계속하기를 잘했다며 안도하지만 잠시뿐, 시간이 지나면 또다시 정체 구간에 걸려요. 노력을 하긴 하지만 제대로 될지 안 될지 알 수 없는 답답한 구간입니다. 바로 그래프에서 점선으로 표시한 부분입니다.

여기서 적지 않은 분들이 포기하거나 마음을 접고 돌아서죠. 저는 이 구간에 '불확실성의 구간'이란 이름을 붙였습니다. 그런데 이런 구간은 한두 번으로 끝나지 않습니다. 이제 일이 좀 풀리려나 싶

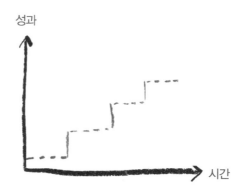

으면 다시 막히고 길을 찾았다 싶으면 다시 정체기예요. 이걸 이으면 계단식 모양의 그래프가 됩니다.

이 정체 구간, 제 언어로 '불확실성의 구간'들은 반복적으로 등장하면서 그 일을 하려는 사람의 의지를 시험합니다. 때문에 이 구간에 걸릴 때마다 적지 않은 이들이 회의 끝에 포기하거나 탈락하죠. 시작하는 사람은 많되 끝내 성취하는 사람이 소수인 이유를 저는 이 불확실성의 그래프로 설명합니다.

그럼 왜 애초에 성취 그래프는 45도 우상향이 아니라 계단식인 걸까? 저는 이 질문도 제게 던졌습니다. 그리고 어느 날 이런 답이 떠오르더군요. '단단한 소수를 걸러내는 우주의 테스트'라고요. "정말 그거 하고 싶어?" "어렵고 힘들어도 꼭 그 일을 할 거야?" 이런 질문에 끝내 "네!"라고 답할 사람, 간절히 원하는 사람에게 기회가 돌아가게 하려는 게 아닐까 생각하게 됐습니다.

저의 말이 사실인지 아닌지는 중요하지 않습니다. 저는 일하고 살아가면서 여러 문제를 겪고 또 도전과 맞닥뜨릴 때마다 질문을 던졌습니다. 도대체 왜 이런 것인지, 이런 게 의미하는 바가 무엇인지 궁금했고 그것들은 질문이 되어 제 안에 오래 자리했어요. 이건가, 아니면 저건가. 시간이 가면서 생각이 조금씩 정리가 됐죠. 질문을 품으니 발효가 일어나고 그 끝에 인사이트가 생기는 시간이었습니다.

저는 질문을 던지고 저의 답을 모색하고, 또 그 힘에 의지해 선택을 하고 길을 찾았습니다. 그것들은 'They say'가 아니라 제 안에서 여물고 무르익은 제 생각이었으므로 꽤 단단했고 의지할 만했어요. 더욱 중요한 것은 '아, 그런 거구나, 그래서 그랬구나' 하며 이치를 납득하게 되니 통제력이 생겼고, 그것은 다시 동력이 돼주었습니다. 그 힘으로 또 한참 길을 간 거죠.

그러니 만약 여러분의 성과가 지지부진해 계속해야 할지 말아야 할지 고민 중이시라면 혹시 불확실성의 구간에 들어선 게 아닌지 점검해 보시기 바랍니다. 그러곤 스스로에게 질문하는 겁니다. 나는 이 일을 정말로, 간절히 하고 싶은가? 혹은 해내야 하는가? 이런 질문과 모색이야말로 당장 써먹을 수 있는 방법들보다 훨씬 강력한 엔진이 되어 여러분을 받쳐줄 거라 생각합니다.

좀더 가보자.

조금만 더 가보자.

끝까지 가봐야 알 수 있는 귀한 것들이 있다.

그런 시간을 보낸 후의 나는

지금보다 한결 나아져 있을 거다.

6장

삶의 결정적인 순간을
건너는 법

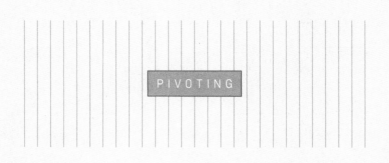

PIVOTING

시간이 줄어들고 있구나!

제일기획 시절에도 제겐 신문사나 잡지사로부터 종종 원고 청탁이 있었습니다. 칼럼이란 이름으로 글을 제법 썼죠. 책방을 시작하고 나니 책에 추천사를 써달라는 요청이 늘더군요. 제가 쓴 추천사도 꽤 쌓였고요.

제게 추천사를 부탁하는 책의 내용을 보면 '이분들은 나를 이런 시선으로 바라보고 계시는구나'가 느껴집니다. 최근엔 103세 철학자가 인생 질문에 지혜를 들려주는 책 『김형석의 인생문답』에 추천사를 썼어요. 이제 저도 꽤 나이가 든 것이지요.

젊음은 주어지고, 나이 듦은 이루어진다

제가 몸담았던 광고업은 시간의 영향을 많이 받는 분야입니다. 같은 영상이라도 〈닥터 지바고〉나 〈로마의 휴일〉 같은 영화는 수십 년 전 작품임에도 여전히 좋은데, 광고는 예전에 만들어진 걸 보면 촌스럽다는 느낌이 들 때가 많아요. 최신의 감각과 유행, 트렌드를 중히 반영하다 보니 금세 낡아버리나 봅니다.

하지만 시간 앞에서 낡아버리는 게 어디 광고뿐인가요? 우리, 일하는 사람들이야말로 나이 드는 것이 성장이나 성숙보단 낡는 걸로 치부될 때가 많죠. 이런 심정으로 꽤 오래 고민하고 방황하다가 새로운 길을 찾았다 싶을 때 썼던 칼럼이 있었어요. 2007년 《조선일보》 '아침논단'에 쓴 건데, 그 내용을 여기에도 풀어봅니다.

"곧 지나가리라." 어려움과 맞닥뜨리면 우리는 이 말을 위로 삼아 어려움을 견디곤 합니다. 저 또한 그랬고, 일이 잘 풀리지 않아 낙담하는 후배들에게도 이 말로써 위로를 건네곤 했어요. 그러나 곧 지나가는 건 힘든 시간만이 아닙니다. 젊음도 머물지 않고 지나가니까요. 그렇기에 한때의 젊음을 경쟁력으로 삼는 것은 어리석은 일이죠. 곧 발밑이 무너져 내릴 줄도 모르고 성을 쌓는 행위나 같으니 말입니다.

나이 들어도 쉬이 없어지지 않을 자기 세계, 세평世評에 쉬이 무너지지 않을 자기 이야기를 가져야 합니다. 그래야 어려운 상황에서도 흔들리지 않고 자신을 지킬 수 있으며, 나이 듦이라는 봉우리도 멋지게 오를 수 있어요.

일찍이 이런 지혜를 깨달은 어느 영국 시인이 있었습니다. 그는 인생의 오묘함을 이렇게 갈파했죠. "젊기는 쉽다. 모두 젊다. 처음엔. 늙기는 쉽지 않다. 세월이 걸린다. 젊음은 주어진다. 늙음은 이루어진다. 늙기 위해선 세월에 섞을 마법을 만들어내야 한다."

그렇습니다. 나이 듦은 시간이 간다고 저절로 되는 일이 아니에요. 그렇다면 어떻게 나이를 드시겠어요? 지금 이 순간에도 우리는 나이 들고 있으니 이는 생각해 볼 만한 화두입니다.

곶감 빼먹듯 시간을 쓰고 있는 건 아닌지

마흔 초반이 지나자 예전 같지 않다는 느낌이 사방에서 느껴졌습니다. 우선은 제 몸에서, 그다음으론 일 자체에서 그 느낌이 왔습니다. 이전 같으면 당연히 저를 찾았을 일이 제게 오지 않았거든요. 회사가 큰 프로젝트를 시작한다는 소문이 돈 지 꽤 됐는데 연락이 없어 궁금해하고 있으면 다른 후배가 이미 하고 있었습니다. 이런 일들이 자꾸 생기자 저도 차츰 일에 흥미를 잃었죠.

이럴 때 찾아오는 달갑지 않은 손님이 있습니다. 네, 슬럼프예요.

슬럼프는 결코 일이 잘 풀리거나 바쁠 때 오지 않아요. 일은 잘 풀리지 않고 별로 바쁘지도 않아서 시간 여유가 있을 때, 그럴 때 찾아옵니다. 제 경우에도 그랬어요. 앞뒤 안 보고 정신없이 달리다 덜컹하고 걸려버렸죠. 생각이 많아졌고 고민이 깊어졌습니다.

그 무렵 봄엔 제법 긴 휴가를 내고 동해안으로 여행을 떠나기도 했습니다. 리프레시를 기대하고 간 거죠. 하지만 여행도 저를 일으켜 세우지 못했습니다. 아름다운 봄날 동해에 가서는 낮에도 숙소에 틀어박혀 꾸벅꾸벅 졸거나 잠을 잤습니다. 가지고 간 책도 재미없었고 몸은 그냥 늘어졌어요. '내가 왜 이럴까' 싶었죠. 그 후로도 기분은 나아지지 않았고 일은 계속 심드렁했습니다.

그런데 어느 날 거울을 보다가 제 눈동자가 전 같지 않다는 걸 알게 됐습니다. 눈동자가 더 이상 반짝이지 않았어요. 아니, 멍하게 풀려 있었습니다. 그럼에도 아침이면 출근을 했고 또 그때그때 생기는 일을 했습니다. '신나진 않지만 언제나 즐거울 수는 없으니 해야 할 일을 하자'라고 생각했던 것 같아요.

그렇게 우울한 마음이 가시지 않고 지속되던 어느 날, '시간이 줄고 있다'는 데 생각이 미쳤습니다. '쟁이'로서 더 이상 젊지 않고 전성기를 이미 지난 것 같아서 불안해하고 있던 중이었는데 다른 걸 발견한 겁니다. 아침마다 무거운 몸을 일으켜 출근해 멀건 일과를 보내는 중에도 시간은 흐르고 있다는 것, 순간순간 시간은 줄어들고 있다는 자각이 확 저를 덮쳤습니다.

산다는 것은 마치 곶감 꼬치에서 곶감을 빼먹는 것과 비슷한 것 같았습니다. 남아 있는 날들에서 하루하루를 꺼내 쓰는……. 그러자 이 생각이 올라오더군요. 만약 추가 수입이라고는 없이 통장 잔고만으로 살아야 한다면 돈을 아껴 쓰지 않을까? 아끼고 아껴서 꼭 써야 할 데, 중요한 데 쓰지 않을까? 시간은 어떤가? 사람은 언젠가는 죽고 하루하루 남은 시간은 줄어들 수밖에 없는데, 그렇다면 그 시간을 아껴서 귀하게 써야 하지 않을까? 나는 그러고 있나?

이런 질문에 이르자 자연스럽게 결론이 나왔습니다. 계속해서 흐리멍텅한 눈동자로 지낼 수 없다고. 이렇게 시간을 보낼 수 없다고.

저는 소심하고 걱정이 많은 사람인데 가끔 과감한 결단을 내리고 행동에 돌입할 때가 있습니다. 이때도 그랬습니다. 저는 제 안의 목소리에 귀를 기울였고 그 목소리를 용기 있게 따르기로 했죠. 마흔다섯, 상무 6년 차. 회사를 그만두기로 결심했습니다.

중요한 갈림길을 알아차리다

물론 두려웠습니다. 마흔 중반이 된 여자가 갈 곳을 마련해두지 않고 무턱대고 사표를 쓰는 일은 무모해 보였죠. 다시 일자리를 찾을 수 있을지 자신도 없었습니다.

그럼에도 그만두기로 한 것은, 두렵지 않고 용기 있어서가 아니라 그런 것들보다 제 인생이 훨씬 더 소중하다고 생각했기 때문입니다. 또한 제가 굉장히 중요한 갈림길에 서 있는 느낌, 제 인생의 결정적 순간이라는 걸 알아차렸기 때문이기도 했고요.

제가 저를 칭찬해 줄 것은 이럴 때 피하거나 도망가지 않고 정면으로 마주해 해법을 찾으려 한다는 것인데 이때야말로 그랬습니다. 저는 저를 던져보기로 했습니다. 회사 밖으로 나갔을 때 제게 어떤 일이 일어나는지 보고, 한 살이라도 젊을 때 그걸 감당해 보기로요. 그렇게 저는 제일기획을 떠나 저를 다시 길 위에 세우기로 했습니다.

그런데 일이 그렇게 진행되질 않더군요. 회사에 퇴직 의사를 밝히자 회사는 만류했고 1년 휴직을 제안했습니다. 저는 며칠 고민 끝에 그 제안을 받아들였습니다. 퇴직하겠다는 결심을 바꿔서가 아니었습니다. 저를 다시 길 위에 던져, 제게 다가오는 것들을 감당해 보겠다는 마음을 바꿔서도 아니었습니다. 제 인생의 결정적 순간에 내린 결심을 그렇게 쉽게 바꿀 리가 있겠어요?

시간을 벌자는 생각이었습니다. 우선 휴직을 하고 회사를 떠나 있자. 그리고 1년 후 돌아오지 않으면 되지. 그렇게 하는 것이 부드럽게 퇴직하는 방법이라 생각했던 겁니다. 그렇게 저는 상무 6년을 꽉 채우고 남들이 부러워하는 1년 휴직을 하게 되었습니다. 몇 달후 제가 어떤 마음을 먹게 될지 전혀 예상하지 못한 채로 말이죠.

걷고 걷고 또 걷다

휴직을 하고 처음엔 그저 시간을 보냈습니다. 아, 중요한 일 하나를 하긴 했습니다. 한참 전에 한 번 시도하고 포기했던 운전면허 취득에 도전했죠.

저는 몸치에 기계치라 운전은 아예 포기하고 있었습니다. 혹시라도 제 잘못으로 누군가에게 피해를 입힐까 두려웠어요. 간혹 누군가 운전하는 차를 조수석에 앉아 타고 가다 보면 운전이 너무나 어렵게 느껴졌습니다. 신호에 걸렸을 때 맨 앞에 서게 되면 어쩌나, 고속도로 톨게이트는 제대로 통과할 수 있을까, 좁은 길에 주차는 또 어떻게 하나. 저는 이럴 때 우물쭈물하다 제대로 못할 게 뻔했으므로 아예 운전은 하지 않기로 했었습니다.

제 친구 역시 자기도 그렇게 생각한다고, 운전은 대단한 순발력을

요하는데 저는 하지 않는 게 좋겠다고 적극 말렸어요. 하지만 한편으로, 저는 어딘가 훌쩍 떠나기를 좋아하는데 운전을 못하니 부자유가 점점 크게 느껴졌습니다.

하지만 면허 취득까지는 길이 멀었습니다. 필기시험은 진작 붙었지만 도로주행에선 내리 미끄러진 거예요. 아예 시동을 걸지 못해 떨어진 적도 있고, 언덕길을 올라가지 못해서, 혹은 연습했던 차와 시험용 차의 차종이 달라 조작을 못해 떨어지기도 했어요. 그렇게 다섯 번을 떨어지고는 여섯 번째 시도 만에 붙었습니다. 그 어떤 시험에 붙었을 때보다 기뻤던 것 같습니다.

하지만 면허증이 있다고 운전이 자동으로 되는 건 아니잖아요? 여전히 겁이 나고 저를 믿지 못해 운전을 시작하지 못하고 있었는데 후배가 운전강사 한 분을 소개해 주었습니다. 자신도 그분 덕에 운전을 할 수 있었다면서.

연습 첫날 저희 집에 와 저를 태운 그분은 과천 운동장으로 데려갔습니다. 거기서 저를 운전석에 앉게 하더니 저에게 운전을 하라고 했습니다.

어떻게 되었을까요? 세상에, 제가 운전을 해서 집에 왔습니다. 그분은 조수석에 앉아서 만일의 사태에 대비했고요. 잔뜩 긴장하긴 했지만 어쨌든 운전을 해서 도로를 달리고 보니 '나도 할 수 있을 것 같다'는 희망 같은 게 뭉게뭉게 올라왔습니다. 자신감이 생긴 거죠.

저는 도로연수를 남들보다 세 배 더 했습니다. 밤에도 하고 비 오는 날에도 하고, 골목길에서도 하고 대로에서도 하고. 그런 뒤에야 비로소 운전을 할 수 있게 되었습니다. 휴직 중에 운전면허를 딴 사실을 알게 된 후배들은 저를 놀리더군요. 면허 따려고 휴직한 거라고요.

면허를 땄으니 차를 사야 했는데 의견이 분분했습니다. '초보일수록 수입 차, 비싼 차를 사라. 그래야 다른 운전자들이 함부로 못하고 피해간다.' '아니다, 중고차를 사서 연습한 후에 제대로 된 차를 사라.' 저는 작은 새 차를 샀습니다. 이상하게 중고차는 미덥지 않아 새 차로 시작하되, 큰 차를 운전할 자신은 없으니 작은 차로 결정했죠.

차를 사고는 후배들에게 '초보 운전' 딱지를 예쁘게 디자인해 달라고 부탁했습니다. 그랬더니 이 친구들이 어떤 문구로 만들어왔는지 아세요? '이 차엔 마님이 타고 계십니다'. 네, 저의 별명이 마님이었어요. 책방마님이 어느 날 갑자기 된 게 아니에요.

그렇게 운전을 시작한 저는 나이 들어 차가 주는 자유를 누리며 이곳저곳 길을 누볐습니다. '아, 예전에 하와이에 갔을 때 운전을 할 줄 알았더라면 참 좋았겠다' 하는 생각이 뒤늦게 몰려왔습니다. 그때는 면허가 없을 때라 택시를 타고 다녔거든요. 그러다 보니 바다로 스노클링을 하러 가면서 무려 리무진을 타기도 했죠.

'빈 시간'을 보내다

휴직을 하기로 했을 때 저희 사장님은 제게 제안하셨습니다. 미국의 대학에 가 공부를 하고 학위도 취득하고 오라셨죠. 저는 그 자리에서 거절의 말씀을 드렸습니다. 정말로 감사하지만 그냥 놀겠다고요. 그때의 시간은 새로운 지식을 인풋하는 시간이 아니라 오히려 비우고 빼내야 하는 시간이라는 걸 직감했던 겁니다. "이런 바보!"라면서 사장님은 안타까워하셨지만 저는 조금의 망설임도 없이 '빈 시간'을 보내기로 했습니다.

어떤 사람은 좋겠다며 저의 휴직을 부러워했고, 또 어떤 사람은 임원이 무슨 휴직이냐고 비난했지만 저는 인생에 다시없을 귀한 시간을 보냈습니다. 빈 시간을 보내는 데는 여행이 제일 좋았으므로 여러 번 길에 나섰습니다.

여행의 핵심은 '어디론가 떠나는 게 아니라 지금 여기를 떠나 내가 있던 곳을 다시 보는 것'이라 생각합니다만, 어디로 가는가도 중요합니다. 제게 있어 '어디'는 그때그때의 마음 상태에 따라 많이 달랐는데, 어느 때는 유럽의 도시들처럼 문화 콘텐츠가 풍부한 곳에 끌렸는가 하면, 또 어느 때는 사람이 만든 게 아닌 그저 자연에 마음이 가기도 했습니다.

저는 제 마음이 가리키는 데를 따라 흘렀습니다. 늘 출근해야 하는 월급쟁이로선 가기 힘든 곳, 출장으로는 좀처럼 닿기 어려운 곳, 평소에 늘 마음이 갔던 곳 여러 군데를 떠돌았죠. 시베리아 횡단열

차를 타고 바이칼 호수에 다녀오고, 하와이의 바다에서 실컷 놀기도 하고, 이집트를 일주한 후 홍해를 건너 요르단, 시리아, 터키를 여행하기도 했습니다. 그러다 드디어 '그곳'으로 떠났어요.

산티아고 순례를 결심하기까지

『나는 걷는다』라는 책이 있습니다. 프랑스 언론인인 베르나르 올리비에Bernard Ollivier가 쓴 세 권짜리 책입니다. 2000년에 처음 출간됐는데 후에 『나는 걷는다 끝』이 추가로 나와 총 네 권이 되었습니다.

베르나르 올리비에는 《파리마치Paris-Match》 《르마탱Le Matin》 《르피가로Le Figaro》 등 신문사와 잡지사에서 30년간 기자로 일하고 예순여섯의 나이에 퇴직했습니다. 그는 보통의 여행자들은 엄두를 내기 어려운 곳으로 긴 여행을 떠났습니다.

올리비에는 평소 역사를 좋아했고 특히 실크로드에 관심이 많았는데 은퇴를 하자 평소에 가보고 싶어 했던 그곳으로 떠난 겁니다. 그것도 도보로요! 그는 실크로드의 시작점이자 끝을 따라 1만 2,000킬로미터를 걸었습니다. 실크로드의 종착지인 터키의 이스탄불에서 시작해 중국의 시안으로 향했어요. 여러분, 1만 2,000킬로미터가 얼마나 먼 거리인지 아실까요? 서울에서 부산까지가 390.54킬로미터입니다. 그런데 1만 2,000킬로미터라뇨.

그는 이 먼 길을 온전히 걸어서 마칠 요량이었으므로 가끔 여행지의 주민들이 "수고가 많다"라며 차를 태워주면 다시 출발지로 돌아가 끝내 두 발로 걸었습니다. 심지어 실크로드는 파미르고원과 타르사막 등 혹독한 지대와 기후가 곳곳에 도사린 곳이었지만, 그는 4년에 걸쳐 그 길을 다 걸었고 마침내 중국 시안에 도착합니다.

그런데 이 책이 무엇이기에 제가 이토록 구구절절 설명하는 걸까요? 네,『나는 걷는다』는 제게 '결정적 책'이었습니다.

베르나르 올리비에는 이 책에서 '산티아고 순례길'을 언급합니다. 저는 그런 곳이 있는 줄 몰랐다가 이 책에서 처음으로 알았어요. 그는 실크로드 1만 2,000킬로미터 장정을 준비하면서 산티아고 순례를 먼저 합니다. 산티아고 순례길은 프랑스 남쪽, 생장피에드포르에서 피레네산맥을 넘어 스페인의 서쪽 끝, 산티아고 데 콤포스텔라까지 800킬로미터가 넘습니다. 꼬박 한 달 넘게 걸어야 겨우 도착하죠.

산티아고는 예루살렘, 로마와 더불어 기독교의 3대 성지입니다. 예수의 열두 제자 중 한 사람인 야고보의 무덤이 9세기에 산티아고 데 콤포스텔라에서 발견되었고 스페인이 성 야고보를 수호성인으로 모시면서 이 순례길이 생겼다고 합니다. 특히 스페인이 사라센의 지배를 받을 때 레콩키스타^Reconquista 즉, 국권회복운동이 일어나면서 해마다 수많은 크리스천이 이 길을 순례했습니다.

지금 저는 크리스천입니다만 이때는 세례를 받기 전이었습니다. 세례 받은 지 10년이 지난 지금도 나이롱 신자예요. 그렇게 미약한 신심을 가진 제가 올리비에의 책에서 산티아고 데 콤포스텔라와 카미노에 대한 이야기를 읽는데 가슴이 뛰었습니다. '여기를 가야겠다' 하는 마음이 그 즉시 올라왔습니다.

베르나르의 책을 읽었던 2000년의 어느 날부터 가고 싶은 마음이 컸지만 그곳이 어디 마음먹는다고 쉽게 갈 수 있는 곳인가요? 우선 800킬로미터를 다 걷는 데만 한 달 이상이 걸리는데 회사에 속해 일하는 사람이 그 시간을 내기란 쉽지 않죠. 그래서 언젠가는 가리라, 꼭 그곳에 닿으리라 마음속에 꼭꼭 묻어두었습니다.

마침내 그때가 온 겁니다. 휴직을 한 지 몇 달 지나서, 여기저기를 다니며 좀 노는 시간을 가진 후 저는 드디어 산티아고로 떠나기로 했습니다.

그런데 이상하게 그곳에 가는 마음이 편치 않았습니다. 편치 않은 정도가 아니라 불안했어요. 마치 스릴러 영화나 소설을 볼 때처럼 맥박이 빨리 뛰면서 뭔지 모를 불안이 계속 마음을 떠돌았습니다. 그럼에도 저는 비행기 티켓을 끊고 트레킹 슈즈와 두꺼운 양말, 가벼운 배낭을 사면서 산티아고에 갈 준비를 했고 결국 그곳으로 향했습니다.

'나는 대체 왜 산티아고에 가려 하나.' 아무리 생각해도 이유를 알 수 없었습니다. 그럼에도 어떤 힘이 저를 이끄는 듯했고, 저는 그 힘에 저를 맡긴 채 비행기에 몸을 실었습니다. 2006년 5월 26일, 홍콩 경유 파리행 비행기였습니다.

그런데 막상 카미노 순례를 시작하고 보니 중요한 걸 준비하지 않왔더군요. 체력이었어요! 나중에 들어보니 그곳에 가는 사람들은 한참 전부터 걷기 등 운동을 하면서 몸을 만든다고 합니다.

그것도 모르고서 저는 미련하게도 가고 싶다는 마음만 앞세웠을 뿐, 운동이라곤 숨쉬기밖에 하지 않은 몸으로 그냥 떠난 겁니다. 매일같이 적게는 16킬로미터, 많게는 34킬로미터씩 이어지는 순례를 무턱대고 시작한 거죠. 직사광선이 내리꽂히는 스페인의 뜨거운 태양 아래에서 말이죠. 물론 힘들 거라는 것을 모르진 않았으므로 '끝까지 다 걷지 않아도 된다. 걷다가 너무 힘들면 중간에 돌아와도 된다'며 저 자신을 안심시켰어요.

그렇게 저는 프랑스 남쪽의 생장피에드포르에서 첫 발을 뗐습니다. 결과가 어땠을까요? 저는 중간에 돌아왔을까요, 아님 산티아고에 닿았을까요?

끝까지 가봐야
알 수 있는 것들

　　산티아고 순례는 '심플 라이프' 그 자체였습니다. 아침에 일어나 조식을 먹은 후 짐을 챙겨 6~7시간 걸은 뒤 다음 숙소에 도착하면 씻고 빨래하고 책을 읽거나 잠깐 낮잠을 잡니다. 그러곤 일어나 동네 성당에 가 기도를 한 후 동네 산책을 하고는 이른 저녁을 먹고 잠자리에 들어요. 이튿날 아침이 되면 다시 일어나 걷고요.

　　이런 날들의 반복이었습니다. 순례하는 36일 동안 단 하루도 같은 곳에 머물지 않고 산티아고를 향해 걷는 날들이었어요.

　　태양의 나라답게 스페인의 해는 뜨겁고 강렬했으므로 가급적 아침 일찍 출발했습니다. 20~30킬로미터를 걸어 오후 1시쯤 다음 숙소에 도착하면 우선 머리카락부터 발까지 온통 땀에 젖은 몸을 씻고 빨래를 해 넙니다. 땀을 얼마나 흘렸는지 옷마다 소금이 허옇게 밸 정도였어요. 방금 빤 빨래를 널면 스페인의 파란 하늘과 뜨거운 햇볕 아래서 잘도 말랐습니다. 순례자들의 옷이 잔뜩 널려 있는 빨랫줄이 장관이었던 기억이 새롭습니다.

차가운 음료로 목을 축이고 약간의 간식을 먹은 후엔 숙소 마당에 앉아 발에 잡힌 물집을 땁니다. 걷는 내내 물집으로 괴로웠는데 왜 물집이라고 하는지 그때 알았습니다. 물집은 500원짜리 동전만큼이나 컸는데 둥그렇게 잔뜩 부풀어오른 물집을 바늘로 찌르면 그 안에서 엄청난 물이 쏟아져 나왔죠. 아프기도 했지만 신기했어요. '와, 물이 이렇게 많이 들어 있어서 물집이라 하나 보다' 생각했습니다.

물집을 따고 나면 다른 순례자들과 이런저런 이야기를 나눕니다. 다음 행선지까지의 정보도 공유하고요. 그러다 이른 저녁을 먹습니다. 저는 술은 잘 마시지 못하지만 스페인의 식사, 특히 저녁식사 땐 와인이 한 잔씩 딸려 나왔으므로 한두 모금 홀짝였어요.

스페인의 북쪽에서 시작해 대서양 인근의 산티아고를 향해 나 있는 800여 킬로미터 순례길엔 시스템이 잘 갖춰져 있었습니다. 매년 전 세계에서 찾아오는 수십, 수백만 명의 순례자들이 숙박과 음식을 해결할 수 있도록 길을 따라 순례자 숙소와 식당이 촘촘히 박혀 있었어요.

산티아고 순례의 출발지 격인 생장피에드포르 사무국에선 순례자 여권을 발행해 주었습니다. 이 여권을 가지면 알베르게라는 순례자 숙소에서 저렴한 가격에 묵고 순례자 식당에서 순례자 메뉴를 먹을 수 있었어요. 그리고 하루를 묵은 알베르게의 확인 도장들을 받으면 종착지, 산티아고에서 순례를 마쳤다는 확인증을 주었습니다. 그걸 받아들던 순간의 벅찬 마음이 다시금 떠오르네요.

뜨거운 태양이 내리쬐는 길 위에서

산티아고 순례는 심플 라이프였을 뿐 아니라 매일같이 짐을 싸서 옮겨 다니는 유목민 생활이었습니다. 그런 데다 내내 배낭을 지고 걸어야 했으므로 뭘 많이 갖고 다닐 수가 없었어요. 배낭을 차에 먼저 실어 보내고 빈 몸으로 걷는 방법도 있는 모양이었지만 저는 제대로 하고 싶었으므로 36일 내내 배낭을 지고 걸었습니다. 출발 전 배낭을 꾸리면서 짐을 줄이고 줄였는데도 제 키의 3분의 2만큼이나 되어버린 배낭이 얼마나 무겁던지요.

스페인은 낮과 밤의 일교차가 매우 커서 한낮엔 무지막지하게 뜨거웠지만 밤이 되면 기온이 확 떨어져 6월의 밤도 꽤 추웠습니다. 두터운 보온용 옷이 필요했죠. 선택의 갈림길에 놓였습니다. 무거울 것이냐, 추울 것이냐.

저는 추위를 몹시 타는 사람이었지만 그때는 차라리 추운 쪽을 택했습니다. 무거운 배낭은 너무나 버거웠거든요. 숙소에 도착해 마른 옷을 꺼내 갈아입고 나면 배낭이 텅 빌 정도로 필수품만 갖고 다녔어요. 그랬음에도 배낭 무게가 10킬로그램 가까이 되어 어깨와 등이 심하게 아팠습니다.

그뿐이 아니었어요. 순례를 시작하고 사나흘쯤 되었을 때, 무릎이 너무나 아픈 겁니다. 운동이라곤 전혀 안 하고 살다가 갑자기 무리를 해서였는지 도저히 걸을 수가 없었습니다. 하지만 순례길엔 숙소가 연이어 있는 게 아니고 한참씩 마을이라곤 없을 때도 있었으므로 아프다고 해서 걷지 않을 도리가 없었어요. 잘못하다간 길에서 밤을 맞을 수도 있으니까요. 다리를 질질 끌다시피 하며 겨우 걸음을 뗐습니다.

그때 귀인이 나타났습니다. 프랑스 바욘에서 생장피에드포르로 가는 열차에서 만났던 캐나다인 간호사를 또 만난 겁니다. 네 번째 산티아고 순례 중인, 경력 20년이 넘는 베테랑 간호사였던 그녀는 제 얘기를 듣더니 약국으로 저를 데려갔습니다. 그리고 약사와 이야기하더니 압박붕대와 약을 사주더군요. 정말로 그 약이 효과가 있었던 걸까요? 아님 플라시보 효과였을까요? 그것도 아니면 그 사이에 제 무릎이 적응한 걸까요? 그 후론 무릎이 괜찮아져서 순례를 계속할 수 있었습니다.

그런데 저는 대체 왜 그 고생을 하며 그곳에 간 걸까요? 무엇 때문에 산티아고까지 가야 했던 걸까요?

생장피에드포르 사무국에서 순례자 여권을 만들 때 그곳에 온 이유를 묻는 설문지가 있었습니다. 크리스천으로서 종교적 목적을 갖고 온 사람, 경관이 아름다운 곳으로 관광 여행을 온 사람, 영혼의 문제를 해결하기 위해 온 사람……. 보기가 하나 더 있었던 것 같은데 기억이 나질 않네요. 저는 3번에 동그라미를 쳤습니다. 관광 목적은 단연코 아니었고, 신심 깊은 크리스천이 아니니 2번에도 해당되지 않았어요. 3번도 정확하진 않았지만 그나마 비슷하다 여겼습니다.

하지만 여전히 제가 왜 그곳에 있는지는 알지 못했습니다. 그러면서 이른 아침부터 길을 떠나 한낮의 펄펄 끓는 뜨거운 태양 아래를 걸었어요

한 달 이상 걸어서 하는 순례는 한편으론, 생각하는 시간이었습니다. 예전에 철학자들이 왜 그렇게 산책을 즐겼는지 이유를 알겠더군요. 사람들은 생각하는 일을 정신 활동으로 여겨 책상 앞에 앉아서 하는 거라 여기지만, 제가 경험해 보니 생각하는 일은 온몸으로 하는 거였어요. 두 다리는 온몸을 지지하고 등과 허리는 짐을 받치고 그러는 사이 머릿속으론 이런저런 생각이 지나가고요. 엄밀히 말하면 생각은 내가 하는 게 아니었습니다. 저의 머리는 그저 온갖 생각이 펼쳐지는 무대 역할을 했어요.

처음엔 A라는 생각이 들어옵니다. 조금 후엔 또다른 생각이 올라와요. 'A가 아니라 B지!' 이게 끝이 아닙니다. '아니야, C가 맞아.' '아니라고, D지!' '아니야, 다시 생각해 보면 A가 아닐까?' 두 다리가 계속 움직여 걸음을 떼는 동안 제 머릿속에선 날마다 생각의 향연이 벌어졌습니다.

다만 속도가 줄어들 뿐

그러던 어느 날이었습니다. 순례를 시작한 지 25일쯤 됐을 때였어요. 그날따라 큰 도시의 길을 따라 차들이 뿜어내는 매연과 먼지를 뒤집어쓰며 파김치가 되어 걷고 있는데 갑자기 머릿속이 환해지는 순간과 만났습니다. 제가 도대체 왜 그곳을 찾았는지를 알겠는!

나이 드는 것에 무릎 꿇고 싶지 않았던 겁니다. 마흔 중반이 되면서 늙는다는 느낌이 진하게 들었습니다. '쟁이'로서 정점을 지난 게 아닌가 두려웠고 혼란스러웠으며 불안했어요. 저는 일을 빼곤 인생에서 다른 걸 한 기억이 별로 없을 만큼 일을 전부로 알고 살았는데 더 이상 일이 저를 환영하지 않는다는 생각이 드니 방황할밖에요. 그래서 간절히 길을 찾았고 산티아고로 향했던 거였습니다.

산티아고를 순례하는 사람들 중엔 나이 많은 분이 많았습니다. 할머니 한 분은 파리에서부터 걸어오셨고, 할아버지 한 분은 스코틀랜드에서부터 오셨습니다. 아, 스위스 집에서 현관문을 열고 나와 걷기 시작했더니 이곳이더라는 농담을 한 분도 계셨죠.

그분들도 저와 비슷한 심정이었던 거예요. 나이 들어 일터에서 물러났지만 난 아직 죽지 않았다는 걸 확인하려는! 제 키만큼이나 되는 큰 배낭을 지고서도 꼿꼿하게 걷는 그분들을 보면서 형언하기 힘든 어떤 느낌이 제 가슴 가득 차올랐습니다. 나이 든다고 해서 뭔가를 못하게 되거나 불가능해지는 건 아니다, 다만 속도가 줄어드는 것일 뿐……. 저는 그 길에서 귀한 통찰을 얻었습니다.

한 발 한 발 산티아고를 향해 내딛는 사이 지나온 시간들이 보였고 저를 있게 한 힘이 무엇이었는지가 보였습니다. 그럭저럭 잘한다 소리를 듣고 이름이 나고 프로페셔널로 자리를 확고히 하기까지, 또 초반의 여성차별을 딛고 마흔에 임원이 되기까지 수없이 많은 분들의 도움이 있었다는 것이 명확히 떠올랐습니다.

물론 저도 놀지 않고 열심히, 성실히 일했습니다. 크리스마스이브를 회사에서 보냈던 적도 허다하고, 새벽까지 일하다 아침에 퇴근한 날도 숱했어요. 하지만 제가 지쳐 넘어지려 할 때 비틀거릴 때, 슬럼프에 빠져 다 그만두려 할 때 제 손을 잡아준 선배와 동료, 뒤에서 밀어준 후배들이 있었습니다. 저 혼자 한 게 아니었어요. 그러자 이 생각이 밀려들었습니다.

'돌아가야겠다! 휴직을 마치는 대로 회사로 돌아가 지금까지 내가 받은 것들을 회사에, 후배들에게 갚자! 그러고 나서 그만두더라도 그만두자.'

이미 말한 대로 저는 휴직을 마치면 사표를 쓸 생각이었습니다. 하지만 그 순간 다른 생각이 들었어요. 그러기엔 제가 받은 게 너무 많다는 생각, 지금까지 회사에 대해 불만만 말했지 아쉬운 걸 고치기 위해 애쓴 적이 없다는 생각이 들었죠. 그러니 이제부터라도 그 노력을 다한 후 부끄러움 없이 그만두자고 다짐했습니다.

감각과 끼는 광고를 하는 '쟁이'들에게 전부는 아니지만 꽤나 중요한 자질입니다. 하지만 나이 들고 늙으면 이전만 못한 게 사실입니다. 그렇지 않은 사람도 있지만 대개는 나이가 들수록 세상의 변화를 알고 받아들이는 데 둔해지고 느려집니다. 저도 그랬던 것 같아요. 그래서인지 나이 든 광고쟁이들은 스마트폰이나 통신, 화장품, 게임 같은 핫한 품목의 광고 프로젝트에서 잘 찾지 않아요. 젊은 친구들이 기꺼이 하지 않으려는 광고를 떠맡게 되는 경우가 많죠.

그날 이런 다짐을 했습니다. '돌아가면 치약 광고든 관절염 약 광고든 가리지 말고 하자. 요구하거나 따지지 말고 회사가 하라는 걸, 후배들이 해달라는 걸 하자. 그렇게 백의종군하면서 도리를 다하고 나서 이제 됐다 싶으면 그때 그만두자.' (치약 광고나 관절염 약 광고를 폄하하려는 뜻은 전혀 없습니다.)

실제로 저는 그렇게 했습니다. 회사로 돌아가 6년을 더 일한 뒤 흔쾌한 마음으로 은퇴했습니다. 아마도 이런 시간을 가지지 않았다면 저의 퇴직은 많이 달랐을 거라 생각합니다. 그리고 이 생각을 만난 후 나머지 순례길은 오직 벅차고 기뻤습니다. 길을 찾았으니까요. 나이가 들면서 불안하고 두려움에 방황하던 때 드디어 어느 길로 가면 될지 알아차렸으니까요.

그런 생각을 하면서 드디어 36일 만에 산티아고에 닿았고, 도착한 날 정오에 산티아고 성당에서 정오 미사를 드렸습니다. 길을 걸으면서도 날마다 눈물 바람이었지만, 그래서 평생 흘릴 눈물을 여기에 다 뿌린다 생각했지만, 웬걸요, 미사를 보는 내내 흐느껴 울었습니다. 특히 미사 초반에 신부님이 "오늘 아침 산티아고에 한국인 순례자 한 사람이 당도했습니다"라고 하셨을 때 큰 울음이 터져 나왔어요. 저를 거기로 데려간 모든 날들을 돌아보며 흘린 눈물이었습니다.

좀더 가보자, 조금만 더

산티아고 서쪽엔 '피니스테레'라는, 우리말로 하면 '땅끝마을'쯤 되는 곳이 있습니다. 산티아고에서 90킬로미터 서쪽에 있는 마을로 대서양에 면해 있어요. 그러니까 옛 유럽인들은 그곳이 세상의 끝이라 생각해 그런 지명을 붙인 겁니다. 거기까지도 걸어서 가고 싶었지만 다리가 아파 버스를 탔습니다.

예전부터 저에겐 대서양과 북해에 대한 로망이 있었습니다. 유럽의 역사책을 읽다 보면 그 두 바다 이야기가 많이 나오는 터라 읽으면서 상상을 했거든요. 그런데 바로 그곳에 간 거잖아요. 저는 그곳에 숙소를 잡고 1박을 했습니다. 대서양의 밤바다 앞 해변에 오래도록 앉아 있었습니다.

여행을 많이 다닌 분들은 아시리라 생각하는데, 어딘가를 갔을 때 그곳에서 숙박을 하면서 밤을 보내는 것과 낮에 쓱 돌아보고 떠나는 건 차이가 큽니다. 1990년에 영국의 남쪽, 캔터베리에 갔을 때 이 느낌을 처음 알았습니다.

캔터베리는 제프리 초서^{Geoffrey Chaucer}가 쓴 『캔터베리 이야기』의 배경이 되는 곳인데 대성당이 유명합니다. 하지만 작은 데다 성당

외엔 볼거리가 많지 않아서 대부분의 여행자는 관광객처럼 낮에 왔다 떠나가죠. 그런데 해가 진 뒤 밤의 캔터베리는 사람들로 넘쳐나던 낮의 캔터베리와 사뭇 달랐습니다. 게다가 그날은 그믐달도 곱게 떠 있어 한결 아름다웠어요.

이탈리아의 아시시도 그랬습니다. 관광버스를 대절해 한나절 방문하곤 가버리는 사람들과 달리 저는 거기서 2박을 했습니다. 성 프란체스코의 도시인 아시시를 그렇게 지날 수는 없었습니다. 아니나 다를까. 사람이 별로 없는, 저녁부터 밤까지의 아시시는 꿈처럼 아름다웠습니다.

다시 산티아고 이야기로 돌아옵니다. 피니스테레에서 순례자들은 순례를 마치는 각자의 의식을 치릅니다. 순례하는 내내 함께했던 물건 중의 하나를 태우는 거죠. 지금은 화재 위험 때문에 금지됐다는데 제가 갔을 땐 아직 행해지고 있었습니다. 저는 낡을대로 낡아버린 바지를 태웠습니다. 대서양이 한눈에 내려다보이는 바위에 앉아 앞으로의 날들에 평화가 함께하기를 빌었습니다.

도대체 산티아고 순례를 왜 하는지 알지 못한 채로, 알지 못할 힘에 이끌려 비행기를 탔다는 말씀은 앞에서 드렸지요? 끝까지 다 가지 않아도 된다고, 도중에 돌아와도 된다고 저를 위로했다는 말씀도요. 그런데 다 걸었습니다. 기어이 산티아고에 가 닿았어요.

그러면서 중요한 것 한 가지를 알게 되었습니다. 끝까지 가봐야 알 수 있는 것들이 있다는 것을. 만약 제가 너무 힘들어 일주일 만에, 혹은 20일 만에 돌아갔다면 어땠을까요? 그것도 나름 좋은 경험이 되었겠지만 마흔 후반과 쉰 초반을 지지해 준 생각들은 만나지 못했을 테고, 저의 인생도 다르게 흘러갔을 겁니다.

그 후론 힘들 때 이렇게 되뇌곤 합니다. '좀 더 가보자. 조금만 더 가보자. 끝까지 가봐야 알 수 있는 귀한 것들이 있다. 그런 시간을 보낸 후의 나는 지금보다 한결 나아져 있을 거다'라고요.

누구도 내려가는 길을
피할 수 없다

"저는 지는 해입니다." 2006년 12월, 제27회 청룡영화상 시상식에서 한 배우가 이런 수상 소감을 밝혔습니다. 젊은 후배가 받아야 할 상을 늙은 자신이 받아 송구하다는 뜻이었습니다. 그는 바로 변희봉. 봉준호 감독의 〈괴물〉에서 아버지 역으로 열연해 65세의 나이에 남우조연상을 수상했죠.

영화, 드라마, 뮤지컬, 음악. 여러 분야에서 해마다 많은 아티스트들이 상을 받고 난 후 수상자가 한 어떤 소감은 많은 사람들에게 회자됩니다. 2021년 아카데미 여우조연상을 받은 윤여정 배우의 위트 있는 소감이 대표적입니다. 배우이자 영화 〈미나리〉의 제작자였던 브래드 피트에게 그녀는 "당신은 우리가 열심히 영화를 찍을 때어디에 있었느냐"라며 한 방 날리더니, 글렌 클로즈 등 여우조연상

후보에 함께 오른 배우들에겐 "우리는 각자 다른 역을 연기했고, 서로 경쟁 상대가 될 수 없다"라고 말하는 등 인상 깊은 소감을 남겼습니다.

삶의 후반전을 대하는 법

변희봉 배우의 수상 소감을 십수 년이 지난 지금도 또렷이 기억하는 것은 늙은 배우의 심정이 절절히 와 닿았기 때문입니다. 그 무렵 저는 마흔 중반을 통과하면서 나이 든다는 것을 실감하고 있었고 얼마쯤은 불안하고 두려웠습니다.

산티아고 순례를 하며 매일같이 제가 한 것은 생각이었는데 그중엔 이런 것도 있었습니다. '책을 써야겠다!' 제목도 정했어요. '내려가는 길'. 그때는 당장이라도 쓸 것 같았는데 어찌하다 보니 이제야 쓰고 있네요. 그런데 왜 제목을 '내려가는 길'로 정했을까요? 그 후의 제 시간은 내려가는 시간이라는 걸 자각한 겁니다.

하루 6~7시간씩 매일같이 걸으며 제가 있던 곳과 지나온 시간을 돌아보니 저의 불안은, 제가 이미 내려가는 길에 들어선 게 아닌가 하는 데서 온 것이었습니다. 상승곡선이 끝나 스러질까 봐 두려웠던 겁니다. 일하고 좌절하고 환호하고 고민했던 일터를 그런 마음으로 떠났고 돌아본 거예요. 돌아본다는 것은 생각하고 또 생각하는 일이었고, 한 생각을 지우고 새로운 생각을 받아들이는 것이었으며, 앞서 든 생각을 부정하고 새로 찾아온 생각에 저를 열어놓는 일이었습니다.

이 일을 한 달 내내 계속하면서 마침내 저는 더 이상 부정할 수 없는 한 가지 생각에 닿았습니다. 내려가는 길에 들어섰다는 것, 그 후의 시간은 아마도 이전의 시간과 같지 않을 것이란 명징한 자각이 제게 왔습니다. 네, '자각'! 도전이나 문제를 앞에 두고 있을 때 해결의 시작은 '자각'이라는 걸 압니다. 혹은 '받아들이는 것'이라고도 할 수 있겠죠.

우리나라를 대표하는 배우 A가 있습니다. 그는 청춘 시절부터 주연을 도맡았습니다. 그러나 그도 나이가 들었고 더 이상 주연 배역에 캐스팅되지 않았습니다. 그보다 젊고 잘생긴 후배 배우들이 속속 나타나 그의 자리를 꿰찼죠. A는 고민에 빠졌습니다.

'앞으로도 주연 배역은 내게 오지 않을 것이다. 그러니 영화를 계속하려면 조연이나 단역을 받아들여야 한다. 어떻게 할 것인가? 조연이나 단역으로라도 영화를 계속 찍을 것인가, 아님 주인공이 아니니 영화를 접을 것인가?'

A는 어떤 선택을 했을까요? 훗날 그는 이렇게 말했습니다. 생각에 생각을 거듭할수록 자신은 영화를 사랑하는 사람이었더라고요. 그러니 선택이 분명해졌죠. 그는 그때부터 조연으로 여러 영화에 부지런히 출연합니다. 배역의 범위는 오히려 넓어졌고요.

누구나 이런 시간과 맞닥뜨립니다. 특히 인생의 전반전을 화려하게 보낸 사람일수록 원치 않는 변화와 도전 앞에서 당황하죠. 제가 그랬던 것처럼 후배들도 마흔을 넘기며 비슷한 고민을 토로하더군요. "한 해 두 해 나이가 들수록 불안해져요. 지금까지 제 업무는 깔끔하게 잘해왔지만 저는 나이가 들고 후배들은 쏟아져 나오고. 이 일을 얼마나 더 할 수 있을지, 여기가 끝은 아닌지, 앞으로 기회가 더 있긴 할지 불안해요."

이때 찾아오는 불안의 이유를 들여다보면 지금의 위치에서 밀려날까 봐, 주연의 영광을 더 이상 누리지 못하게 될까 봐, 혹은 잊힐까 봐 등인 것 같습니다. 저처럼 콘텐츠를 만드는 크리에이터나 쟁이일수록 고민이 큰데 여러분이 언젠가 그런 시간과 맞닥뜨린다면 스스로에게 이렇게 물어보시기 바랍니다. 나는 주연이 아니어도 이 일을 하고 싶은가? 아니면, 더 이상 주연이 아니라면 이 일을 떠날 것인가?

저도 이 질문을 던졌고, 앞에서 언급한 배우 A와 같은 결론임을 확인했습니다. 그래서 결심할 수 있었어요. 앞으로 '늙은 쟁이'인 내게 오는 광고는 어떤 것이든 흔쾌히 하자고, 나를 찾는 일이 있고 내가 쓰일 곳이 있다면 기쁘게 응하자고요.

정상을 향해 치열하게 올라갔던 시간

마흔 초반까지는 산을 열심히 찾았습니다. 출근하지 않는 주말마다 산으로 돌았어요. 그때는 운전을 하기 전이라 늘 기차로

버스로 다녔는데, 인터넷이 없던 시절이기도 해서 지방의 교통편과 출발 시각을 알 도리가 없었죠. 그래서 몇 달에 한 번씩 『시각표』라는 책을 구입하곤 했습니다. 고속버스나 새마을호는 물론 완행열차와 시골의 버스 출발 시각까지 자세히 나와 있는 책이었어요. 늘 전국 지도책과 함께 이 『시각표』를 책상 옆에 두었다가 떠나고 싶은 마음이 들면 훌쩍 떠나곤 했습니다.

언젠가 한번은 이른 봄 산수유가 보고 싶어 전라도 구례를 찾았다가 돌아오는 기차표를 구하지 못해 밤차의 입석표를 사고는 서울까지 내내 서서 온 적도 있습니다. 이튿날 새벽 서울역에 도착해 집에 가선 샤워만 하고 바로 출근했죠. 또 어느 날인가는 모처럼 집에서 주말을 보내다 눈앞에 어른거리는 남도 벚꽃의 유혹을 물리치지 못해 그 길로 집을 나서서 남해행 고속버스를 탄 적도 있습니다. 흐드러지게 핀 벚꽃 속에서 하루를 보낸 것까지는 좋았는데, 일몰로 유명한 미륵도 공원에 앉아 해 지는 걸 보다 버스를 놓치기도 했어요. 그야말로 '물멍'이었습니다.

산을 즐겨 찾으면서 중요한 걸 배웠습니다. 올라가는 길보다 내려가는 길이 훨씬 더 힘들다는 것. 혹시 넘어지더라도 오르막길에선 무릎만 까지고 말지만 내려오는 길에 넘어지면 구르거나 발목을 삐거나 상처가 깊어요.

실제로 내려가는 길의 어려움을 진하게 겪은 적이 있습니다. 추석연휴에 설악산 야간 산행을 했습니다. 광화문에서 밤 10시에 출발하는 관광버스를 탔고, 새벽 2시쯤 오색에 도착하자마자 바로 헤드

랜턴을 꺼내 끼고는 산을 오르기 시작했습니다. 사방이 깜깜한데 랜턴의 불빛만 여기저기서 빛났죠. 네 시간여를 쉬지 않고 걸으니 마침내 대청봉! 그곳에서 일출을 봤습니다. 날씨가 좋아 붉디붉은 아침 해를 볼 수 있었는데 확실히 산에서 보는 해는 아파트에서 볼 때와 달랐습니다. 한마디로 장엄했어요.

저는 그때 오래전부터 마음에 품어온 공룡능선에 가고 싶었습니다. 공룡능선은 내설악과 외설악을 가르는 설악산의 중심 능선인데 내설악의 가야동 계곡과 용아장성이 한눈에 내려다보이고, 외설악의 천불동 계곡부터 동해 바다까지의 절경을 볼 수 있는 곳입니다. 생긴 모습이 마치 공룡의 등이 용솟음치는 것처럼 힘차고 장쾌하다 해서 붙여진 이름이라 하고요.

문제는 이 코스가 난코스일 뿐 아니라 대청봉에서 그냥 바로 설악동으로 빠질 때보다 시간이 훨씬 더 걸린다는 것이었습니다. 하지만 당시 제 나이 스물아홉, 가고 싶은 마음이 뜨거운 데다 그곳 바로 앞까지 왔으니 무슨 일이 있어도 가야 했죠. 결국 공룡능선을 넘었습니다.

거의 죽는 줄 알았습니다. 그때도 가고 싶다는 마음뿐, 준비라고는 한 게 없어서 열여덟 시간을 걷는 동안 먹을 게 똑 떨어진 겁니다. 꼬르륵 소리가 나는 배를 초코바와 비스킷 몇 개로 달래며 발을 옮겼는데 산행 후반, 특히 내려가는 길에선 무릎이 풀려 발목이 제대로 지지가 안 됐습니다.

결국 거의 기다시피 해서 겨우 설악동에 닿았어요. 새벽 2시에 시작한 산행을 밤 8시가 돼서야 마쳤으니 꼬박 열여덟 시간을 걸은 겁니다. 그래도 한창 젊은 때라 그랬는지 척산 온천에서 뜨겁게 온천을 하고 나니 이튿날 거뜬하게 돌아다녔던 기억이 나네요. 한편으론 과감했고 또 한편으론 한없이 미련했던 시절이었습니다.

나만 그런 건 아니다

다시 내려가는 길로 돌아올까요? 모든 산행엔 오르는 길과 내려가는 길이 있습니다. 고도 1,000미터가 넘는 산에 가면 몇 시간씩 오른 뒤 꽤 피로한 상태에서 내리막길을 맞이하죠. 인생살이도 비슷한 데가 있어요. 오르는 길은 젊은 시절에 맞이합니다. 힘은 들어도 인생이 상승한다는 느낌도 있고 성취감도 있습니다. 하지만 힘들게 올라도 정상에 머무는 시간은 잠시이고 금세 내려가는 길이 시작되죠.

에베레스트 등 세계 7대륙 최고봉 완등과 남북극점 정복, 북극횡단, 에베레스트 3회 등정의 기록을 가지고 있는 허영호 대장도 갖은 위험과 고생 끝에 에베레스트 정상에 서지만 그곳에 머무는 시간은 10분도 채 되지 않을 정도로 짧다고 이야기합니다. 그러곤 올라갈 때보다 더한 어려움을 뚫고 하산합니다. 인명 사고도 하산 길에 더 많이 일어나고요. 그걸 알고도 그는, 또 산악인들은 지금도 산에 오르고 또 내려오죠.

그 누구도 내려가는 길을 피할 수 없다는 걸 깨닫고 나니 마음이 편해지더군요. 어려움을 겪을 때 가장 큰 위로는 나만 그런 게 아니라는 걸 알 때가 아니던가요? 왕성하게 활동하며 성취하는 시절이 있는가 하면 다른 성질의 시간도 있다는 것. 내려가는 길을 피할 수 없다면 그 시간 또한 잘 보내야겠다는 생각이 드는 겁니다. 내려가는 길을 잘 보낸다는 건 어떤 걸까, 질문이 달라졌고 저는 어느새 그 길을 받아들이고 있었습니다.

자신이 납득할 수 있는 결정을 하는 데

필요한 것이 있다.

혼자의 시간을 집중적으로 내어

문제에 몰두하는 것이다.

생각했다 지우고 또 생각했다 또 지우면서…….

그런 끝에 스스로 납득할 수 있는

단단한 생각을 만난다.

7장

앞으로도
계속 이렇게 살 것인가?

CHOICE

스스로 납득할 수 있는
결론에 다다르다

저는 대체로 성선설을 믿습니다. 특히 웬만큼의 시간이 주어져 돌아보고 성찰하게 되면 대개는 선한 쪽으로 생각을 모으게 됩니다. 제 경우야말로 대표적 예입니다. 돌아보니 저를 끌어주고 지지해 준 많은 분들이 계셨음을 알게 되었고, 그렇다면 나도 내 도움을 필요로 하는 사람에게 그런 역할을 하자는 결론에 다다랐으니까요. 저는 그렇게 1년의 휴직 기간이 끝난 뒤부터 6년여를 더 일하고 퇴직했습니다.

이 모두는 산티아고 순례를 전후로 일어난 일이라 사람들은 '산티아고'에 주목하지만 중요한 것은 산티아고가 아닙니다. 그때가 제 인생의 결정적 순간임을 알아차리고 거기에 전념한 것, 그것이 핵심입니다.

'아, 그때 신호가 왔는데……'

세계적인 사진작가, 앙리 카르티에 브레송 Henri Cartier Bresson 은 '결정적 순간'으로 잘 알려져 있습니다. 삶의 찰나가 오롯이 담겨 있는 그의 작품들은 시대를 뛰어넘는 사진예술의 정수로 평가되죠. 브레송은 생전에 이렇게 말했습니다.

"나에게 사진은 드로잉의 한 수단이었다. 직관에 의한 스케치 같은 것인데 드로잉과 달리 사진은 고칠 수가 없고, 고치려면 다시 찍어야만 한다. 삶은 흘러가는 것이라 사진을 찍는 순간 사라지기 때문에 똑같은 장면을 다시 찍는다는 것은 불가능하다. 인생은 한 번뿐이다. 영원히."

결정적 순간은 인생에도 있습니다. 삶의 모든 순간이 한 번뿐이긴 하지만 그 이전과 이후의 행로가 확연히 갈라지는, 그야말로 중요하고도 결정적인 순간이죠. 문제는 그 결정적 순간을 어떻게 알아차리는가 하는 것입니다. 마치 숱하게 쏟아지는 정보 더미 속에서 의미 있는 신호를 감지해 내는 것처럼, 흘러가는 인생 속에서 우리는 그때가 결정적 순간임을 어떻게 알아차릴까요?

여러분 혹시 심하게 아파본 적 있으신가요? 특히 병원에 입원할 정도로 심하게 아프면, 그래서 찬찬히 돌아보면 '아, 그때 신호가 왔었는데……. 그때 멈추고 무리하지 말았어야 했는데…….' 이런 생각이 뒤늦게 듭니다. 우리가 그렇게 정신없이 사는 것 같아요.

여러분은 아침에 눈을 뜨면 제일 먼저 무얼 하시나요? 팔을 뻗쳐

스마트폰부터 찾지 않으세요? 눈도 잘 떠지지 않는데 간밤에 문자 온 건 없는지, 메일 온 건 없는지 살핍니다. 유튜브에도 들어가고 인스타그램에도 들어가는 등 이런저런 앱을 들락거릴 거예요.

그뿐이 아닙니다. 샤워할 때를 생각해 볼까요? 몸은 집의 욕실에 있지만 의식은 벌써 회사에 가 있습니다. 오늘 부장님께 제안서를 보고해야 하는데, 클라이언트에게 소비자 조사 보고서를 전해야 하는데……. 벌써부터 머릿속이 분주합니다.

이런 일련의 과정에 '나'는 없어요. 나는 이 일의 무엇을 좋아하고 잘하고 있는 것인지 하는 생각들은 자리할 틈이 없습니다.

아, 있기는 합니다. 일이 잘 풀리지 않거나 기분이 처지면 출퇴근하는 차 안에서 혹은 잠깐잠깐 혼자 있는 시간에 생각을 하곤 합니다. 하지만 그뿐이에요. 늘 급하게 처리해야 할 업무나 중요한 일들이 있으므로 보다 본질적인 고민은 순위에서 밀립니다. 토막토막 짧은 생각들만 쌓일 뿐이죠. 여러분, 이건 중요한 일을 처리하는 적절한 방식이 아닙니다.

유불리를 넘어선 삶의 선택

젊은 분들은 종종 선배가 없다, 멘토가 없다고 얘기합니다. 이 말을 들을 때마다 한편으론 선배 된 자로서 부끄럽고 한편으론 안타까웠는데, 저는 이런 분들께 기업을 바라보라 말하고 싶습니다.

기업들은 생존하고 성장하기 위해 전략을 짜고 투자를 하며 길을 모색하죠. 저는 이런 모습이야말로 훌륭한 레퍼런스가 될 수 있다고 생각하는데, 핵심은 바로 시간과 돈과 인력의 투자라는 것을 알아차렸습니다.

이 가운데 개인이 적용할 수 있는 게 뭘까요? 네, 시간과 노력이에요. 특히 일과 관련해서 중요한 결정을 앞두고 있다면 집중적으로 이 두 가지를 들여야 합니다. 잠깐씩 시간이 날 때 찔끔찔끔 고민하고 마는 게 아니라 최소 일주일에서 두 주일, 한 달을 집중적으로 시간을 내어 생각해 보세요. 그 사안을 가장 최우선에 두고서 생각과 고민에 몰입하는 겁니다. 혼자 있는 시간을 가지는 거죠.

제게 있어 산티아고 순례의 의미가 바로 이것이었습니다. 36일 내내 걸어서 결국 800킬로미터의 순례를 마쳤는데, 그 시간 내내 저는 혼자였습니다. 태어나서 가장 오랜 시간 혼자 지내며 당시 제게 가장 중요했던 화두 하나를 들고 생각에 생각을 거듭하며 그 문제에 집중했던 거예요. 그런 끝에 제 안에 어떤 갈망과 두려움이 있는지 마침내 알아차렸고, 제 마음이 가리키는 대로 나아갔으며, 환해진 마음으로 이후 후회 없는 6년을 보낼 수 있었던 거죠.

그 경험을 통해 저는 중요한 것 한 가지를 배웠습니다. 적어도 반생 정도를 살고 나면 그때부터의 결정은 유리한가 불리한가 외에 자신이 납득할 수 있는 결정을 해야 한다는 겁니다.

마흔쯤의 나이는 학교를 졸업하고 성인이 되어 취업을 해 십수 년을 보낸 시기입니다. 내내 선명한 트랙을 따라 달리다 갑자기 길이 모호해진 것 같은 느낌이 들기 시작해요. 사춘기 때의 육체적, 정신적 큰 변화 못지않게 이때에도 변화를 겪습니다. 몸도 예전 같지 않고 나이 듦에서 오는 불안과 두려움이 엄습하면서 전에 없는 질문들이 올라오기 시작하죠. '언제까지 이렇게 살 수 있을까?' 혹은 '언제까지 지금처럼 살까?' 하는.

사실 생업은 가벼운 문제가 아니므로 여전히 유불리에 매몰된 선택을 할 수 있습니다. 하지만 이미 생의 짧지 않은 시간을 우리는 그렇게 살지 않았나요? 이젠 자신의 안에서 올라오는 질문에 귀를 기울이고 길을 찾아야 하지 않을까요? 그래야 그 후의 인생을 사는 데 후회가 적을 수 있습니다.

물론 저도 돈과 기회와 그 밖의 여러 가지를 순간순간 계산합니다. 어느 것이 더 유리한지 고민하고 그에 따라 결정을 내리죠. 그런데 다행히도 결정적 순간에서만큼은 유불리가 아닌 제 마음의 소리를 따랐더군요. 그러기를 정말 잘했다고 지금도 생각하는 대목입니다.

유불리를 넘어서 자신이 납득할 수 있는 결정을 하는 데 필요한 것이 있습니다. 우선 시간, 그것도 혼자 있는 시간입니다. 혼자의 시간을 집중적으로 내어 문제에 몰두하는 겁니다. 생각했다 지우고 또 생각했다 또 지우면서……. 그런 끝에 드디어 스스로 납득할 수 있는 단단한 생각을 만납니다. 그 생각에 의지해 앞으로의 시간을 또 살아나가는 거죠.

물론 이렇게 한다고 해서 힘든 일이 없는 건 아닙니다. 바다가 있는 한 파도는 늘 치듯이 우리가 인생을 사는 한 힘들고 어려운 일은 겪게 마련입니다. 하지만 긴 시간을 바쳐 도달한 어떤 생각, 단지 유리해서가 아니라 자신에게 중요한 거라는 확신 끝에 도달한 생각이 있으면 그럴 때 훨씬 덜 휩쓸리게 된다는 것만큼은 확실합니다.

특히 결혼한 분들은 혼자 있는 시간이 참 부족합니다. 그래서 제안합니다. 올 여름휴가는 따로 혼자 가보세요. 부부 각자에게 시간을 주는 거죠. 저는 우리 현대인에게 정말 부족한 것은 어쩌면 돈보다도 시간이 아닌가 생각합니다. 그 귀한 시간을 한 번씩 선물해 보는 거예요.

시인이자 철학자 칼릴 지브란Kahlil Gibran도 그랬죠. "바람이 통하는 사원의 기둥들처럼 사랑하라"라고요. 사랑하는 사람에게 시간을 주시기 바랍니다. 배우자에게, 그리고 자기 자신에게. 인생의 중요한 결정들을 현명하게 내릴 수 있을 겁니다.

문제에 남다르게 접근하기

요즘 강연을 할 때마다 느낍니다만, 사람들은 구체적인 방법론을 원하는 것 같습니다. 당장 쓸 수 있는 액션 플랜을 바라죠. 그걸 알지만 그럼에도 저는 그런 이야기를 하기가 어렵습니다. 그건 제 방식이 아닌 것 같아요.

중요한 것은, 그 사안을 바라보는 '시선'이라고 생각합니다. 구체적인 방법론은 스스로 자신에게 맞는 걸 찾아가는 것이고요! 이런 맥락에서 보자면 마흔이 넘어선 유불리보다 스스로 납득할 수 있는 결론에 도달하는 게 중요하고, 그것을 위해 집중적으로 혼자 있는 시간을 가지시란 말씀을 드린 거예요. 그럼에도 너무 추상적이니 구체적인 답을 내놓으라고 이야기하실 분들의 얼굴이 어른거려서 다음의 예를 말씀드립니다.

얼마 전 저희 책방에서 강원국 작가의 북토크를 열었습니다.『대통령의 글쓰기』의 저자, 강원국 작가가『강원국의 어른답게 말합니다』를 출간한 뒤 가진 북토크였어요.

질의응답 시간에 한 분이 질문했습니다. 자신은 회사에서 발표할 일이 있을 때마다 정말 열심히 준비하는데 막상 발표하려고 들면 너무나 긴장하고 떨어서 늘 속상하다고, 어떻게 하면 떨지 않고 발표를 잘할 수 있겠느냐는 질문이었습니다. 여러분 같으면 어떤 답을 드렸을까요? 연습을 열심히 하시라, 리허설을 더 많이 하시라 이런 정도가 아닐까요?

강원국 작가의 어프로치는 달랐습니다. 이렇게 말씀하시더라고요. 자신도 처음엔 남 앞에서 말을 하는 게 영 어색하고 많이 떨렸대요. 왜 그렇게 긴장하는지 생각해 보니 청중 모두가 낯선 분들인데다 자신을 바라보는 시선이 따뜻하지 않더랍니다. '얼마나 잘하나 보자' 하는 것처럼 느껴졌대요.

그래서 그는 이런 방법을 생각합니다. 강의 시작 한 시간 전에 도착해 강의장 입구에 서서 들어오는 청중 한 분 한 분의 얼굴을 보며 인사를 했답니다. 작가가 웃는 얼굴로 인사하니 그분들도 웃으면서 인사를 하더래요. 그리고 강의 때도 청중 모두가 웃는 얼굴로 자신을 바라보니 긴장이 누그러지더라는 거예요.

저는 그날 이 말씀을 들으면서 속으로 '아!' 했습니다. 이런 거야말로 통찰력이고 근본적인 해결책이라고 생각했어요. 저의 이야기도 여러분께 다른 시선, 의미 있는 인사이트를 드릴 수 있으면 좋겠습니다.

다르게 살기 위해
매듭을 짓다

마흔 중반의 휴직과 산티아고 순례는 제 인생을 이전과 이후로 바꿔놓은 선택이었습니다. 깊고 다양한 고민들이 켜켜이 쌓이다가 그즈음 임계치를 넘었죠. '두 번째 사춘기'였습니다. 아니, 중고등학교 시절 별다른 사춘기를 겪지 않고 평탄하게 넘긴 제게는 사실상 첫 사춘기였어요.

2014년 JTBC에서 방영한 드라마 〈밀회〉를 혹시 보셨을까요? 스무 살이나 어린 제자와의 불륜 드라마로 알려졌지만 드라마의 핵심은 그게 아니었어요. 제가 조금 전에 말한 '두 번째 사춘기'에 대한 이야기였습니다.

저는 그 드라마를 여섯 번은 본 것 같습니다. 처음엔 스토리를 따라가며 봤고 그다음엔 인물들의 내면과 심리에 주목했으며 그다음엔 대사 하나하나, 그다음엔 연출과 촬영에 주목해 가며 봤습니다. 그렇게 빠져들 만큼 잘 만든 드라마였습니다.

여주인공 오혜원은 예술재단에서 기획실장으로 일하는, 꽤 성공한 여성 인재입니다. 실상은 재벌들의 뒷일을 처리해요. 하지만 그녀에겐 겉으로 보이는 모습이 중요하므로 크게 불평하지 않고 그럭저럭 살아갑니다. 그러다 '운명'을 만나죠. 남주인공 선재는 자신이 피아노에 천재적인 재능이 있는 줄도 모르고 퀵 배달을 하며 하루하루를 보내다 역시 운명이자 사랑인 오혜원을 만나 새로운 인생을 살게 됩니다.

선재를 만나기 전까지의 오혜원은 온갖 때를 덕지덕지 묻히고서도 밖으로 드러나는 모습이 괜찮으니 괜찮은 척 자신을 속이며 살고 있었습니다. 그러다 스무 살이나 어린 선재를 만나 사랑에 빠진 뒤로 자신의 인생을 진지하게 돌아보죠. 그리곤 이 질문과 맞닥뜨립니다. '앞으로도 이렇게 살 거야?'라는.

이건 엄청난 질문이었습니다. 원래 질문이란 걸 가슴에 품고 나면 이거다 싶은 답에 도달할 때까지 계속 묻고 돌아보게 됩니다. 더구나 '앞으로도 이렇게 살 거냐'는 삶을 관통하는 질문이니 모른 척 외면했던 자신의 모습을 더 이상 피할 도리가 없죠.

결국 혜원은 정면으로 자기 자신과 만나고, 자신을 돌아봅니다. 그리곤 자랑스럽지 않았던 과거로부터 걸어 나올 용기를 내죠. 그녀는 검찰에 자수를 하고 재판을 받고는 감옥에 갑니다.

돌아보는 시간이 곧 나아가는 시간

드라마 〈밀회〉는 오혜원, 마흔 살 여성의 이야기였어요. 그런데 작가는 어째서 무슨 이유로 마흔 살 여성이 새로운 인생을 찾는 이야기에 스무 살 어린 애인을 배치했을까요?

만약 그 여성의 새로운 사랑이 스무 살 청년이 아닌, 비슷한 나이대의 중년 남성이라고 해보죠. 처음엔 그들의 사랑도 불처럼 뜨거웠을 것이나 현실을 자각하곤 고민했을 테고 결국 각자의 자리로 돌아갔을 거예요. 살아온 세월이 긴 사람들은 가진 걸 다 버리고 새로 시작하기가 어렵죠. 그래서 작가는 스무 살이나 어린 청년을 새 애인으로 설정했을 겁니다. 가난한 데다 나이도 어려 '과거'가 많지 않은 그에겐 새로 나아갈 날들만이 있으니 사랑하는 여성에게 큰 자극과 용기가 되죠.

좋은 드라마는 좋은 책이 그런 것처럼 질문을 던집니다. 평소엔 바빠서 밀쳐놓았거나 너무 임팩트가 커서 피했을 법한 질문을 던져 시청자로 하여금 자신의 인생을 돌아보게 해요. 〈밀회〉에도 그런 질문이 있었고, 그건 바로 '앞으로의 인생도 지금까지처럼 살 거냐'는 것이었습니다.

저는 이것이 매우 중요한 질문이라 생각합니다. 특히 마흔을 넘어 삶의 중반전에 다다른 분이라면 더더욱 새겨볼 만한 질문이라 생각하므로 강연을 할 때면 종종 〈밀회〉 이야기를 합니다.

어떤 질문은 오랜 시간이 걸린 후에야 답을 내어줍니다. 삶에 영향을 미치는 중요한 질문일수록 그런 것 같아요. 20년쯤 열심히 달렸다면, 그래서 마흔 중반쯤에 다다랐다면, 호흡을 고르며 돌아보는 시간을 충분히 갖는 게 필요하다 생각합니다. '돌아보는 시간'이라 썼지만 지나고 보니 제겐 나아가는 시간이었더군요. 저는 그런 시간을 가진 끝에 납득할 만한 결론에 도달했고, 확신을 갖고 다시 일터로 돌아갔습니다.

작정했던 3년이 지나고 4년, 5년 세월이 흐르자 이제 정말 그만 해야겠다는 생각이 커졌습니다. 마흔 중반에 어째야 할지 모르겠어서 일단 그만두고 새 길을 찾아야겠다고 생각했을 때와는 다른 이유에서였습니다. 복직 3년 후 부사장이 되고 국내 부문 비즈니스를 총괄하게 되자 다른 고민이 올라온 겁니다.

물러날 때임을 깨닫다

부사장이 되자 사장님 한 분을 제외하면 제가 회사에서 가장 직위가 높은 사람이었습니다. 책임이 무거웠죠. 게다가 당시는 광고회사의 많은 것들이 디지털의 충격 앞에서 변하던 때였습니다. 광고 비즈니스는 TV와 신문, 라디오, 잡지 등 4대 매체가 중심이었고 거기서 수익을 올리고 있었는데, 아시다시피 신문이나 잡지 광고는 현격히 줄어들고 TV 광고의 영향력도 전 같지 않게 되었습니다. 새로운 먹거리를 찾아야 했어요.

저 개인의 고민 또한 가볍지 않았습니다. 그때 저는 오십을 막 넘어선 때였고, '앞으로 내 인생을 어떻게 살 것인가'라는 고민은 나이와 비례해 점점 무거워졌습니다.

토니 블레어Tony Blair가 영국 총리였던 2002년에 교육부 장관, 에스텔 모리스Estelle Morris가 스스로 장관직에서 사임했습니다. 경질된 것이 아니라 자발적 사직이었어요. 이유가 신선했습니다. 장관직을 계속 수행하기엔 자신이 무능하므로 물러난다는 거였어요. 블레어 총리가 단독 면담을 하며 만류했지만 그녀는 고집을 꺾지 않았고 결국 그만뒀습니다. 좀처럼 없는 일이었죠.

그때 저는 신문에서 이 기사를 읽고 오려서 책상 앞에 붙여두었습니다. 그리곤 생각했습니다. 이만큼 정직하고 멋진 퇴임의 변辯은 없을 테니 나중에 회사를 그만둘 때 이 이유를 들겠다고요. 제가 정말 그렇게 했을까요? 네, 그로부터 꼭 10년 후인 2012년에 그렇게 했습니다.

디지털 트랜스포메이션digital transformation은 지금도 그렇지만 그 당시에도 많은 기업들의 고민이자 숙제였습니다. 제가 일했던 회사도 예외가 아니어서 디지털 환경에 맞춰 회사의 조직과 일하는 방식, 돈 버는 방법을 새로 찾아야 했습니다. 아날로그 시절의 광고업을 디지털 시대에 맞게 재편하는 일은 마치 신입사원으로 돌아가 광고를 처음부터 다시 시작하는 거나 마찬가지라는 생각이 들 만큼 엄청난 일이었습니다.

하루하루 고민이 깊어졌는데 그러다 제가 잘하는 방식을 꺼내 들었습니다. 저 자신에게 물었어요. '너한테 그런 에너지가 있니?' '회사의 새 먹거리를 찾고 준비할 만한 능력이 있니?' 그리고…… '그렇게 살고 싶니?'

저의 대답은 명확했습니다. '그렇지 않다!' 무지막지한 에너지를 새로 쏟아가며 새로운 준비를 할 자신이 없었고 그렇게 하고 싶은 마음도 들지 않았습니다. 저는 제가 좋아하는 일을 제가 잘할 수 있는 방식으로 하면서 저도 성장하고 회사에도 기여하고 싶었는데 그 시간이 끝나가는 것 같았어요. 그때 10년 전 오려두었던 기사 생각이 났죠. 그 직분을 계속해서 감당하기엔 자신의 능력이 모자란다며 떠났던 영국 장관이…….

제겐 오래전부터 이런 생각이 있었습니다. 기업이든 국가든 조직이 겪는 비극의 원인 하나는 자리가 요구하는 능력과 그 자리에 앉아 있는 사람의 능력이 일치하지 않기 때문이라는. 능력이 안 되는 사람이 중책을 맡으면 그 피해는 조직과 조직원들에게 고스란히 돌아가죠. 저는 크게 이타적인 사람은 못 되지만 저 때문에 누군가가 피해를 보는 건 극도로 싫습니다. 조직에서 받는 것보다 내가 내놓는 가치가 조금이라도 커야 마음이 편한 사람이에요.

회사의 현황과 제 인생에 대한 고민은 어렵지 않게 결론으로 이어졌습니다. 더 이상 회사에 도움이 될 것 같지 않은데 계속 남아 있는 것은 회사에도, 나 자신에게도 이롭지 않다는. 내가 있어서 조금이라도 회사가 발전하고 구성원들에게도 도움이 되면 좋겠는데 아무리 생각해 봐도 더 이상은 그럴 것 같지 않으니 그만하고 접는

게 맞다고 결론 내렸습니다. 그리고 그해 여름 회사에 퇴직 의사를
밝혔습니다. 연말까지 일하고 물러나겠다고.

회사를 '졸업'하며

그 무렵 신문엔 삼성그룹에서도 조만간 여성 CEO가 나올
거라는 기사가 심심치 않게 실렸습니다. 누가 삼성 최초의 여성 사장
이 될지 분석하는 기사도 이어졌죠. 그러자 지인들은 이왕이면 사장
까지 해보라며 저를 부추겼습니다. 제가 어떤 반응을 보였을까요?

저는 이런 말을 전했습니다. 내가 사장이 되고 싶어도 회사가 시
키지 않으면 할 수 없다, 그런데 회사가 시킨다고 해도 나는 하고 싶
지 않다, 이러니 내가 그 자리에 앉지 않을 확률은 100퍼센트 아니
겠냐고요. 저는 완전히 확신에 찬 마음으로 퇴직 의사를 밀고 나갔
습니다.

그만둔 후에도 친구와 후배들이 여러 차례 묻더군요. 후회하지
않느냐고요. 그래서 저도 몇 번인가 돌아봤고 정말 후회하지 않는
지 스스로 물었습니다. 그리고 이런 답과 만났습니다. "그때 그만둔
것을 전혀 후회하지 않는다"라고.

오십이 좀 넘어 제가 저에게 또다시 던졌던 질문은 '앞으로도 계
속 이렇게 살 거냐'였고 저는 '아니, 지금부턴 다르게 살고 싶어'라고
답했어요. 저는 후회 없이 일한 만큼 일말의 아쉬움도 없이 회사를

졸업했습니다. 스물넷에 입사해 그 어떤 학교보다 오래 다니고 배웠던 곳, 소중한 인연을 만나고 성장할 수 있었던 곳을 뒤로 하고 새로운 걸음을 뗐습니다.

그렇게 저는 백수가 됐어요. 그리고 제일기획을 졸업한 이튿날 페이스북에 이런 글을 남겼습니다.

어제 제일기획 졸업했습니다.

29년 걸렸어요.

지금껏 제가 한 거보다 받은 게 많다는 건 진즉에 알았으나

어제는 후배들 마음과 사랑도

말할 수 없이 많이 받았음을 새로 알았습니다.

PT에서 이겼을 때도 좋았고

카피 잘 썼다고 칭찬받았을 때도 기뻤지만

어제야말로 제게는 최고로 행복한 화양연화였습니다.

자유로워지는 만큼 외롭기도 하겠고

후배들에게 미안한 마음도 크지만

현명하게 나이 들며

인생 3막을 살아보겠습니다.

모든 것을 할 수 있는 자유

아무것도 안 할 자유

제가 서른 살 무렵 썼던 카피인데

이제부터야말로 자유를 누려보겠습니다.

자유, 안식, 평화를⋯⋯

고맙습니다!

우리는 다 개별자입니다

신입사원으로 입사한 회사에서 29년을 일하고 저는 2012년 12월에 퇴직했습니다. 퇴직 후엔 아침에 일찍 일어나지 않아도 되고 해야 할 숙제도 없으니 자유롭게 하고 싶은 것들을 하겠다 생각했죠.

한데 마치 기다리시기라도 했다는 듯 어머니가 편찮으시기 시작했습니다. '편찮으셨다'가 아니라 '편찮으시기 시작했다'고 쓴 것은, 앓고 계시던 병들이 그때 죄다 터져 나와 여러 병원을 순례해야 했기 때문입니다.

퇴직의 자유로움을 채 일주일이나 느꼈을까. 어머니를 모시고 병원에 가는 게 일과가 되었습니다. 오전에 집을 나서 여러 검사를 받고 결과를 기다리다 보면 저녁이나 되어 돌아오기가 일쑤였어요.

그때는 철딱서니 없게 화가 났습니다. 모처럼 쉬고 놀려 했는데 병원행이라니, 이러면서 말이죠. 다시 생각해도 참 한심한 딸이었습니다.

여러 병이 깃들어 있던 어머니의 몸

어머니에게서 나타난 첫 병증은 심한 골다공증으로 인한 척추 문제였습니다. 뼈가 너무나 약해져서 마치 계란껍질 같은 상태라고 하더군요. 살짝 부딪혀도 부러질 정도로 매우 나쁜 상태라고요. 실제로 어머니는 병원에 입원해 시술을 기다리는 중에도, 그러니까 온종일 침대에 누워 있는 것 외엔 별로 움직이시지도 않았는데 척추 뼈에 금이 가고 부러질 정도였습니다. 어머니는 이런 압박 골절이 여덟 군데나 생겼고 그때마다 엄청난 통증에 고통스러워하셨습니다.

그 후론 길에서 허리가 심하게 굽은 할머니들을 보면 마음이 아픕니다. 허리가 그렇게 굽기까지 뼈들이 얼마나 부러졌을지 짐작이 가기 때문입니다. 그 허리는 그냥 굽은 게 아니라 그렇게 되기까지 어마어마한 통증이 있었던 겁니다. 혹시 여러분의 어머님이 골다공증이 심하시다면 얼른 병원에 모시고 가시기 바랍니다. 부러진 뼈를 다시 붙게 하기는 어렵지만 더 이상 나빠지지 않게 하는 약과 주사들이 있거든요.

한데 골다공증은 시작에 불과했습니다. 그 병을 치료하기 위해 입원한 병원에서 의사는 더 무서운 말을 했습니다. 파킨슨병이 의심되니 신경과를 가보라고 했어요. 그 의사 선생님의 '의심'이 맞았습니다. 추천받은 신경과에서 어머니의 뇌 MRI와 몇몇 검사를 해보니 파킨슨병이었습니다.

다행스러운 것은 뇌가 아주 많이 수축된 상태는 아니라는 거였습니다. 입원이 가능한 병원에서 새로 만난 파킨슨병 전문 교수님은 어머니를 자세히 살피더니 말했습니다. "이렇게 하면 되겠다, 계획이 서네요"라고. 그때 그분의 말씀이 얼마나 힘이 되던지요.

영어 속담에 'It never rains but it pours'라고 있지요? 나쁜 일은 한꺼번에 몰려온다는 뜻입니다. 어머니의 병도 그랬습니다.

어머니는 파킨슨병만 앓고 계신 게 아니었습니다. 어느 날엔가는 극심한 두통을 호소하시며 눈앞이 보이지 않는다고 했습니다. 담당 전공의는 녹내장이 의심된다면서 안과 진료를 받아보자 했고, 이번에도 그 전공의의 '의심'이 맞았습니다. 어머니는 급히 녹내장 수술을 받으셨어요. 나중에 들으니 그때 조금이라도 늦었으면 실명했을 거라 하더군요. 이것 말고도 몸 안에서 꿈틀거리던 모든 병들이 그 시점에 다 튀어나온 듯 어머니 앞에 붙은 병명은 길게도 이어졌습니다.

그나마 다행스러운 것이 있었습니다. 파킨슨병은 환자마다 증상이 매우 다양해서 본인에게 맞는 약을 찾기가 어렵다는데 어머니의 경우엔 적절한 약이 잘 찾아졌고, 치료 시작 후 얼마 지나지 않아

증상도 많이 호전되셨거든요. 그렇다 해도 팔십이 넘은 노인이었고 긴 세월 살아온 몸엔 다양한 이름의 병이 이미 깃들어 있었습니다. 통증이 심한 날도 여러 날이었죠.

아기가 아프면 어머니들은 차라리 자신이 아픈 게 낫겠다는 심정이 되잖아요? 그때 제 심정이 그랬습니다. 주름 많은 어머니의 얼굴이 통증으로 일그러지는 걸 보는데 제 마음을 뭐라 형언할 수가 없었어요.

나는 나를 충분히 사랑했나

저는 꽃을 거의 사지 않습니다. 집에 꽃이 꽂혀 있는 날은 누군가가 꽃을 선물한 날입니다. 꽃이 질 때의 모습을 보는 일이 제겐 참 괴로워요. 꽃이 수명을 다하면 시들다 못해 꽃잎에 검은 반점이 생기고 꽃병에선 시큼한 냄새까지 올라오는데, 그것이 꼭 우리가 늙고 병드는 모습과 흡사해 보고 싶지가 않은 거예요.

그렇게 형편없는 몰골로 지는 꽃을 보면서 이런 생각도 했습니다. 그래, 늙는 건 받아들일 수 있어. 하지만 나이가 든다고 꼭 아파야 할까? 아프지 않고 늙기만 할 수는 없을까?

그러면서 깨달았습니다. '대신 아프고 싶다는 건 마음일 뿐 온전히 스스로의 몸으로 아파야 하는 거구나. 자식과도, 아내와도, 남편과도, 부모와도, 죽도록 사랑했던 사람들과도 어느 순간엔 손을 놓

는 거구나. 우리는 죽을 때까지 자기 자신으로 살다 가는 거구나. 우리는 다 개별자요, 단독자구나.'

생각이 여기에 이르자 다시 질문이 올라왔습니다. 그렇다면 나는 나를 충분히 사랑했던가? 내가 원하는 것을 하면서 살았나? 내 뜻대로 살았나? 나를 위해주었나? 아니, 나를 제대로 알고 있나?

보통의 한국 사람들에 비해 자기 자신과 보내는 시간을 많이 가진 저였습니다만 이 질문들 앞에서는 끝내 그렇다고 자신 있게 답하지 못했습니다. 물론 누군들 자기 자신을 잘 알아서 100퍼센트 자신의 뜻대로 살 수 있겠습니까만, 어쩌면 짐작하고 있던 것보다 저 역시 이리저리 휘둘리고 유불리를 좇아서 산 게 아닐까 하는 생각이 진하게 올라오더군요. 여러분은 어떠신가요?

이 책은 아마도 저의 바람과 달리 서점의 자기계발서 코너에 꽂힐 가능성이 큽니다. 자기계발서는 모름지기 당장 효과가 나는 빠른 진통제 같은 기대를 받죠. 하지만 저는 독자들의 당장의 기대에 맞추고 싶지 않습니다. 그보다는 우리가 바라봐야 할 곳, 고개를 좀 더 높이 들고 목을 길게 빼 바라봐야 할 곳을 보는 계기를 드리고 싶습니다.

다시 한 번 써봅니다. 우리는 죽을 때까지 자기 자신과 살다 갑니다. 죽도록 사랑했던 사람과도 언젠가는 헤어져야 합니다. 그러니 죽는 그 순간까지 함께하는 존재는 바로 자기 자신입니다. 그런 존재에 대해 우리는 얼마나 알고 있나요? 얼마나 사랑하나요? 아, 오해는 하지 말기 바랍니다. 언제나 자기 자신만 생각하라거나 이기적으로 살아야 한다는 뜻은 아니니까요. 타인의 기준과 취향에 맞추려고만 하지 말고 자신의 뜻과 욕망도 존중하며 일하고 살라는 의미입니다. 우리는 다 '자기 인생'을 사는 것이며, 자기계발 역시 좀더 잘 살아보자고 하는 거니까요.

에필로그

2016년 3월에 출판 계약을 한 후로 7년이 흘렀습니다. 그 사이 저는 책방을 냈고 '책방마님'이 되었습니다. 책을 쓸 생각이 머리를 떠나지 않았지만 웬일인지 책상 앞에 앉으면 글이 되지 않았습니다. 도대체 나의 글에 무슨 의미가 있을까, 꼰대 같지 않을까, 내 글에 호응하는 사람이 있을까……. 스스로의 검열이 진도를 가로막았고 원고는 오래도록 써지지 않았습니다. 마침 바쁘다는 핑계도 있었죠.

그러다 쓰고 싶은 욕구가 다시 올라왔고 제 안에 가득 찼습니다. 시간을 너무 끌어 출판사와 편집자들에게 미안한 마음도 컸죠. 어느 봄날부터 자판을 두드려대기 시작했습니다. 그저 쓰고 또 썼습니다. 퇴고는 두고두고 하면 될 일이었습니다. 제 안에서부터 올라오는 이야기들을 손목이 아프도록 받아 적었고 그런 끝에 책이 완성되었습니다.

살아간다는 것은 실은 진로를 고민하는 것과도 같더군요. 때때로 안정을 찾고 분명한 목표도 갖게 되지만 세월이 흐르고 환경이 바뀌면 또다시 진로를 놓고 고민하게 됩니다. 마치 바다가 있는 한 파도가 치는 것과 같다고나 할까요?

평소 저는 우리가 타인에게서 취하고 배울 것은 그 사람이 가진 관점과 태도라고 생각해 왔습니다. 이 책에 제가 30여 년간 일하며 가졌던 관점과 태도를 풀어놓았습니다. 여러분이 일과 진로를 놓고 고민하실 때 참고가 되고 읽어볼 만하면 좋겠습니다.

오래 기다려준 이혜진 주간님, 박신애 편집장님, 두 분이 아니었다면 책이 세상에 나오지 못했을 거예요. 많이 고맙습니다.

2023년 봄
최인아

참고문헌

- **단행본**

강상중, 『고민하는 힘』, 사계절, 2009.

강원국, 『강원국의 어른답게 말합니다』, 웅진지식하우스, 2021.

김난도 외, 『트렌드 코리아 2023』, 미래의창, 2022.

김민식, 『영어책 한 권 외워봤니?』, 위즈덤하우스, 2017.

김수안, 『레전드는 슬럼프로 만들어진다』, 스리체어스, 2017.

김수현, 『나는 나로 살기로 했다』, 클레이하우스, 2022.

김영민, 『인생의 허무를 어떻게 할 것인가』, 사회평론아카데미, 2022.

김형석, 『김형석의 인생문답』, 미류책방, 2022.

로버트 루트번스타인, 미셸 루트번스타인, 『생각의 탄생』, 에코의서재, 2007.

마쓰이에 마사시, 『여름은 오래 그곳에 남아』, 비채, 2016.

미다스 데커스, 『시간의 이빨』, 영림카디널, 2005.

박선미, 오카무라 마사코, 『커리어 대작전』, 북스톤, 2020.

베르나르 올리비에, 『나는 걷는다』, 효형출판, 2022.

빅터 프랭클, 『죽음의 수용소에서』, 청아출판사, 2020.

서은국, 『행복의 기원』, 21세기북스, 2021.

손웅정, 『모든 것은 기본에서 시작한다』, 수오서재, 2021.

신지영, 『언어의 높이뛰기』, 인플루엔셜, 2021.

알랭 드 보통, 『낭만적 연애와 그 후의 일상』, 은행나무, 2016.

앙투안 드 생텍쥐페리, 『어린 왕자』, 문학동네, 2007.

앤절라 더크워스, 『그릿』, 비즈니스북스, 2019.

야마구치 슈, 구스노키 겐, 『일을 잘한다는 것』, 리더스북, 2021.

유현준, 『공간이 만든 공간』, 을유문화사, 2020.

윤대현, 장은지, 『리더를 위한 멘탈 수업』, 인플루엔셜, 2021.

윤홍균, 『자존감 수업』, 심플라이프, 2016.

이정동, 『축적의 시간』, 지식노마드, 2015.

장석주, 『저게 저절로 붉어질 리는 없다』, 난다, 2021.

전우성, 『그래서 브랜딩이 필요합니다』, 책읽는수요일, 2021.
정민, 『미쳐야 미친다』, 푸른역사, 2004.
정유정, 『완전한 행복』, 은행나무, 2021.
정지우, 『우리는 글쓰기를 너무 심각하게 생각하지』, 문예출판사, 2021.
제프리 초서, 『캔터베리 이야기』, 을유문화사, 2022.

· **기사**

《연합인포맥스》, 〈조용한 퇴직〉, 2022.10.4.
《중앙일보》, 〈'이승엽 좀 빼라' … 아직도 잊지 못하는 한마디〉, 2017.8.23.
《폴인》, 〈'거시경제 1타 강사' 오건영이 말하는 루틴의 힘〉, 2023.2.4.

· **노래**

〈알고 싶어요〉, 이선희
KOMCA 승인필

내가 가진 것을 세상이 원하게 하라

초판 1쇄 2023년 4월 19일
초판 19쇄 2024년 10월 31일

지은이 | 최인아
펴낸이 | 송영석

주간 | 이혜진
편집장 | 박신애 **기획편집** | 최예은 · 조아혜 · 정엄지 (외부편집 장윤정)
디자인 | 박윤정 · 유보람
마케팅 | 김유종 · 한승민
관리 | 송우석 · 전지연 · 채경민

펴낸곳 | (株)해냄출판사
등록번호 | 제10-229호
등록일자 | 1988년 5월 11일(설립일자 | 1983년 6월 24일)

04042 서울시 마포구 잔다리로 30 해냄빌딩 5 · 6층
대표전화 | 326-1600 **팩스** | 326-1624
홈페이지 | www.hainaim.com

ISBN 979-11-6714-060-9

파본은 본사나 구입하신 서점에서 교환하여 드립니다.